요가의 향기로 세상을 보다

몸과 마음을 여는
인문학 오디세이

도서출판 실천

몸과 마음을 여는 인문학 오디세이
실천총서 052

초판 1쇄 인쇄 | 2023년 7월 25일
초판 1쇄 발행 | 2023년 8월 3일

지 은 이 | 최진태
펴 낸 이 | 민수현
엮 은 이 | 이어산
기 획·제 작 | 계간 시와편견
발 행 처 | 도서출판 실천
등 록 번 호 | 제2021-000009호
등 록 일 자 | 2021년 3월 19일

서울사무실 | 서울특별시 종로구 율곡로 6길 36
  02)766-4580, 010-6687-4580

편 집 실 | 경남 진주시 동부로 169번길 12 윙스타워 A동 705호
전 화 | 055)763-2245, 010-3945-2245
팩 스 | 055)762-0124
전 자 우 편 | 0022leesk@hanmail.net
편 집·인 쇄 | 도서출판 실천
디자인실장 | 이예운   디자인팀 | 변선희, 이청아, 김승현

ISBN 979-11-92374-27-7
값 22,000원

* 이 책은 전부 또는 일부 내용을 재사용하려면 저작권자와 '도서출판 실천'의 동의를 받아야 합니다.
* 이 책의 국립중앙도서관 출판예정도서목록(CIP)은 서지정보유통지원시스템(http://seoji.nl.go.kr)과 국가자료종합목록시스템(http://www.nl.go.kr/kolisnet)에서 이용하실 수 있습니다.
* 잘못된 책은 교환해드립니다

요가의 향기로 세상을 보다

몸과 마음을 여는 인문학 오디세이

도서출판 실천

■ 책머리에

"요가 자세의 연구 목적은 자유자재로 구사하는 법을 배우는데 있는 게 아니라, 스스로를 이해하고 변화시키는데 있다."고 B.K.S. 아헹가 Iyenger는 강조하고 있다. 이 말을 곱씹어 보면 스스로를 이해하고 변화시키는 데에 필요한 것은 요가 관련 기법과 이론 무장은 물론 다양한 인문학적 지식과 소양이 곁들여져야 된다는 게 아닐까 생각해 본다.

흔히 "인문학은 인간의 영혼을 새기는 학문이다."라고 말한다. "인문은 사람이 남긴 무늬로 그 무늬는 어떤 것도 흉내 낼 수 없는 영혼의 무늬이기도 하다. 또한 인문학은 생각하는 힘을 키우는 학문이다. 생각하는 힘을 못 키우면 생각 없는 단순한 기계의 부속 상태로 전락할 우려가 있다"고 석학들은 경고한다. 인문학을 경시하면 지식 기술자들이 많아진다는 말로도 들린다.

요가를 한다는 것이 단순한 몸동작 위주로만 하는, 즉 '요가 기술자', '요가 기능인'이 아닌 폭넓은 지식과 지혜를 갖춘 참되고 올곧은 요가인, 요기니yogini가 되는 것이 무엇인지 돌이켜보게 되는 이야기를 엮고 싶었다. 그러다보니 스스로도 부끄럽게 여겨지는 부분이 참으로 많았음을 어이하랴. 흐트러져 있는 요가 관련 편린들을, 구슬들을 꿰어 맞춰 번듯한 진주 목걸이로 거듭나고자 한 시도라고 할 수 있다. 그리하여 요가 인문학의 새로운 지평을 열어보고 싶었다.

스토브 잡스는 "애플은 인문학과 기술의 교차점에 있다."며 "소크라테스와 한 나절만 함께 할 수 있다면 애플이 가진 모든 기술을 다 주겠다."고도 했다. 요가 수행에 인문학적 요소를 곁들인다면 요가의 의미, 목표, 의도를 더 뚜렷이 느낄 수 있을 것이라는 생각은 순전히 25여 년 간 '요가 마스터Yoga Master'의 길을 걸어온 저자의 신념 때문이다. 특히나 심도 있는 사유의 힘과 통찰력, 다양한 상상력, 그리고 풍부한 감성의 수혜는 덤으로 해두자.

일찍이 칼 융Carl Jung은 '상징symbol은 항상 우리가 모르는 어떤 것을 표현한다' 하였다. 이러한 것들은 오늘날 여러 분야에서 광범위하게 활용 되고 있다. 요가 아사나(자세·몸짓) 역시 상징의 한 대표적인 예라고 할 수 있다. 셜리 대번트리 프렌치는 "요가는 하나의 예술이고, 아사나 역시 그 예술이며 진리를 밝혀 우리를 빛으로 인도하게 될 상징들의 시적詩的인 표현이다."라고 했다.

그런 연유로 저자는 아사나의 상징적 언어들을 이해해 보려고 노력하였으며, 아사나에 숨겨진 비밀의 코드를, 관념이나 지식의 옷을 입고 있는 그 상징성을 풀어보려고 시도해 보았다.

우리는 요가가 단순히 건강뿐만이 아니라 생리적, 심리적으로도 또한 그 이상으로 신비적이거나 영적인 여러 요소들을 내포하고 있다는 사실을 간과해서는 안 될 것이다.

인도 신화나 전통, 문화, 혹은 동식물이나 구조물 등에서 따온 요가 아사나 명칭은 그 아사나에 숨겨진 비밀의 코드와 상징적 의미를 유추해 보는 좋은 계기가 되었다.

이 책에서 언급하고 있는 각 아사나들의 상징적 의미에 대한 성찰과 사유를 통해 육체를 들여다보고, 결국에는 자신의 오감五感까지 제어할 수 있는 경지까지 오를 수 있게 되기를 희망해 본다.

"이름을 알고 나면 이웃이 되고/색깔을 알고 나면 친구가 되고/모양까지 알고 나면 연인이 된다/아, 이것은 비밀." 나태주 시인의 시 〈풀꽃 2〉가 저자를 대변해 주고 있다.

많은 선배 제현들의 주옥같은 말씀을 서적, 잡지, 일간지, 인터넷 매체 등을 통해 인용, 요약 발췌하기도 했으나 지면 관계상 일일이 상세한 각주脚注를 달지 못했으며 혹 누락된 경우도 있을 수 있음을 이 지면을 빌어 밝힌다.

그간 부산일보에 칼럼을 연재하면서 직접 호흡을 맞추었던 최혜규, 김동주, 이대성 기자님들과 매 칼럼마다 사진, 동영상 촬영에 협조해 주신 요기니들 그리고 특히 수고해 주신 임은주 원장님께도 감사 말씀을 전한다.

끝으로 이 책이 '어떻게 요가를 하는지도 중요하겠으나, 왜 요가를 하는지 한번 쯤 되돌아보게 하는 책'이 되었으면 하는 바람을 담아 본다.

또한 요가인들이나 일반 독자들의 요가 경험을 가일층 심도 있게 확장시켜 줄 사유의 길을 제시해 주고, 그 길을 밝히는 조그만 〈요가의 등불〉이라도 되기를 소망해 본다.

2023. 7

한려수도 갯바람 불어오는 '운형산방 해월정海月亭'에서
저자 아뜨마난다 **최진태** 씀

차 례

1. 하누만 아사나 —————————————— 10
2. 쿤달리니 자세 —————————————— 13
3. 만卍 자 자세 ——————————————— 16
4. 돌고래 자세 ——————————————— 20
5. 십자가 자세 ——————————————— 24
6. 우카타 아사나 —————————————— 28
7. 인어 자세 ———————————————— 31
8. 드비코나 아사나 ————————————— 35
9. 아기곰 자세-모관 운동 —————————— 39
10. 고무카 아사나 —————————————— 42
11. 우스트라 아사나 ————————————— 46
12. 등 구르기 자세 —————————————— 51
13. 춤의 왕 나타라사 자세 —————————— 55
14. 반딧불이 자세 —————————————— 59
15. 요가와 차茶 ——————————————— 63
16. 송장 자세 ———————————————— 68
17. 연꽃 자세 ———————————————— 75

18. 활 자세 ··· 81
19. 물고기 자세 ···································· 88
20. 나무 자세 ······································ 95
21. 요가의 향기요법 ······························· 103
22. 반달 자세 ······································ 111
23. 우리 몸의 다섯 가지 층- 판차 코샤 ········· 120
24. 메뚜기 자세 ···································· 128
25. 고양이 자세 ···································· 137
26. 금강 자세 ······································ 149
27. 화火를 다스리는 호흡법 ······················ 158
28. 카르마Karma 요가 ···························· 170
29. 박쥐 자세 ······································ 179
30. 사르방가 아사나 ······························· 187
31. 파스치모타나 아사나 ·························· 196
32. 가루다 아사나 ································· 204
33. 파르바티 아사나 ······························· 214

차 례

34. 벌 소리 호흡법 222
35. 비라바드라 아사나 231
36. 호랑이 자세 240
37. 다리 자세 249
38. 반려견 자세 261
39. 무릎을 귀에 붙인 자세 275
40. 발을 귀 쪽으로 당기는 활쏘기 288
41. 토끼 자세 297
42. 거북이 자세 310
43. 보약 중 보약, 침을 삼켜라 324
44. 아트만잘리 무드라 335
45. 스승과 제자 348
46. 물구나무서기 자세 362
47. 어린이 요가 373
48. 수리야 나마스카라 384
49. 전갈 자세 396

1. 하누만 아사나

◆◆◆

원숭이의 상징, 하누만 아사나는 다리와 고관절의 유연성을 기르고 혈액 순환을 촉진하는 효과가 있다.

_ 시연 허수정

인도 신화에서 원숭이 형상을 한 하누만은 라마왕의 충복으로써 용맹성과 뛰어난 지략, 불굴의 충절 덕분에 인간들에게 숭배 받는 반열에 올랐다. 산처럼 거대한 몸으로 변할 수도 있고 단 한 번의 뜀뛰기로 며칠간이나 하늘을 날아서 긴 해협을 건너가거나 거대한 산을 들어 올리는 능력의 소유자로 묘사된다. 모든 장애를 제거하는 자 또는 모든 문제에서 구해주는 자를 상징한다. 악의 파괴자이자 모든 고난을 추방하는 자로 묘사되기도 하며 어려움을 겪고 있는 모든 이들의 연인으로 부상하게 된다.

특히 원숭이가 많은 동남아시아의 힌두교국가에서는 그 사랑과 숭배는 대단해서 흔하게 하누만을 모신 사원을 접할 수 있게 되었다. 그는 라마야나의 중심인물인 신의 화신 라마가 어려움에 처할 때마다 가장 헌신적이고 충실하게 봉사한다. 자연 특히 생명체와의 상호의존적이고 조화로운 관계를 통해 인간의 최고 목표를 달성할 수 있음을 시사하는 신화 속 주인공인 셈이다. 신에 대한 헌신적인 사랑을 의미하는 박티의 구체화이자 이기심 없고 희생적인 봉사의 표상으로 묘사되기도 한다.

우리 문화에서도 원숭이는 인간과 가장 많이 닮은 영장동물로, 악귀를 물리치는 벽사辟邪, 길상, 출세의 의미를 나타내기도 하고, 천도복숭아를 들고 있는 모습은 장수의 상징으로 여겨졌다. 조선시대 화가 장승업이 그린 '송하고승도' 그림에는 한 노승이 굽은 소나무에 앉아 있고 원숭이가 불경을 두 손으로 공손하게 바치는 장면이 있다. 또한 부모 자식 간, 부부지간의 사랑이 사람 못지않게 극진하다고 알려져 있다. 미아리 고개하면 단장斷腸인데, 그 단장의 의미도 실은 원숭이로부터 유래되었다. 새끼를 잃은 슬픔에 어미 원숭이의 창자가 끊어졌다는 단장의 슬픔은 중국 남북조시대 고사에서 유래된 것이다. 그만큼 원숭이는 사람들에게 친숙한 존재였다.

영장류 중에서 유인원인 고릴라, 오랑우탄, 침팬지를 제외한 나머지를 원숭이라 부르는데 전 세계에 살고 있는 원숭이는 260여 종이 넘는다고 하며, 그 중 가장 작은 원숭이는 키가 15cm 정도이고 가장 큰 원숭이는 1m에 이른다. 원숭이는 인간과 유전적으로 1~2% 차이가 나는 침팬지 수준은 아니지만 유전자의 93% 정도를 공유한다니 놀라울 뿐이다. 그러기에 에이즈 바이러스(HIV) 백신, 에볼라 바이러스 백신 연구 등에서도 효능을 입증하는데 동원되고 있고 위험천만한 우주개발에도 최선봉에 섰다.

 그러나 원숭이가 좋은 의미만 갖고 있지만은 않다. 영리하고 재주 많지만 간사하다고 여겨지기도 했다. 자기 재주를 너무 믿어 스스로 발등을 찍는 면도 있으니 이를 경계하라는 속담도 있다. '원숭이도 나무에서 떨어질 때가 있다' 등에 이런 뜻이 담겨 있다.

 이 원숭이의 상징인 하누만 아사나는 앞뒤로 다리를 뻗어 앞에 있는 무릎을 구부리고 뒷다리는 펴서 발등이 바닥에 닿게 한다. 양손으로 좌우 바닥을 짚어 손으로 몸의 무게를 지탱하면서 천천히 앞에 둔 다리를 길게 뻗어 무릎을 편다. 두 다리가 앞뒤로 펴져서 골반과 회음부위가 바닥에 닿으면 가슴 앞에서 양손을 모은 채 머리 위쪽으로 들어 올리는 자세이다. 다리와 고관절의 유연성을 기르고 혈액순환을 촉진하는 효과가 있다. 특히 육체와 의지의 강건함과 더불어 유연함을 동시에 함양하는 데 더 없이 좋은 자세이다.

 '저런 관계의 인간관계, 제자 몇 명만 있었으면' 하고 한번쯤은 속절없이 부러워해 본 적이 있는, 변절과 배신이 손쉽게 난무하는 현실 속에 아득한 향수로 다가오는, 천연기념물적인 존재 속에 남아 있는 그대, 하누만 아사나여!

2. 쿤달리니 자세

체조의 '스쿼트' 자세와 유사한 쿤달리니 자세는 무릎 관절을 유연하게 해주고 허벅지의 탄력성을 높이는 효과가 있다.

_ 시연 임은주

서서 양발을 어깨 넓이 두 배로 벌리고 양 무릎을 모은 채 양발 끝이 바깥쪽을 향하게 한 후 두 손을 가슴 앞에서 합장한 자세를 쿤달리니 자세라고 한다. 체조의 '스쿼트' 자세와 유사하다. 골반 부위가 확장되고 무릎 주변의 근육을 강화시킨다. 무릎 관절을 유연하게 해주며 허벅지에 탄력성을 제고하는 효과가 있는 자세이다. 특히 허벅지 안쪽의 신장 경락을 자극한다.

쿤달리니는 고리나 똘똘 감긴 스프링 모양을 뜻한다. 이것은 세 바퀴 반을 감고서 잠자고 있는 뱀, 특히 코브라로 표현된다. 주로 하복부 신경층 안 또는 항문 근처 물라다라 차크라에 위치한다. 쿤달리니는 날숨과 들숨을 이용하여 인체 내의 모든 존재들을 유지시키므로 쿤달리니를 생명력이라 칭하기도 한다.

하타요가와 탄트라 경전의 설명에 따르면 모든 현상 세계에 나타나는 정적·동적 에너지를 '쿤달리니'라고 정의하는데, 동적 에너지는 생존을 통해 소모되고, 정적 에너지는 평상시에 작용하고 있는 의식 속에서 잠자고 있다고 본다. 쿤달리니는 인간뿐만 아니라 우주의 모든 것 속에 잠재된 형태로 존재하는 에너지이다. 각 개인의 쿤달리니 에너지는 일생 동안 잠재되어 있으나 대부분 사람들은 이것이 존재한다는 사실조차도 자각하지 못하는 경우가 많다. 쿤달리니 요가의 목적은 이 우주적 에너지를 각성시켜서 전 우주에 존재하는 순수의식과 결합시키는 것이다.

쿤달리니 각성은 탄트라 수행뿐 아니라 모든 요가 수행법의 근본이 된다. 쿤달리니를 만물의 물질과 견주어서 신성한 힘holy spirit, 신성한 불sacred power, 태양 위의 태양sun behind sun, 뱀의 힘 serpent power 등으로 묘사하기도 한다. 잠자는 쿤달리니를 깨워서 수슘나나디로 몰리게 하는 방법이 쿤달리니 각성이다. 쿤달리니 각성은 육체적, 심리적, 영적인 발달을 가속시킨다 할 것이다. 그래서 한 개인의 정신과 육체의 대전환이며, 한정된 자기중심적 의식에서 초월적 자기의식으로 바뀌어가는 것이라고 말할 수 있다.

인도 고전인 우파니사드에서는 쿤달리니 각성의 과정을 '새가 금색 실을 타고 땅에서 하늘로 날아 올라가는 것'으로 묘사하고 있다. 쿤달리니 에너지는 똑같은 하나의 에너지이지만 그 표현 양식은 개인의 수준에 따라 본능적인 저열한 것에서부터 섬세한 수준에 이르기까지 각기 다르다고 할 것이다.

이처럼 쿤달리니의 의미와 쿤달리니 각성은 요가 수련의 근간이라고 할 수 있으므로 이 쿤달리니 자세가 더욱 크게 다가올 듯하다.

3. 만卍 자 자세

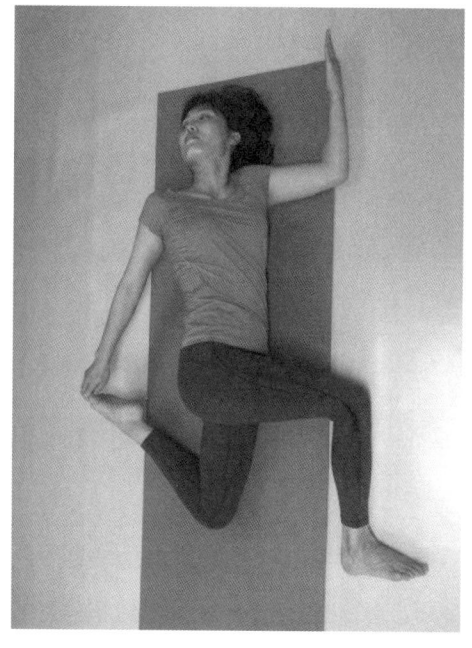

만卍 자 자세는 머리를 비롯한 온 몸의 기혈 순환을 도와주고 몸의 각 부분을 자극해 노화 예방과 피부 탄력에 효과적이다.

_ 시연 정정숙

등을 대고 누워 오른쪽 다리를 구부려서 넘기고, 왼쪽 다리는 직각으로 구부린다. 이 때, 두 팔도 함께 직각으로 구부린다. 오른쪽 팔을 머리 쪽으로 직각으로 구부리고 손바닥을 안쪽으로 비틀어 준다. 오른쪽 발을 오른쪽으로 잡아 당겨 마치 활쏘기 전 시위를 당긴 모습을 취한다. 이 때 양 어깨는 최대한 바닥에 붙이고 고개는 엉덩이 쪽으로 향한다. 동작을 완성한 후 잠시 동안 숨을 멈춘 채 있는다. 이 만卍 자세는 노화 예방과 피부 탄력에 효과적이다. 머리를 비롯한 온 몸의 기혈 순환을 도와주며 몸의 각 부분을 자극하여 피부를 탄력적으로 만들어 준다.

만卍 자의 기원과 상징에 대해서는 의견이 다양하다. 태양의 상징, 흐르는 물의 상징으로 보기도 하고 둥글게 선회하는 모발의 형상이라고도 하며 신성한 빛의 상징이라고도 한다. 번개나 불을 표상한다는 설도 있고 북두칠성이 회전하는 모습에서 기원했다는 설도 있다. 모양의 중심에서 오른쪽으로 도는 우 만卍 자와 왼쪽으로 도는 좌 만卍 자로 크게 나누어진다. 인도의 옛 조각에는 좌 만 자가 많으나 중국, 한국, 일본 등에서는 굳이 구별하지 않고 사용되었다.

만 자의 구성에 있어 오른쪽으로 흐르는 것은 해, 즉 태양의 회전과 같은 것이다 하여 모든 자연의 정상적인 움직임의 이치로 여겼으나, 이것이 반대의 뜻으로 해석되기도 했다. 그러나 대부분 풍요롭고 만복이 집결된다는 의미를 나타내며 우리 생활 속에 가장 많이 사용되는 길상문 중의 하나이다.

힌두교에서는 비슈누의 가슴에 선모旋毛를 생각한다고도 하며 진리의 본체, 혹은 부처님의 신체에 있는 특이한 모습의 하나로 불교의 상징으로도 사용되었다. 길상吉相, 만덕萬德, 원만圓滿 등을 상징하는 부호로 불상佛像의 가슴이나 손발에 이것을 새겼다. '낙이 가득한', '행복이 충만한' 곳으로도 풀이된다. 인도에서 '만'자는 그 변형까지 포함하면 네 가지 형태가 있다. 첫째는 길상해운吉相海雲을 뜻하는 일반형으로써 슈리밧사라고 했고, 둘째는 오른쪽으로 선회하는 머리카락 모양을 한 난디아바타라, 셋째는 행복이 있음을 상징하는 스바스티카, 넷째는 가득찬 물병 모양을 한 푸르나가타로 구분된다.

만 자는 불교와 사찰의 상징 외에도 상서로움을 의미하므로 조선시대에 이르면 불자佛者가 아니더라도 가구 등의 장식 모양으로 많이 이용되었다. 특히 선비들의 공간인 사랑방에서 사용하는 서안이나 경상, 책장 등에 만 자 문양을 투각하거나 음양각으로 사용하였다. 건물의 서까래와 기와, 탑비의 귀부, 불화 등 여러 방면에 새겨졌다.

능엄경 요해에서 "부처의 가슴에 만 자가 있는 것은 길하고 상서로운 것을 표시하는 것으로 모든 덕을 모이게 하는 것이다"라고 하였다. 또 명나라 위교가 지은 '육서정온'에는 "만은 수의 끝이다. 옛사람이 두 개의 일자를 취한 것은 마음을 고동치게 하는 일에서부터 일어나고 일로 돌아와 끝나며, 그 순환이 무궁하며 왕복이 서로 통하는 이치를 취한 것이다"라 하였다. 당나라 측천무후 때에 불교의 길상상을 표현하기 위한 방편으로 卍자 모양의 글자를 만들어 정식문자로 채택하였으며, 만덕이 모여 든다는 뜻을 새겨 만萬 자로 읽었다.

그리스어의 세 번째 알파벳 감마 Γ가 네 개 겹쳐있는 모양이라고 하여 '감마디온'이라고도 한다. 고대 이래로 20세기 초에 이르기까지 강한 힘을 나타내는 상징이었다. 중세 이전 유럽에서는 태양의 신 헬리오스와 최고의 신 제우스의 상징이었고, 특히 유럽에서는 켈트족이 감마디온을 상징으로 채택했다. 히틀러가 나치의 상징으로 내세웠던 하켄크로이츠 문양은 갈고리 십자가라는 의미로 신기하게도 불교의 만 자를 뒤집어 놓은 모양이다.

이렇듯이 만卍 자 하나에 심오하고 다양한 의미가 담겨 있음을 상기하면서 이 자세 동작을 취하며 기분 좋게 길상의 기운을 온 몸으로 체득해보자.

4. 돌고래 자세

◆◆◆

팔꿈치와 발가락만으로 온 몸을 지탱하고 몸 전체가 일자 모양이 되도록 엎드리는 '돌고래 지세'는 복직근 근육은 물론 전신 근력 강화에 효과가 있다.

_ 시연 이은승

차투르앙가 단다 아사나의 변형된 자세로써, 엎드려서 팔꿈치와 발가락만 바닥에 댄 채 두 손을 깍지 끼고 골반과 가슴을 들어 올린 모습이 돌고래를 닮았다 하여 '돌고래 자세'라고 부른다. 일명 플랭크 포즈.

몸 전체가 일자 모양이 되도록 유지하면 저절로 복부에 힘이 들어가게 되는데 복부와 허리의 탄력이 증대되고 이두박근, 삼두박근을 중심으로 팔 근육 전체에 힘이 생긴다. 복직근 근육은 물론 전신 근력 강화에 효과가 있다.

'살아 있는 창조물 가운데 가장 거대한 짐승이 리바이어던이다. 리바이어던은 깊은 물속에 갑岬처럼 깊게 드러누운 채 잠을 자거나 헤엄을 치는데, 그것은 마치 대지가 움직이는 것 같다.' 영국출신 작가 존 밀턴의 실락원에 등장하는 이 리바이어던이 바로 고래다. 지구상에서 가장 큰 물고기인 고래는 물 속 생활을 하면서 때로는 민첩한 동작으로 먹이 생물을 포식한다.

고래의 한자어인 고래 경鯨자를 보면 고기 어魚변에 고을 경京을 붙여 만든 글씨다. 고래는 원시인은 물론 현대인에게도 여전히 어마어마하게 크고 힘이 셀뿐만 아니라 신비와 두려움의 대상으로 인식되고 있다.

우리나라 울산의 암구대에 새겨진 수많은 고래 그림들은 신석기 시대 말기 또는 청동기 시대 초의 것으로 추정되고 있다. 고래는 지금은 바다 속에서만 살고 있으나 그 조상은 육지에서 살았던 네발 동물이었다. 조개 무덤(패총)에서 발굴되는 고래 뼈와 그것으로 만든 바늘, 낚시, 칼, 그릇 등에 비추어 볼 때 사람과 고래의 관계는 인류의 조상인 호모사피엔스가 직립보행하면서 자유로워진 손을 사용해서 도구를 만들고 이용하게 된 약 일만 년 전부터 시작된 것으로 추정되고 있다.

몸의 크기에 따라 통상 최장 4m 이상의 것을 고래whale, 그보다 작은 것을 돌고래dolphin라고 부른다. 돌고래는 물돼지라고도 하며 전형적인 방추형 또는 유선형이다. 꼬리는 갈라진 모양이고 등지느러미는 종에 따라 없거나 형태가 다르다.

뇌는 주름이 잘 발달되어 있으며 수중 음향을 주고받으면서 서로 의사소통을 하는 것으로 알려져 있다. 지능과 기억력이 좋아 세계의 동물원과 수족관에서 많이 기르고 있다. 소와 같은 울음소리도 내고 사투리로 말을 하고 노래도 부른다. 그런데 성대는 없다. 비도鼻道 주름의 진동으로 소리를 내는 것이다.

고래는 폐로 호흡을 하기 때문에 규칙적으로 물 위에 올라와 숨을 쉬어야 한다. 1분에 한두 차례 정수리에 있는 숨구멍인 분수 공으로 호흡한다. 동료가 아파 스스로 표면으로 올라와 호흡하기 힘들 경우, 다른 돌고래들이 힘을 모아 아픈 돌고래를 수면으로 올려주어 호흡을 할 수 있도록 도와준다니 끈끈한 동지애가 부러울 뿐이다.

일반적으로 돌고래는 하루 8시간 정도 잠을 잔다. 한 무리가 잠을 자는 동안 다른 무리들이 불침번을 선다고 하니 신기할 뿐이다. 전문가에 따르면 돌고래는 완벽한 소리의 이미지를 다른 돌고래의 마음에 직접 전달함으로써 교감을 나눈다고 한다.

돌고래는 고대 그리스 로마 세계에서 바다를 시사하고 4대 원소 중 하나인 물을 상징하며 신들의 충실한 신하, 또는 인간 구제의 손이었다. 또한 어류 중에서 가장 강하고 빨라 혼을 명계冥界로 운반하는 사자라고 생각됐다. 초기 그리스도 시대에도 이 사고 방식이 계승되어 돌고래는 예언자 요나를 삼켜서 무사히 육지에 보낸 큰 고기라고 하여 구제와 부활의 상징이 되었다.

그리스 신화에 따르면 신들은 그리스 최고의 하프연주자 아리온을 구해준 돌고래를 하늘의 별자리로 만들어 영원히 빛나게 했다고 한다. 포세이돈의 종이었던 돌고래가 포세이돈의 애첩을 찾아준 공로로 별자리를 얻었다고 하는 이야기도 전해온다.

 담수 돌고래는 세계에서 가장 진귀한 포유류 중의 하나로 멸종위기에 처해있지만 지금도 인더스 강과 갠지스 강에도 살고 있다고 한다. '돌고래 자세'를 취하면서 오색찬연한 갠지스강의 일출과 일몰 풍경 속에서 유유자적 노니는 모습을 꿈꾸어 봄 직도 하다.

5. 십자가 자세

'십자가 자세'는 다리의 근력과 근지구력을 향상시키고 다리 관절의 펴는 힘을 높여준다. 힘든 동작이기 때문에 체력에 따라 지속 시간을 조절해야 한다.

_ 시연 김삼순

동작 모습이 십자가를 닮았다 하여 '십자가 자세'라고 한다. 먼저 왼발은 앞에 둔 채 무릎을 굽히며 오른쪽 다리는 구부렸다가 쭉 펴면서 일어난다. 그런 다음에 왼발 무릎 사이로 왼팔을 집어넣은 후 양팔을 수평으로 활짝 펴는 자세이다. 다리의 근력과 근지구력을 향상시키고 다리 관절의 펴는 힘을 높여주는 효과가 있다. 힘든 동작이므로 체력에 따라 지속 시간을 조절한다.

십자가는 +자 모양의 징표로 고대에는 형벌 도구 혹은 종교적 상징이었다. 예수의 십자가 처형 이후에는 그리스도를 나타내는 의미로 널리 쓰이고 있다. 그리스도가 모든 사람의 죄를 대속代贖하기 위하여 십자가에 달려 죽었기 때문이다. 십자가상은 약 7세기경부터 만들어졌는데, 13~14세기경에는 단순한 미술품이 아니라 예배의 대상으로도 사용되기에 이르렀다.

십자가의 징표는 많은 종교와 제사에서 생명 또는 영원의 상징으로 쓰였다. 그리스 신화에서는 아폴로 신이 제후를 봉하는 의식에서 십자형 홀笏을 썼고, 게르만 신화에서는 토르신이 십자 모양의 해머를 가지고 있다. 인도에서는 갈고리형 십자가 모양의 만자卍자가 사용됐고, 힌두교에서는 오른쪽 어깨가 올라간 갈고리형 십자가가 남성적 원리를, 반대로 왼쪽 어깨가 올라간 같은 십자가가 여성적 원리를 상징했다.
십자가를 중죄인 책형磔刑의 도구로 사용한 것은 페니키아인이 최초라고 주장한다. 뒤에 여러 민족이 널리 사용했으나 로마인은 특히 양상이 참혹했다. 예루살렘을 함락시킨 로마 황제 티루스는 십자가를 더 세울 장소가 없을 정도로 십자가 형벌을 자주 시행했다. 그리스도교가 로마에 전파된 이래 십자가 사형은 폐지되었고, 십자가는 도리어 인류 구원을 위한 희생의 제단, 또는 죽음과 지옥에 대한 승리의 상징이 되었다.

그리스도교에서 사용하는 십자가의 가장 흔한 모양은 두 나뭇조각이 가로 세로로 교차한 형태로, 횡목(가로로 된 나무)과 종목(세로로 된

나무)이 같은 길이인 그리스도 십자가와 횡목이 짧고 종목의 아래쪽이 긴 라틴식 십자가가 있다. 또 변형된 모양으로는 종목이 횡목 위로 돌출하지 않은 T자 모양의 성 안토니우스 십자가, 두 나무가 비스듬히 교차하고 있는 성 안드레아 십자가가 있다.

라틴식 기본형 십자가의 횡단목 윗부분에 나란히 작은 횡단목 하나가 더 있는 십자가는 대주교 또는 주교, 대주교구 또는 주교구를 상징하고, 횡단목 윗부분에 한자의 二자형이 더 있는 십자가는 교황을 상징한다. 크고 장식이 없는 무쇠 십자가는 '자신의 존재를 희생시키고 신앙 없이 사는 것, 그것은 죽음보다 더 끔찍한 운명이다'고 말한 프랑스의 국민적 영웅, 잔다르크를 기리는 기념비 구실을 하고 있다.
슬픔의 길 혹은 고난의 길로 불리기도 하는 '십자가의 길'은 빌라도 법정에서 골고다 언덕에 이르는 예수의 수난의 길을 말한다. 그리스도의 수난과 죽음에서 일어났던 예수 그리스도의 마지막 시간을 기억하며, 14개 사건을 묵상하는 기도의 길이기도 하다.

나무 십자가 소년 합창단은 빈 소년 합창단, 튈저 합창단과 함께 세계 3대 소년 합창단의 하나인 프랑스의 소년 합창단이다. 백색 예복을 입고 나무로 된 십자가를 가슴에 늘어뜨린 모습에서 이름이 유래되었다. 깊은 신앙과 경건한 기분이 가득한 명곡「십자가 위의 일곱 말씀」은 1787년 작곡한 요제프 하이든의 최대 걸작으로 손꼽힌다. 국기에 십자가가 들어간 나라도 9개국이나 되는데 핀란드, 스위스, 영국, 뉴질랜드, 호주, 스웨덴, 그리스, 덴마크, 노르웨이 등이다.

사람의 모든 생활 활동은 수직이동과 수평이동을 기초로 이루어진다. 요가에서 수평이동이란 서서 걷는 동작, 앉아서 어깨와 골반을 열고 닫는 동작, 어깨와 허리·골반을 좌우로 비트는 동작 등을, 수직이동이란 누워 있다가 앉기, 앉아 있다가 서기, 서 있다가 앉기, 앉아 있다가 눕기 등을 말한다. 대부분의 병은 자세의 균형이 허물어질 때 생긴다. 이러한 수평과 수직이동의 쏠림을 해소하는 것이 바로 요가의 수정 운동처방이다.

십자가 자세를 통해 수직적 사고와 수평적 사고의 조화와 균형, 즉 이미 확립된 패턴에 따라 논리적으로 접근하는 것이 아니라 통찰력이나 창의성을 발휘하여 기발한 해결책을 찾는 사고방식에 대해 고찰해 보는 것도 좋을 듯하다.

"(중략) 괴로왔던 사나이 / 행복한 예수 그리스도처럼 / 십자가가 허락된다면 / 목아지를 드리우고 / 꽃처럼 피어나는 피를 / 어두워가는 하늘 밑에 / 조용히 흘리겠습니다."

윤동주 시 「십자가」를 읊조리며 힘든 이 자세를 견디어 보자.

6. 우카타 아사나

우카타 아사나는 가상의 의자에 앉듯이 버티는 자세로, 심장 기능을 강화하고 발목, 종아리, 넓적다리 근력을 길러준다.

_ 시연 정민남

우카타 아사나는 가상의 의자에 앉듯이 하는 자세라고 하여 의자 자세라고 한다. 우카타는 범어로 강력한, 어려운, 격렬한이라는 뜻이다. 두 발을 모으거나 어깨 너비로 벌리고 서서 양팔을 머리 위로 쭉 뻗어 합장한 채, 넓적다리가 바닥과 수평이 될 정도로 무릎을 구부려 몸통을 내린 자세를 유지한다. 앞쪽으로 구부리지 말고 가능하면 가슴을 최대한 뒤로 젖힌다. 이런 버티기 자세는 등척성 운동이라 하여 주로 근지구력 향상에 좋다. 어깨의 경직을 풀어주고 횡격막을 위로 들어올려 심장 기능을 강화한다. 발목, 종아리, 넓적다리 근력을 길러주고 의자에 오래 앉아 있는 생활로 엉덩이 근육이 점점 사라지는 현대인들의 예쁜 뒤태를 위해서도 좋은 자세이다.

의자하면 '빙글빙글 도는 의자 회전의자에 / 임자가 따로 있나 앉으면 주인이지'로 시작되는 김용만의 노래「회전의자」(1965)를 먼저 흥얼거리게 된다. 사람이 머무는 거의 모든 공간에는 의자가 준비되어 있다. 인류가 직립 보행을 하면서 다리의 부담감이 커졌고 그래서 의자가 필요해졌을 것이다. 의자는 다리를 쉬게 하는 공간이다. 의자는 앉는 자세로 신체의 부담을 풀어 주어 남는 에너지로 두뇌와 손의 활용을 극대화하기 위한 도구이다.

그러나 의자는 원래 지배 계급의 권위와 사회적 지위를 표시하는 공적인 것으로서 고대 이집트 옛 왕조시대 왕좌에서 시작해 왕후 귀족들에 의해 독점적으로 사용되어왔다. 의자는 소유자의 사회적 지위에 부응하여 형식이나 장식, 높이 등이 달랐고, 그에 더해 시대, 나라와 생활에 따라서도 다종다양한 형태가 나타났다. 동양에서는 헬레니즘 시대에 그리스 문화를 통하여 인도 북부에 의자 생활이 정착되었다. 한국 의자의 역사는 1876년 개항과 함께 새로운 문물의 유입이 진행되면서 점진적으로 서구화가 이루어질 때 시작된 것으로 본다.

의자는 영광과 안락의 상징이기도 하지만 때로는 불행과 공포의 상징이기도 하다. 국회 청문회 자리, 취조실이 떠오른다. 좌불안석, 가시방석이란 말도 있다. 그러나 다행스럽게도 그 모든 의자는 잠시 지나가는 자리가 아닐까? 그것이 인간의 숙명이기에.

 의자는 앉기 편한 것, 앉아서 편한 것, 쓰기 편한 것이어야 한다. 이 조건이 갖추어질 때 비로소 좋은 디자인이라고 할 수 있다. 신체에 꼭 맞는 커브면과 부드러운 쿠션을 가진 의자가 좋다고 인식하던 종래의 사고가 바뀌어 가고 있다. 건축가 루드비히 미스 반 데어 로에는 '의자는 어려운 물건이다. 고층 빌딩 건설이 차라리 더 쉽다. 그것이 바로 치펜데일 의자가 유명한 이유다'라고 말했다. 스티브 잡스 덕분에 더 유명해진 르코르뷔지에의 1928년 작 그랑꽁포르 LC2, 달리의 레다 체어, 아르네 야콥센의 에그체어는 물론 이브 생로랑의 드래곤스 체어가 경매에서 수백억 원에 낙찰되었다고 한다. 우리나라에서도 의자가 미술품이자 재테크 수단이 되어가고 있다. 의자의 패러다임이 바뀌고 있는 것이다.

 피카소와 마티스 같은 화가도 의자에 앉은 여인을 자주 묘사했다. 빈센트 반 고흐의 작품 '고갱의 의자', '빈센트의 의자'도 의자가 중심 배경이다. 제주시 한경면 낙천리에는 천여 개의 각양각색 의자가 각각의 이름과 예쁜 그림으로 장식돼 전시된 '의자공원'이 있다. 길을 가다가 다리가 아프고 몸이 고단하여 잠시 쉬고 싶을 때 마침 그 자리에 의자가 놓여 있다면 얼마나 반갑고 고마운지 모를 일이다. 그 곳에 잠시라도 몸을 내려놓으면 피곤이 풀리면서 다시 힘이 생긴다.

 가까운 가족이나 누구에겐가 좋은 의자가 되어 주는 삶이 된다는 것도 멋지지 않을까? 법정스님은 '빠삐용 의자'라고 명칭을 붙이 손수 만든 의자에 앉아 '빠삐용이 절해고도에 갇힌 건 인생을 낭비한 죄였거든. 이 의자에 앉아 나도 인생을 낭비하고 있지 않은지 생각해 보는 거야'라고 말씀하셨다고 한다. 우카타 아사나 자세를 취하면서 의자의 의미를 새롭게 떠올려 봄직도 하다.

7. 인어 자세

인어 자세는 허리 라인을 가꿔주고 옆구리 결림을 완화해주며 척추 측만증에도 효과가 있다.

_ 시연 정민남

인어 자세는 양다리를 모아 바깥 방향으로 구부려 앉은 채 양손을 깍지 끼거나 손목을 잡고, 숨을 내쉬며 좌·우측으로 곧게 편 뒤 자세를 얼마간 유지한다. 옆구리 지방을 자극해 허리 라인을 날씬하게 가꿔주고 옆구리 결림을 완화해주며, 척추가 S자로 비틀어진 척추 측만증에도 효과적인 자세다.

인어는 상반신은 사람의 몸, 하반신은 물고기의 모습을 하고 있는 전설의 생물이다. 서양의 인어는 황금빛 머리를 길게 늘어뜨리고 라인강에서 배를 향해 노래를 부르는 미녀로 묘사된다. 사람들은 그 미성에 홀려서 노를 놓치고 강바닥에 가라앉고 만다. 일명 '로렐라이의 전설'이다.

세계에서 가장 오래된 인어는 바빌로니아의 물의 신 에아로, 남자의 몸으로 묘사된다. 여체의 인어는 셈족의 달의 신 아타르가티스가 시초다. 이 신은 그리스 아프로디테나 로마 비너스의 원형이 되었다. 그리스에서는 바다의 정령 네레이드나 해신 트리톤도 인어의 모습을 하고 있다.

동양에서 인어는 중국의 흡문기洽聞記, 산해경山海經 등에 아름다운 여체로 나타난다. 이와 달리 일본에서는 외관이 추악한 악령의 모습으로 묘사된다. 우리나라에서는 최초의 야담집인 어우야담에 인어 이야기가 수록되어 있다. 정약전의 자산어보에도 '인어는 속명이 옥붕어이고 모양이 사람을 닮았다'라고 기술하고 있다.

인어는 세계 전역에 전설과 목격담을 남겼지만 실제로 포획된 적은 없는 듯하다. 사람 키보다 큰 듀공dugon이라는 포유류가 가슴지느러미로 새끼를 안고 있는 모습이나 해우海牛로 불리는 대서양의 또 다른 바다 포유류 매너티를 멀리서 보고 착각한 것이라는 설도 있다.

지금도 여러 문화권에서 인어를 찾아볼 수 있다. 폴란드의 수도 바르샤바 문장紋章에는 방패와 칼을 든 인어 시렌카가 그려져 있다. 영국의 속령 버뮤다의 수도 해밀턴 시의 문장도 인어 그림을 사용한다. 미국 버지니아 주의 노픽 시市 역시 시의 상징으로 인어를 사용한다. 리비아의 수도 트리폴리의 별명은 '지중해의 인어'이다. 청록색 바다와 하얀 건물들 때문에 지어진 명칭이라고 한다.

국내도 마찬가지다. 부산시 해운대 동백섬의 인어상은 인도 나란다국의 황옥공주 전설을 담고 있다. 황옥공주가 김수로왕의 왕비인 아유타국의 허황옥 공주라고 보는 향토사학자들도 있다. 부산시 강서구 동선마을에도 소금장수와 인어 이야기가 등장한다. 경남 통영시 수우도에도 인어에 관련된 설운 장수 이야기가 등장한다. 전남 여수시 거문도 녹산 등대공원, 인천시 옹진군 장봉도에도 인어상이 있다.

인어는 대중 매체에서도 종종 등장한다. 월트 디즈니의 애니메이션 「인어공주」에서 인어공주 에리얼은 에릭 왕자를 짝사랑해 바다의 사악한 마법사를 찾아가고, 사람이 되는 대가로 목소리를 빼앗기게 된다. 안데르센의 동화를 기초로 한 이 작품은 대단한 흥행을 기록하고 아카데미 주제가상과 작곡상을 수상하며 한때 쇠락의 길을 걷던 디즈니의 애니메이션을 부활시켰다는 평을 들었다.

국내 70년대 영화 「태권동자 마루치 아라치」에서도 금발의 인어 유리가 해룡의 공격을 받고 정신을 잃은 마루치를 구해주는 장면이 나온다.

영화 「드라이빙 미스데이지(1989)」의 삽입곡이자 드보르작의 오페라 「루살카」에서 물의 님프이자 인어인 여주인공 루살카가 부르는 「오, 은빛 달」은 신비한 분위기를 자아낸다. 바그너의 「니벨룽의 반지」 중 「라인의 황금」 악장도 인어와 관련되어 있다.

패션에서 머메이드 드레스는 보디라인을 따라 꽉 조여지다가 아랫단 쪽에서 인어의 꼬리와 같이 넓어지는 형태의 드레스다. 보석

중에 아쿠아마린은 바다의 신 포세이돈이 인어들에게 선물한 보석이 보석함에서 떨어져 바닷물을 지금 색으로 물들였다는 전설을 가지고 있기도 하다.

 스타벅스 커피 체인점의 초기 로고에는 별 아래 왕관을 쓰고 두 갈래 꼬리를 지닌 인어가 등장한다. 타로점에 쓰이는 별카드의 인어에서 따온 것으로, 아름다운 노랫소리로 뱃사람을 유혹한 인어처럼 커피로 사람들을 유혹하여 자주 발걸음하게 만들겠다는 뜻이 담겨있다고 한다.

 스타 마케팅은 스타를 따라하려는 소비자를 겨냥한다. 목소리를 내어주고 인간의 다리를 갖는 아픔을 견딘 인어공주처럼 스타의 모습대로 살고 싶은 욕망에 지갑을 열고 광고 속 물건을 사는 형태를 가리킨다. 인어 자세를 취한 채 조용히 호흡을 고르며 전설 속 인어를 떠올려 봄직하다. 구체적으로 드라마 「푸른 바다의 전설」 속 여자 주인공 심청 역 전지현의 몸매를 꿈꾸어 본들 누가 무어라 하오리까?

8. 드비코나 아사나

드비코나 아사나는 두 번 구부린 자세라는 뜻으로, 다리 뒤쪽과 허리의 근육을 늘려주고 어깨관절의 긴장과 굳어짐을 풀어준다.

_ 시연 임은주

다리를 어깨 너비로 열고 서서 등 뒤쪽에서 양손을 깍지 끼고, 상체를 앞으로 숙이며 깍지 낀 손을 머리 뒤쪽으로 최대한 들어 올리는 자세를 드비코나 아사나라고 한다. 드비코나 아사나는 두 번 구부린 자세라는 뜻으로, 다리와 상체가 하나의 각을, 상체와 양팔이 또 하나의 각을 이루어 이중의 각을 만든 데서 유래한 명칭이다. 다리 뒤쪽과 허리의 근육을 자극하여 늘려주고, 어깨관절의 긴장과 굳어짐을 풀어주는 데 효과가 있다.

조금만 주의 깊게 보면 세상은 온통 숫자로 되어 있음을 알 수 있다. 싫든 좋든 우리는 하루에도 수십 번 혹은 그 이상 숫자와 마주하게 된다. 아침에 부스스한 눈으로 시계의 숫자부터 보는 것으로 시작하여 오늘의 날짜가 찍힌 신문을 펼쳐보며, 음료수나 식품의 유통기간을 확인하고, 전화기의 숫자를 누른다. 현관문에 들어설 때 숫자를 입력하고 마트 등에서 물건을 구입할 때 바코드를 인식시킨다. 이처럼 우리는 평생 숫자와 더불어 살아간다고 해도 과언이 아니다. 그러기에 일찍이 수학자 피타고라스는 만물의 근원은 수數라고 보았다. 심리학자 칼 융은 '자기가 느끼지 못하는 가운데 영향을 받는 집단의 무의식이 있다. 그리고 이러한 집단적 무의식 속에서 일상생활에 가장 영향을 주는 것은 수數이다'라고 하였다.

두 번이나 둘은 아라비아 숫자 2로 표시되기도 하는데, 아라비아 숫자 2는 여러 의미를 내포하고 있다. 숫자 0과 1의 조합을 통해서 탄생한 2진 기수법으로 오늘날 컴퓨터로 인한 첨단 문명의 발달이 가능하게 되었다. 남성이 1이라면 여성은 2라는 식으로 서로 보완하는 남성과 여성을 뜻하기도 한다. 또 자기 자신을 1이라고 한다면 2는 자신과 세계의 거리를 상징한다. 자신에게만 관심을 갖는 것에서 벗어나 세계를 인식하는 출발점을 뜻하는 것이다. 2는 암컷과 수컷, 높음과 낮음, 빠름과 느림, 밝고 어두움, 낮과 밤, 선과 악, 음과 양, 능동적인 것과 수동적인 것, 생식하는 것과 수태하는 것, 불과 물 등 모든 분야에서 대립과 분할 또는 조화를 상징한다.

또한 2는 긍정적인 측면과 부정적인 측면을 동시에 지니고 있다. 미국에서는 2달러짜리 지폐가 행운의 상징으로 통하기도 한다. 형제 자매간에도 둘째는 태생학적으로 역동적인 기상이 강하고 성취욕과 독립성이 뛰어날 가능성이 많다고 한다.

종교적인 전통에서 2는 절대적 신성이 분리되고 분열됨을 의미한다. 또 2는 피조물의 세계와 관계하는 수라고도 인식되고 있다. 자아와 타아의 대면은 대립을 포함하는데 이러한 대립은 특히 인간 자아가 절대적 유일자인 신과 마주할 때 더욱 분명해진다. 유일자와 대립하는 존재를 생각하기란 그렇게 용이치 않다. 그러므로 2가 모순의 수, 신성하지 못한 수, 분열의 수를 나타내는 부정적인 측면을 나타내기도 하는 것이다.

또한 2는 창조와 더불어 생겨난 수이다. 2가 나타내는 양극성이 없었다면 생명 또한 가능하지 않았을 것이다. 전류가 양극과 음극을 필요로 하고, 생명이 들숨과 날숨 그리고 심장의 수축과 이완에 의해 지속되는 것처럼 2는 모든 피조물의 현상들과 관계한다고 할 수 있다.

2를 불신의 상징으로 나타낸 표현도 여러 문화권에서 찾아 볼 수 있는데, 페르시아에서 두 빛깔은 위선적인 의미로 이해된다. 그리고 아랍인들은 위선자를 가리켜 '두 개의 혀를 가진 아버지'라고 부르는데 우리식으로 말하면 일구이언하는 자라는 뜻이다.

마찬가지로 양면성을 띤다는 표현도 불명료한 영역을 뜻하는 표현이다. 이중인격자라는 말은 개인이 두 가지 혹은 그 이상의 인격을 가지고 그것을 교대로 나타내는 상태, 히스테리의 한 증세로 생각되고 있다. 스티븐슨의 소설 「지킬박사와 하이드」가 그 좋은 예이다.

드비코나 아사나 동작을 시원스레 펼치며 '내가 하면 로맨스요 남이하면 부적절한 관계'처럼 내편 네편을 나누기, 흑백을 가르기, 선과 악으로만 단정 짓기, 전부 아니면 전무all or nothing 등의 이분법적인 극단적인 논리가 과연 우리 일상생활에 어떻게 영향을 미치고 있는지도 곰곰이 되씹어볼 일이다.

9. 아기곰 자세 – 모관 운동

누워서 손발을 위로 향하게 한 뒤 떠는 느낌으로 흔들어주는 모관 운동은 노폐물을 배출시키고 혈액 순환을 돕는다.

_ 시연 신희정

우리는 대체로 서거나 앉아서 생활하기 때문에 신체의 노폐물들이 아래로 쌓이기 쉽다. 노폐물이 계속 쌓이면 각종 질병의 원인이 되기 때문에 가능한 신체 밖으로 배출시키는 것이 좋다. 노폐물 배출에는 여러 가지 방법이 있겠지만 가장 손쉽게 할 수 있는 것이 등을 대고 누워서 손발을 위로 향하게 하여 흔들어 주는 운동이다. 흔들기보다는 진동하는 느낌으로 해주는 것이 좋다.

이 자세는 아기 곰이 누워서 버둥거리는 모습 같다고 하여 아기곰 자세라고 하는데 모세관 운동 또는 모관 운동이라고도 불린다. '아기 곰은 너무 귀여워 / 히쭉히쭉 잘한다.' 슬그머니 입가에 미소가 떠오르는 동요 「곰 세마리」의 노래 소리가 꿈결처럼 들려오는 듯하다.

아기곰 하면 '아기곰 푸우' 캐릭터가 먼저 떠오른다. 아기곰 푸우는 1921년 6월 영국 동화작가 앨런 알렉산더 밀른이 아들 크리스토퍼 로빈이 가지고 놀던 곰 인형을 소재 삼아 만든 이야기로 태어났으니 근 100년이 된 셈이다. 연간 수조 원의 수익금을 벌어들인다니, 미키 마우스 다음으로 상품가치가 높은 캐릭터이다.

하지만 밀른은 이야기만 만들어 냈을 뿐 처음부터 푸우가 지금과 같은 인기 캐릭터로 자리잡은 것은 아니었다. 푸우는 1928년 어니스트 하워드 셰퍼드라는 삽화가가 그림으로 재탄생시키면서 세상에 알려지기 시작했다. 이어 1931년 미국 제작자 스테판 슬레진저가 푸우의 북미 판권을 인수하면서 푸우는 퍼즐, 음반, 게임, 인형 등으로 상품화되기 시작했다. 이후 월트 디즈니가 판권을 인수해 1966년 만화 영화로 제작하면서 푸우는 지금의 모습을 갖추고 대스타 반열에 올랐다.

수년 전에 열손실을 줄이려 아기곰을 업은 북극곰 사진이 매스컴에 공개된 적이 있다. 아기 북극곰은 아직 충분한 지방을 축적하지 않고 있기 때문에 추위에 견디는 저항력이 많이 떨어지는 편이다.

북극곰이 새끼를 등 위에 업은 채 헤엄치면 열손실을 줄여 새끼의 생존에 많은 도움이 된다. 지구 환경 파괴에 대한 또 하나의 경고음인 것이다.

 모관 운동은 심장에서 가장 멀리 떨어진 손발의 모세혈관을 자극하여 손발 끝에 몰린 혈액과 림프의 흐름을 원활히 함으로써 혈액순환이 촉진되고 집중력이 강화된다.

 우리 몸의 심장에서 나온 피는 대동맥, 세동맥, 모세혈관, 세정맥 순으로 순환한다. 이 당연한 순환체계에 문제가 생기면 혈액은 갈 곳을 잃고 결국 사람은 죽어가게 되는 것이다. 추위와 공포에 내몰렸을 때 안색이 창백해지는 것은 모세혈관이 급격히 수축되어 혈액이 일시적으로 차단되었기 때문이다.

 모관 운동은 하체를 많이 사용하지 않아 횡격막 윗부분에 머물러 있는 혈액을 몸 전체로 고루 이동시켜 기혈의 막힘을 해소한다. 이를 통해 손발이 차거나 마비되는 것을 예방하는 것은 물론 혈압을 조절하고 나아가 정신 작용까지도 활발하게 해준다. 게다가 나이 들어 생기는 검버섯도 감소시키는 효과가 있다. 특히 임신 중에 퉁퉁 부은 다리 부종을 없애주고 산후에는 출산과 육아로 피로한 몸을 회복하는 데도 효과적이다.

 다소 우스꽝스럽기도 한 동작 같지만 이렇게 쉽고 단순한 운동법도 없을 듯하다. 그러나 그 효과는 대단하다. 진리는 복잡하고 어렵고 먼 곳에 있기보다 오히려 단순하고 쉽고 가까운 곳에 있다고 하는 말이 이 경우에 딱 들어맞는다. 이런 것으로 미루어 보건대, 인간의 몸을 우주의 축소판, '소우주'라 칭할 만하지 않겠는가?

10. 고무카 아사나

고무카 아사나는 매우 우수한 명상 자세이자 상체의 혈액순환과 하체의 울혈과 경직을 풀어준다.

_ 시연 황은주

고무카 아사나에서 범어로 고Go는 암소, 무카Mukha는 얼굴을 의미한다. 포갠 다리 모양이 마치 소의 얼굴을 닮았다 하여 '소 얼굴 자세'라고 부른다.

왼발을 구부려 오른쪽 허벅지 안쪽으로 깊이 밀어 넣은 후 왼발의 뒤꿈치가 오른쪽 엉덩이 바깥쪽 가까이 붙게 하고, 오른발을 구부려 그 위에 올려놓아 양 무릎이 나란히 포개지도록 한다. 그 다음 왼팔을 등뒤로 보내 손등을 최대한 위로 들어 올리고 팔꿈치를 접어 등 뒤에서 양손을 맞잡은 자세이다.

호흡은 자연스럽게 유지하며 내면의 고요한 침묵에 귀 기울인다. 이 자세는 산란한 마음을 가라앉히고 정신적 긴장을 해소하는 매우 우수한 명상 자세이다.

췌장과 신장을 자극해 만성 당뇨 질환을 완화시키고, 어깨와 목의 긴장으로 인한 근육의 경직을 해소함으로써 상체의 혈액순환을 원활하게 한다. 또 가슴을 확장해 호흡기능이 높아지고 하체의 울혈과 경직을 풀어 국소부위의 경련을 방지하며, 요통 좌골신경통 류머티즘을 완화해준다.

특히 골반을 확장하는 동작, 예를 들어 '좌우로 다리 벌리기(박쥐 자세)' 등을 한 후 이 자세를 취하면 인체생리학상 열린 골반을 다시 모아주는 작용을 한다. 생식기, 항문의 괄약근을 수축시키는 강력한 자세이기도 하다.

농경 문화권에서 소는 농사에 필수적인 노동력이기도 하면서 종교적 영성을 상징하기도 했다. 특히 불교는 소와 각별한 인연이 많다. 부처님의 성姓 고타마Gotama도 '최상의 소, 거룩한 소'라는 의미가 있다.

또한 불교는 소를 깨달음의 상징으로도 보았다. 깨달음에 도달하는 과정을 소찾는 일에 비유하는 심우도尋牛圖라는 불화가 있다. 10단계로 구성되어 있어 십우도十牛圖라고도 불린다.

중국에서는 소 대신 말을 등장시킨 시마도十馬圖가 있다. 티베트에서는 코끼리를 등장시킨 시상도十象圖가 전해진다. 하지만 내재하고 있는 깨달음이라는 의미는 일맥상통한다.

중국 애니메이션 감독 터웨이가 심우도를 현대적으로 재해석하여 1963년 「피리 부는 목동」이라는 작품도 내놓았다. 만해 스님이 거처하던 토굴 이름도 '심우장'이다.

수렵채집 시기부터 숭배해오는 신神 같은 존재인 소를 죽이는 이야기가 고대 그리스의 미노타우로스 신화에 등장한다.

소를 죽여서 인간이 주인공이 되는 대표적인 문화가 스페인의 투우다. 스페인의 알타미라 동굴에서 숭배의 대상이었던 소를 이제는 투우사가 경기장에서 붉은 천 조각을 펄럭이면서 희롱하다가 죽이는 놀이가 된 것이다.

뜨거운 햇살이 쏟아지는 경기장에서 투우사가 투우의 정수리에 칼로 내리 꽂으려 할 때, 죽느냐 사느냐가 엇갈리는 절체절명의 바로 이 순간을 '진실의 순간moment of truth'이라고 부른다. 헤밍웨이가 「오후의 죽음」이라는 작품 속에서 이 표현을 최초로 사용했다. 마케팅에서는 소비자에게 기업이나 제품의 첫 인상을 심어주는 짧은 이 순간을 중요시한다.

구약 성경의 출애굽기 편에서도 소가 등장하는데 그 유명한 '금송아지 이야기'가 사람들의 우매함을 질타하고 있다.

소의 작가 이중섭은 가족 사랑이 각별하였는데 그의 소망이 가장 간절하게 담긴 작품이 「가족, 따뜻한 남쪽 나라로」로 보인다. 소달

구지에 가족들을 태우고 아버지가 앞에서 황소를 몰고 따뜻한 남쪽 나라로 가는 듯한 이 그림은 희망적이고도 역동적이라는 평을 받고 있다.

암소를 뜻하는 라틴어 바카vacca에 어원을 둔 백신vaccine이 개발에 성공하여 화이자, 얀센, 모더나, 아스트라제네카 등의 여러 이름으로 요즘 세계적으로 한창 접종되고 있다. 일상으로 복귀하기를 바라는 마음으로 많은 사람들이 백신 접종에 동참하고 있다.

뉴욕 맨하튼 월가에는 생동감 넘치는 '돌진하는 황소Charging Bull' 동상이 있다. 이와 멀지 않은 곳에는 허리에 양손을 떡하니 얹고 당당한 자세로 소에 맞서는 소녀상도 서 있다. 이름하여 '겁 없는 소녀Fearless Girl'라 불리고 있다.

백신 접종과 더불어 우리도 이 코로나 블루의 힘든 시기를 저 소녀상처럼 당차게 또한 지혜롭게 극복하면서 예전과 같은 자유로운 일상으로 돌아갈 희망을 품은 채 고무카 아사나 동작 하나라도 정성껏 해보시길 권한다.

11. 우스트라 아사나

낙타 자세는 머리가 땅에 닿을 정도로 허리를 뒤로 넘기는 유연함과 부드러움 속에 몸체를 견고히 지탱하는 단단함이 동시에 존재하는 당찬 자세이다.

_ 시연 허수정

범어로 우스트라ustra는 낙타를 일컫는다. 낙타는 오래 전부터 가축으로 길러온 친숙한 동물로, 많은 짐과 사람들을 태우고도 사막을 횡단하는 지구력과 근력을 두루 갖춘 동물이다.

류시화 시인의 글에 '사막에서는 한 마디의 명언보다 한 방울의 물을 나눠 마시는 것이 더 소중하다'는 표현이 있을 정도로 사막은 척박하다. 이런 어려움 속에서도 낙타는 사뭇 자유로워 보인다. 험한 환경을 견딜 수 있도록 외모가 바뀌고 생리적 적응력이 쌓인 동물이다. 웬만한 생명체는 엄두도 내지 못하는 극한의 환경 속에서도 덤덤하게 삶의 내성을 키우며 살아간다. 작열하는 태양의 열기가 모래벌을 달구어도 결코 피하지 않는다.

열악한 사막 환경에 적응된 낙타의 외모 중 특히 낙타의 눈은 감은 것처럼 보이지만 얇은 눈꺼풀을 통해 모래 폭풍 속에서도 앞을 본다. 눈물샘에서 공급되는 눈물은 각막이 마르지 않도록 하고 모래를 씻어내는 효과도 있다. 이 눈물은 다시 코와 연결되어 관을 통해 몸속으로 들어간다. 그래서 물 낭비를 줄이는 것이다. 낙타가 사막에서 눈물을 흘리는 이유이기도 하다.

몽골에서는 낙타를 앞에 두고 전통악기인 마두금馬頭琴이라는 두 줄의 현악기로 다정다감하면서도 가슴을 울리는 사랑의 노래를 연주한다. 노래를 불러주면 낙타의 눈에서는 눈물방울이 흘러내린다. 이로 인해 모성애를 자극해 제 새끼를 더 잘 키우게 한다는 것이다. 소리로 하는 만트라 요가의 멋진 한 장면이다.

낙타의 살과 고기는 식용으로 하고, 털은 직물로, 분뇨는 땔감으로 쓰인다. 카라반 대상隊商들이 짐을 싣고 다니는 수송 수단이기도 했던 것이 요즘은 사파리 관광에 등장했다. 그래서 사막 지대의 사람들은 이런 낙타를 신이 보내준 선물이라 생각한다.

낙타 자세는 두 무릎을 어깨 너비만큼 벌리고 상체를 곧게 세워서 후굴시킨 모습이 낙타를 닮았다 하여 붙여진 이름이다. 먼저 양손으로 허리 또는 양발 뒤꿈치를 잡는다. 더 가능하다면 양손을 교차하여 양발을 잡아도 좋다. 복부를 양쪽으로 내밀며 허벅지를 바닥과 수직으로 세운다. 이때 괄약근은 조인다. 요통 등 갑상선 비대증을 앓고 있을 때는 주의를 요하는 자세이다.

동작 후에는 앞으로 등을 구부리는 아기 자세 등 엎드린 자세를 취해 허리의 긴장을 해소해주는 게 좋다. 이 자세는 척추의 후굴력이 강화되어 허리가 유연해진다. 당뇨에도 효과가 있으며 대동맥의 탄력성이 유지·향상되어 노화를 늦춘다. 유선의 자극으로 가슴이 발달되고 생식기관이 발달한다.

무릎을 보호하는 근육, 앞쪽을 받치는 근육, 엉덩이, 허리와 양팔 등의 근력을 높여서 사막을 행진하는 낙타처럼 강인한 지구력을 갖추는 데 유효한 동작이다. 머리가 땅에 닿을 정도로 허리를 뒤로 넘기는 유연함과 부드러움 속에 몸체를 견고히 지탱하는 단단함이 동시에 존재하는 당찬 자세이다.

낙타와 같이 극한의 환경 속에서 험하고 힘든 시간을 이겨내면 삶의 자세가 보다 진중해지리라. 아름답고 순수한 것은 처절한 고통 속에서도 피어날 때가 많다는 말을 되새겨 본다. 끝으로 졸시 한 수 덧붙인다.

《 낙타 》

등에 올려진
허기진 짐의 무게로
사막을 건너간다
안으로 안으로

눈물일랑 삼키며
어깨에는 바위만한
고독 한 점 얹은 채
무르팍 꺾였다 일어서기를 반복하며
시간의 저편 너머
모래 바람의 심장을
향해 나아간다
허허로운 열사의 사막
저벅저벅 걸어가는
당신의 뒷모습에는
나와 나의 아버지
나의 아버지의 아버지
나의 어머니
나의 어머니의 어머니그림자가 어려 있다
질긴 숨줄이 있다
퀭한 모진 세월들
툭툭 털고 일어서는 이것,
나를 지탱하고 있는 이 숙명을
포기하지 않는 이것,
그저 숨줄이 이어진다는 것만으로도
고맙고 감사한 이것,
돌아보면 그 길은 지워지고
또 지워져 가지만
맑은 영혼 하나 품고서
길에게 길을 물은 채
흔들리며 흔들리며
숙명인냥
그 길을 간다

_ 최진태

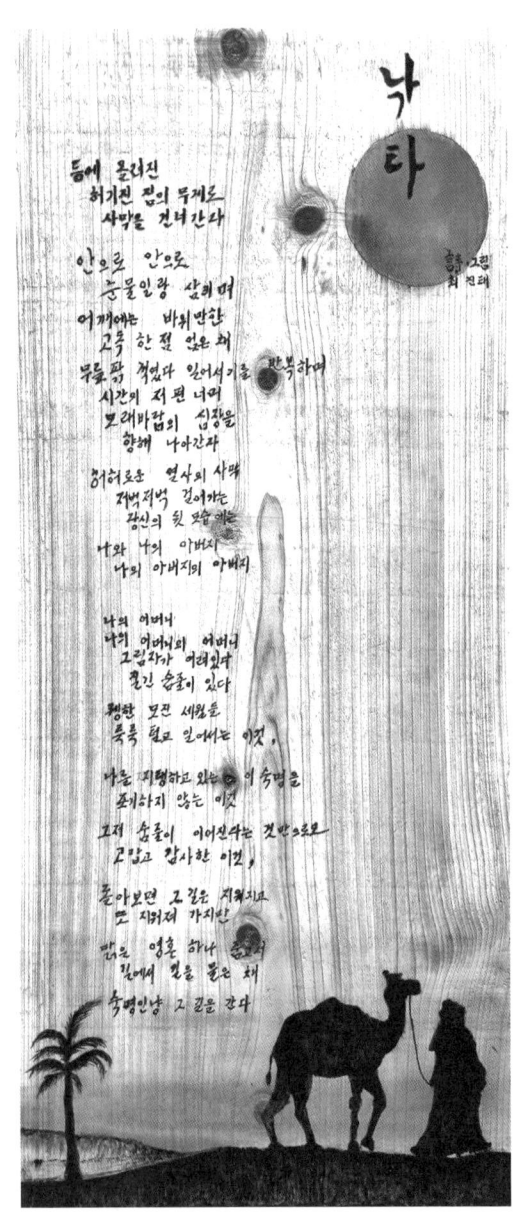

12. 등 구르기 자세

등 구르기 자세는 척추 측만증을 예방하고 골반 좌우의 균형을 잡아주며 몸 전체에 지압 효과를 준다.

_ 시연 허수정

등을 대고 바닥에 누워 먼저 양다리를 접은 후 양손을 깍지 낀 채 무릎 안쪽 혹은 바깥쪽을 감싸 안고, 가슴 쪽으로 당기면서 좌우로 구른다. 그 다음엔 다시 상체를 일으켜 턱을 무릎 가까이 당긴 채 앞뒤로 천천히 등을 굴린다. 진폭을 조금씩 크게 확대해도 좋다.

이 동작은 등 부위의 긴장을 해소해주기 때문에 다른 아사나(자세)를 취하기 전에 먼저 실행하는 것이 좋다. 방석이나 깔개를 펴고 해도 좋으나 척추운동 효과를 위해 가급적 쿠션이 적은 바닥에서 행하는 게 효율적이다.

뒷머리가 바닥에 부딪히지 않도록 머리를 앞쪽으로 숙이고 하는 게 좋다. 적절한 횟수로 반복하다가 마지막에는 엉덩이를 바닥에서 띄운 채 앉았다가 마무리해도 좋다. 요가 동작에서는 일반적으로 반동은 금하고 있지만 이 동작은 큰 부담이 없기에 반동을 이용해 할 수도 있다.

등과 척추 골반의 기혈순환이 원활해지며 척추 측만증을 예방하고 교정해 준다. 골반 좌우의 균형을 잡아주는 역할을 한다. 특히 우리 몸의 중요한 경락인 독맥과 방광 경락을 자극하여 몸 전체에 지압 효과를 준다.

성장기의 청소년과 나이 드신 분들도 부담 없이 할 수 있는 운동으로, 누운 자세에 대한 반성 체위에 해당되므로 아침에 일어날 때 잠자리에서 해주면 더욱 좋다.

단순한 듯한 이 등 구르기 자세를 취하면서 첫 번째 흔들의자, 두 번째 복원력, 세 번째 항상성, 네 번째 롤링스톤즈 밴드, 다섯 번째로 등과 척추 이야기가 떠오른다.

이 자세는 앞뒤 좌우로 구르는 모습이 휴식과 안정이란 단어가 먼저 떠오르는 흔들의자를 닮았다. 최근 생물학자들이 불면증에 시달리거나 깊이 잠들지 못할 경우 흔들의자에서 약간 흔들리는 분위기로 잠들면 도움이 된다는 연구결과를 발표했다. 더군다나 잠자는 동안 기억력과 관련된 중추신경을 강화하는 효과도 있다.

두 번째는 배나 차량이나 항공기 등에서 필수적으로 적용되고 있는 복원력復元力이다. 배의 복원력은 무게 중심이 낮고 부력浮力의 중심이 높을수록 좋다. 배가 외력에 의해 앞으로 기울어져도 옆으로 기울어져도 복원력 때문에 되돌아오게 된다.

파도에 의하여 배가 위로 솟았다가 내려갔다 하는 걸 뱃사람들은 '선박이 용왕님께 절을 한다.'고 표현한다. 선박이 앞쪽에서 파도를 맞이하여 앞뒤로 움직이는 현상을 피칭pitching이라 하고, 롤링rolling은 선박이 옆쪽에서 파도를 맞이할 때 선박의 좌우 움직임을 말하는 것이다.

누구든 삶의 항로에서 크건 작건 피칭과 롤링이 없을까마는 우리 모두는 생의 파도인 피칭과 롤링을 헤치고 나아가야만 되는 숙명을 안고 태어난 것을 어이하랴. 그러한 현상에 순응하면서 도전에 대한 응전으로 점점 단단해지는 스스로를 만들어 가게 되는 것도 삶의 보너스인걸.

세 번째는 항상성이다. 살아있는 모든 생명체가 생존에 필요한 안정적인 상태를 능동적으로 유지하는 과정을 항상성homeostasis이라 하는데, 생물은 거기에 맞춰 다양한 조건의 메커니즘을 가동해야만 되는 것이니 우리 인간도 여기에서 벗어날 수 없다. 어떤 방식이든 면역력과 자가 치유력을 작동시켜야만 심신의 균형을 찾게 되는 것이 우리의 삶인 것이다.

네 번째로 롤링이란 단어와 함께 팝송 애호가들은 1962년에 결성된 영국의 록밴드, 방랑자란 의미를 가진 '롤링 스톤즈'를 떠올릴 것이다. 비틀스가 인도 사상에 빠져 시타르란 인도 전통악기를 사용했는데, 롤링 스톤즈도 시타르를 넣어 만든 곡이 있다. 그 유명한 미국 드라마 「머나먼 정글」의 주제곡 '페인트 잇 블랙paint it black'이다. 록의 「운명 교향곡」으로 불리는 '새티스팩션satisfaction'의 음률도 머릿속을 맴돈다. 반항의 아이콘으로 유명한 멤버 믹 재거와 붉은 입술과 혀를 형상화한 앨범 재킷의 로고도 연상된다.

 우리 신체에서 뒷모습인 등은 오히려 앞모습보다 더 정직하고 사람마다 고유한 표정을 지닌 채 이제껏 살아온 생에 대해 두런두런 이야기를 들려주고 있는 듯하다. 그렇다면 우리의 뒷모습은 지금 어떤 표정을 짓고 있을까? 스스로가 돌이켜 볼 일이다.

 등에는 경추 흉추 요추 선추 미추로 구성된 스물여섯 개의 등뼈가 이어진다. 이 등뼈 즉 척추는 중력에 맞서서 우리를 땅위에 온전히 세우고 직립 보행토록 해주는 우리 몸의 중심축임이 분명하다. 척추 전문가들은 "각자의 척추의 형태가 세상을 대하는 태도와 자아상을 반영한다."라고 말한다. 등 구르기 자세를 통해 이제 각자 자신만의 척추의 노래에 귀를 기울여 볼 시간이다.

13. 춤의 왕 나타라자 자세

나타라자 자세는 수련에서 오는 내면의 환희를 표현한다. 춤과 마찬가지로 모든 요가 동작은 움직이는 선禪이자 명상이다.

_ 시연 김이림

이번 자세는 인도 힌두 신화에서 춤의 왕 시바의 또 다른 형상인 나타라자를 상징한다. 서서 왼쪽 다리를 접어 왼손으로 발목을 잡고 오른팔은 어깨 높이로 들어 올린다. 상체를 똑바로 세운 상태에서 왼쪽 다리를 뒤에서 끌어 올리고 오른손은 앞쪽으로 향하게 한다. 왼쪽 다리를 위로 뻗어 올리면서 가슴을 앞으로 내밀어 상체가 활처럼 휘게 한다.

더 숙달된 요기니는 양팔을 뒤로 돌려서 양손으로 엄지 발가락을 잡는다. 손이 약간 못 미칠 때는 끈이나 수건 등을 이용해서 동작을 완성해 봐도 좋다.

유연한 허리와 하체 근육을 발달시키고 집중력과 균형감각을 향상시키며 자세 실행 이후의 휴식 과정에서는 신경계가 안정되는 효과가 있다. 고관절 이상, 척추간판 탈출증 등이 있을 경우에는 이 자세를 자제한다.

이 나타라자 자세는 수련에서 오는 순수하고 밝은 내면의 환희를 표현하고 있다.

한지영은 '춤은 발명된 것이 아니다. 인간이 타고난 것이다. 일정한 리듬에 맞춰 젖을 빨고, 발걸음을 내달리고, 누군가를 포근하게 안는 움직임은 이미 춤 자체이다'라고 한다.

춤은 모든 예술 장르의 기본이며 기초로 여겨진다. 화구나 악기가 없이도 몸 하나로 그리고, 연주할 수 있다. 인류가 정신세계를 표현한 태초의 방식도 몸짓이다. 춤추고 싶은 욕구는 인간의 본성임에 틀림없다.

현대무용에서 춤이란 인간의 정서가 동작에 반영된 상태를 가리킨다. 그러므로 춤은 기술적 신체적 활동인 동시에 심리적 정신적 실천이라 할 수 있다.

인간의 언어로 표현할 수 없는 세계도 있다. 노자가 도가도비상도(道可道非常道, 도는 말로써 한정할 수 있는 성질의 것이 아님)라 한 것처럼. 그럼에도 그 세계를 표현할 수 있는 무언가를 찾는다면 그것은 바로 춤과 음악일 것이다.

춤은 내면의 요구를 소리로 표현한 음악에 맞추어 추는 것이다. 춤에는 환희, 슬픔, 멋을 포함하여 인생의 모든 희로애락이 내포되어 있다. 자연의 질서를 몸으로 실천하고 수행하는 것, 마음의 움직임을 외적인 음악에 맞춰 몸짓을 통해서 표현하는 것이 곧 춤이 아닐까?

해서 춤은 동적 명상이요 종합 명상이라 해도 과언이 아닐 것이다. 사방팔방의 몸동작으로 몸 전체의 균형과 조화, 생리적 항상성恒常性 회복을 꾀하는 것, 즉 육체를 통해서 내면의 마음 작용을 수련하는 것이 바로 요가이다. 그러므로 모든 요가 동작 역시 움직이는 선禪이며, 움직이는 명상인 것이다.

춤과 요가의 동질성이다.

이왕주 교수는 '육체의 내부에서 솟구쳐 오르는 강렬한 디오니소스적 열정으로 이 대지에서의 삶을 낱낱이 향유하기 위해 우리도 춤을 춰야 한다'고 강조한다.

진정한 춤꾼은 춤을 추는 동안 자신을 둘러싼 대자연의 무한한 기氣를 온 몸으로 받아들인다고 한다. 지고지순한 자연의 생기로 몸속을 구석구석 씻어내고 마음과 영혼을 씻어내는 것이다. 특히나 우리의 전통춤을 가리켜 자연의 춤이요 기氣의 춤이요 영혼의 춤이라 하는 이유이다.

우리의 전통 춤사위는 올리고 내리고, 모으고 펼치고, 감고 풀고, 얹고 뿌리는 동작으로 이루어져 있다. 전통춤의 대가인 이매방도

'전통춤은 오그리고 펴고, 안고 서고, 전진하고 후진하지. 이 속에 음양이 있다. 세상 이치가 다 그런거야 밤이 있으면 낮이 있고'라고 했다. 또한 인터뷰에서 '전통 춤은 정중동靜中動을 지향한다'고 하기도 했다. 마치 음양요가 즉 하타요가의 이치를 설파하고 있는 듯하다.

이러한 전통춤은 예방의학 재활의학 측면에서도 우수한 양생법인 셈이다.

춤에 관한 명곡도 많다. 그 중 엄마가 외출한 동안 아빠가 딸과 함께 왈츠를 춘다는 내용의 샹송 「아빠와 함께 춤을」, 팝송으로는 톰 존스가 부른 「마지막 춤을 나와 함께Save the last dance for me」, 아바가 부른 영화 맘마미아 OST곡인 「댄싱퀸Dancing queen」, 또 비지스가 부른 존 트라볼트 주연의 영화 「토요일 밤의 열기Saturday night fever」 주제곡은 어떠한가?

혹은 클래식 곡으로 차이콥스키의 「백조의 호수」를 들으면서 나타라자 자세를 한 번 우아하게 취해보는 여유로움도 일상의 멋진 청량제가 되지 않을까?

14. 반딧불이 자세

반딧불이 자세는 바닥을 짚고 양 무릎을 옆으로 뻗어 올려 수 초간 자세를 유지한다. 팔과 어깨 근육을 강화하고 췌장의 분비 기능을 활성화하는 효과가 있다.

_ 시연 김덕선

반딧불이 자세, '티티바 아사나'는 마치 여름날 청정지역 밤하늘에서 반짝이는 반딧불이를 닮았다 하여 붙여진 이름이다. 반딧불이는 개똥벌레라고도 하고 방언으로 까랑, 까래이, 까리, 개똥벌거지 등으로 불린다. 범어로는 티티바라고 한다.

어깨넓이만큼 보폭을 유지한 채 두 팔을 다리 사이로 넣고 손바닥은 발 바깥쪽의 바닥을 짚는다. 이때 손가락은 앞을 향하도록 하며 무릎 뒤 오금을 양팔의 위쪽에 밀착하고, 두 발을 천천히 바닥에서 들어 올리며 양무릎을 펴서 최대한 옆으로 뻗어 올린 채 수 초간 자세를 유지한다.

폐와 복부 근육이 강하게 수축되며 팔과 어깨 근육을 강화하고 복부 내장을 튼튼하게 하여 췌장의 분비 기능 활성화시키는 효과가 있다.

무더위와 장마가 오락가락하는 본격적인 여름이 왔다.

여름밤 칠흑 같은 어둠속에서 차갑게 빛나는 반딧불이의 존재는 가히 몽환적이다. 꺼질 듯 말 듯하는 아름다운 불빛을 바라보면 가슴이 벅차오른다. 마음 한쪽이 따뜻해진다. 항해의 길잡이 등대의 불빛을 발견한 것처럼 반가움이 앞선다.

반딧불이는 꽁무니에서 내는 불빛이 사람들의 마음을 순화시키기 때문에 정서곤충이라고도 부른다. 그런 반딧불이도 근래에는 찾아보기 힘들어졌다. 도시화에 익숙한 현대인들의 마음이 점점 각박해지는 것도 반딧불이의 따뜻한 불빛을 마음에 담지 못하기 때문은 아닐까?

지구상에 빛을 내는 생명체는 많지만, 점멸하는 불빛을 만들기 위해 스스로 불빛 방출을 통제할 수 있는 능력을 가진 생명체는 오로지 반딧불이뿐일 것이다. 사랑하는 짝을 찾아 하늘로 날아오르는 반딧불이는 날마다 밤하늘을 누비며 불빛으로 사랑을 고백한다.

 아름다운 불빛의 주인공 반딧불이는 정서적·심미적 가치가 높아서 천연기념물이 되었다. 천연기념물로 지정된 곤충은 반딧불이(322호), 장수하늘소(218호), 비단벌레(496호), 산굴뚝나비(458호) 정도이다.

 반딧불이는 1997년 전북 무주에서 반딧불이 축제가 시작된 이래 전국 곳곳에서 시민들의 생태 감수성을 기르는 생태 관광자원으로도 활용되고 있다. 뉴질랜드의 와이토모 동굴은 반딧불이 서식지로 유명하며 세계에서 오는 관광객으로 초만원을 이룬다.

 깨끗한 곳에서만 살 수 있는 반딧불이가 산다는 것은 곧 그 지역이 청정하다는 의미이다. 그래서 환경지표로도 활용된다. 이웃 일본에서는 샛강을 살렸다는 것을 알리는 데 이 반딧불이를 활용하고 있다.

 우리나라는 유난히 빛 공해(인공조명으로 밤이 낮처럼 밝은 현상)가 심한 나라 중의 하나라고 한다. 반딧불이는 가로등과 네온사인이 번쩍번쩍하고 인공 불빛이 난무하는 환한 밤하늘 아래에서는 짝짓기를 하기 어렵다.

 반딧불이는 배 부분에 밝게 빛나는 발광기를 달고 있는데, 루시페린이라는 물질이 산소와 결합하여 빛을 낸다. 그러기에 인공조명에 더 민감하게 반응하는지도 모르겠다.

 사람도 정결한 삶을 살면 눈빛이 형형해진다. 반딧불이 하면 먼저 책과 연결되는 이미지가 떠오르는 것은 옛 중국 진나라의 손강과 차윤이 등장하는, 어려운 환경 속에서도 반딧불이 빛과 눈의 빛으로 공부하여 우뚝섰다는 형설지공螢雪之功 등의 고사성어가 생각나기 때문일 것이다.

참된 지성미는 인간을 매력있게 만드는 큰 요소 중의 하나이다. 그러나 우리는 지성미보다는 자극을 더 추구하는 세상에서 살고 있는 듯하다. 반딧불이처럼 밝은 세상을 위해 묵묵히 그리고 고요히 빛을 비추는, 안광眼光이 맑고 고결한, 지성미 넘치는 선비 정신의 소유자들이 무엇보다 그리운 시절이다.

반딧불이처럼 항상 반짝반짝 떠 있어 빛을 발하는, 누군가에겐 늘 그리운 사람으로 남아있고 싶다는 소망 한 번 품어본다.

정준호와 공형진 주연의 2003년 개봉 영화「동해물과 백두산이」에는 수많은 반딧불이가 날아오르며 밤하늘을 수놓는 모습이 장관인 장면이 나온다. 올여름 밤에는 그런 반딧불이 불빛을 한번 보면서 코로나19로 인해 접힌 우리네 마음들이 조금이라도 위로를 받았으면 좋겠다.

결코 만만치 않은 반딧불이 자세를 취하며, 수 초간 버티다가 내려와 갖는 짧은 순간의 달콤한 휴식 시간만큼이라도 말이다.

몸과 마음을 여는 인문학 오디세이

15. 요가와 차茶

요가 수련 전후의 차 한 잔은 기혈 순환을 도와 몸을 정결하고 부드럽고 유연하게 하고 명상과 삼매를 돕는다.

_ 시연 정정숙

요가는 호흡·동작·명상을 함께하는 심신 수련 운동이다. 요가 경전인 요가 수트라에서는 '아스탕가 요가'라 하여 요가 수행의 8단계를 명시하고 있다. 그 중 호흡과 동작은 궁극적으로 집중과 명상, 삼매에 깊이 들기 위한 전 단계로 설명하고 있다. 이는 인체의 기혈순환을 원활하고 안정되게 함으로써 가능해진다.

헌데 이런 호흡이나 동작 말고도 그런 역할을 더해주는 게 있는데 바로 차茶다. 여기서 말하는 차는 국화차, 대추차 등의 대용차가 아닌 참선 중 졸음을 이겨내지 못해 자신에게 화가 난 달마대사가 세상에서 가장 무거운 눈꺼풀을 잘라 던졌더니 그 자리에서 자랐다는 전설이 깃들어 있는, 오직 차나무에서 생성된 것을 말한다.

요가 수련 전후의 향긋한 차 한 잔은 기혈 순환을 도와 몸을 정결하고, 부드럽게, 유연하게 이끌어 줌은 물론 명상과 삼매를 돕는 골든 브릿지 역할을 한다. 차는 자연스럽게 명상의 분위기를 만들어 줄 뿐 아니라 명상의 기법을 보다 효과적으로 활용할 수 있게 해준다.

요가에서는 맑고 깨끗한 먹거리를 일러 사뜨빅sattvic 음식이라 한다. '다여군자 성무사茶如君子 性無邪', 즉 차는 군자와 같아서 그 성정性情에 삿됨이 없다고 하였다. 그 사람을 알려면 그 사람이 주로 먹는 음식을 보라고 한다. 그 음식에 내포된 성정과 기운이 그 사람을 형성한다는 뜻이다.

차는 범어로 알가閼伽, argha라고 한다. 신에게 바치는 공물을 담는 그릇의 총칭으로 쓰였다가 뒤에 불전에 올리는 맑은 물을 가리키게 되었으며, 향기로운 차를 뜻하게 되었다.

차는 약리적으로 몸 속 노폐물과 독소 배출에 으뜸이다. 성인병 예방, 중금속 해독을 돕고 다이어트는 덤이다. 들뜬 기운을 가라앉히고 뇌파를 안정시키게 함은 최고의 덕목이다.

차는 차나무 잎 그 자체지만 차가 되는 순간 더이상 차나무 잎이 아닌 것이다. 차는 자연이 인간에게 제시하는 또 하나의 자연이다. 차는 자연의 지문이며 신의 흔적이라 말할 수 있다. 그래서 차를 맛보는 것은 우주를 맛보는 것이라 해도 과언은 아닐 듯 하다.

차는 차나무 잎 한 가지로만 만든다. 그런데도 맛 향기 색깔 기운이 일반적인 음식과 비교해 조금도 모자람이 없다. 하나이면서 모든 것이라는 점, 이것이 차의 미학적 근원이다.

'하나에 모두가 있고 많은데 하나 있어, 하나가 곧 모두이고 모두가 곧 하나이니, 한 작은 티끌 속에 세계를 머금었고 낱낱의 티끌마다 세계가 다 들었네.'

신라 의상대사의 법성게의 한 구절이 떠오른다.

차나무 잎으로 만든 차는 크게 네 종류로 분류한다. 만드는 방법에 따라 불 발효차(녹차), 반 발효차(중국산 오룡차나 철관음, 청차 등), 완전 발효차(홍차), 후 발효차(보이차)로 나눈다. 또한 찻잎을 따는 시기에 따라 제조 과정에 따라, 색깔이나 모양이 천차만별이다.

차와 마주한다는 것은 마음과 마주한다는 것, 차는 마음의 때와 얼룩을 씻어내는 정화수이며, 침묵의 노래 곧 명상의 길 안내자이다. 자신의 일상속에 명상을 끌어들일 수 있다면, 깊은 삼매에 젖어들 수 있다면 이보다 지복至福한 삶이 또 있을까?

추사가 초의선사에게 써 보낸 명선茗禪이라는 작품은 차와 선禪이 한 맛으로 통한다는 것을 강조하고 있다. 그래서 차는 몸으로 마시는 것이 아니라 가슴으로 마시는 것이라고 하는지도 모른다.

예로부터 우리 선조들도 차를 얼마나 즐겨 마셨으면 밥과 동일시하여 다반사茶飯事란 말이 생겼을까? 차와 곡식이 얼마나 귀했고 이들의 보관이 얼마나 중요했으면 차곡차곡茶穀茶穀이란 말도 그렇고, 차를 보관하는 조그만 방이란 의미의 용어 다락방도 그렇다. 차를 마시면서 얼마나 예의를 중시했으면 차례차례茶禮茶禮라는 말까지, 차는 이렇게 우리생활 속에 우리와 함께 숨쉬고 있는 것이다.

요가의 고장 인도에서도 인도인들의 하루는 짜이chai에서 시작하여 짜이로 마친다고 할 정도로 짜이는 생활에 있어서 없어서는 안 될 음료이다. 유럽인들이 홍차에 우유를 넣어 먹는 전통이 인도에 전달되어 인도식으로 바뀐 것이다. 짜이 한 잔 속엔 인도의 맛, 인도의 향기, 인도의 애환, 인도의 영욕이 배어 있다.

《 보이차를 앞에 두고 》

기쁨도 슬픔도
함께하는 인생여정
속이 썩고 삭아야만
발효가 된다하네
삶이란 이런 것인가
보이차나 한 잔 하세
잘 발효된 보이차 맛
정신이 혼미하다
숙성됨과 농익음은
같은 뜻의 말일테지
뭐든지 곰삭아야만
저 같은 경지 될 터
멍들고 상처 입은
비에 젖고 바람 맞은
가슴앓이 보석되어
승화시킨 눈물의 꽃

보이차 한잔 속에는
무상법문 담겨있다

_ 최진태

《 작설차雀舌茶 》

온 우주를 들이켜던
귀한 지체 벗어 놓고
혓바닥만 소담스레
열탕 속에 내미니
번뇌는 차향에 젖어
별빛 되어 선정禪定든다

_ 최진태

'요가를 수련하는 요기니들이시여, 부디 차를 가까이 하시라! 그리하면 님의 육신과 영혼의 수승殊勝함을 얻게 되리니.'

16. 송장 자세

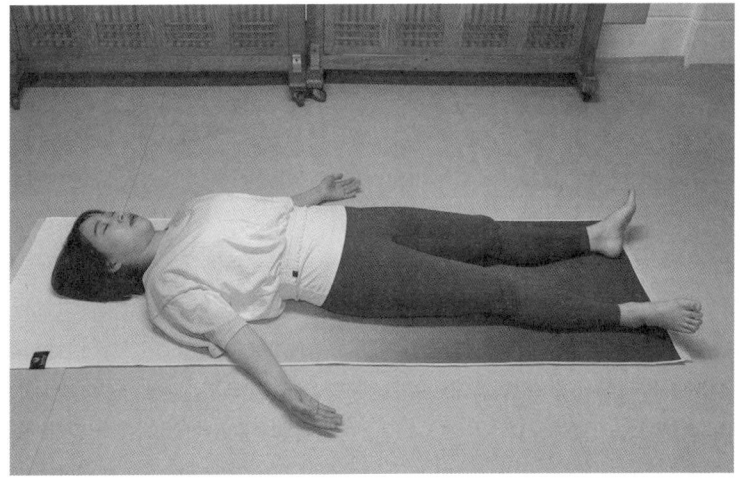

사와 아사나, 송장 자세는 인간이 취할 수 있는 모든 동작 중 가장 편안한 자세로, 현대 문명의 긴장과 스트레스를 풀어주는 최고의 해독제다.

_ 시연 김미선

쉼을 떠올리는 휴가철이다. 누군가는 '사람은 피곤한 상태로 태어난다. 고로 쉬기 위해 살아간다'고 했다.

현대인에게 구원이란 쉼, 릴랙스 즉 이완이라고 말한다. 생활에 쫓기다 보면 경쟁 속에서 긴장이 몸에 밴 습성 때문에 쉰다는 그 자체에 죄책감까지 느끼는 사람도 본다. 뭔가 하지 않으면 불안하기까지 한 채, 이완보다는 긴장에 더 익숙해져 있다는 징표일 것이다. 이완은 쉬는 것을 배워 나가는 과정인 것을.

골프 탁구 검도 배드민턴 등 거의 모든 운동은 물론 대부분의 악기 연주에서 기본이 '몸의 힘 빼기'인데, 잘하려고 애를 쓰면 쓸수록 긴장되어 더 힘이 들어가게 되고 그 결과는 더욱 안 좋아지게 되는 걸 경험한다. '힘 빼기 3년'이라는 말이 괜한 말은 아닌 듯하다.

우리 몸과 마음은 스스로 회복하는 복원력, 항상성 homeostasis이 분명히 있다. 그런데 사람들은 이 힘을 믿기보다는 자꾸 뭔가를 더 하려고 한다. 야생동물들은 상처를 입었을 때 정말 아무 것도 먹지 않고 아무 것도 하지 않는다. 그저 푹 쉬면서 기력을 회복하는 것이다.

미국의 신학자 호시아 발루는 '질병은 화가 난 자연의 보복이다'라고 했다. 즉 질병은 화가 난 마음이 몸에게 보내는 일종의 분노의 신호라는 뜻이다. 이유 없이 몸의 어딘가가 불편하거나 아프다면 그것은 마음에 보내는 신호라고 생각해 보라. 이런 신호가 느껴진다면 이제 여러분은 일상 속에서 변화를 마주할 때다. 그 변화의 시작은 '힘 빼기'이다.

'우리의 몸과 마음은 내면의 목소리에 집중하면서 쉬어 주기만 하면 의도적인 노력을 하지 않더라도 회복되는 것이 자연의 이치이다.' 김영호 한의사의 지론이다. 주변환경에 크게 휘둘리지 않고 생각과 마음에서 잠시라도 떨어져 나오게 하는 것이 참된 쉼이다.

요가는 의도된 쉼을 끊임없이 반복하고 연습한다. 우리가 요가를 할 때마다 쉼을 습관적으로 반복하여 훈련한다면 어느 순간에 그것이 조건화되어 평소에도 쉼을 쉽게 누릴 수 있게 되고, 그런 요기니들은 바빠도 다른 사람보다는 여유가 있고 바쁠수록 쉴 줄 아는 습성과 탄력을 일상에서 발휘할 수 있게 된다고 심리요가학자들은 주창한다.

요가의 그 많은 동작 중에서 완전한 이완 자세로는 범어로는 '사와아사나', '무르타 아사나'라고 불리며 송장 자세, 죽음의 자세라고 하는 게 있다. 이 자세는 요가의 자세 중 알파요 오메가라 할 정도로 단연 으뜸이라 할 수 있다.

무척 단순하고 쉬운 듯 하나 알고 보면 결코 녹록지 않은 자세란 걸 곧 깨닫게 된다. 특히 산만한 사람들은 잠시 누워있는 몇 분을 못 견뎌 한다. 요가에서 고수와 하수의 경계가 확연히 드러나는 자세이기도 하다.

이 자세는 위를 보고 누워서 양다리를 어깨너비 정도 벌리고 양손은 허리에서 조금 떨어진 곳에 손바닥이 위로 향하도록 한다. 눈은 지그시 감고 느리고 천천히 호흡을 행하며 전신이 바닥에 녹아 들어가는 느낌을 갖도록 한다. 양어깨가 뜨지 않도록 하는 게 좋다.

머리부터 어깨 팔 가슴 배 허리 골반 다리 발끝 손끝 순으로 차례로 이완시킨다. 그리고는 심장박동과 신체 내부의 미묘한 에너지를 가만히 느껴본다.

뭉게구름이 두리둥실 바람 따라 흘러가듯, 뗏목 위에 몸을 눕힌 채 푸른 하늘을 바라보며 능청능청 떠내려 가듯 어떤 마음 작용도 없이 그냥 그대로 몸과 마음을 툭 내려 놓는다. 이 때 의식은 잠을 잘 때와는 달리 온 몸으로 깨어 있어야 한다.
이 자세는 인간이 취할 수 있는 모든 동작 중에서 가장 편안한 자세이다.

때로는 아사나 도중 특히 가슴 쪽에 위치한, 따뜻함과 사랑을 주관하는 아나하타 차크라가 툭 열리면서 한없는 사랑과 축복의 느낌과 동시에 회한의 눈물이 봇물처럼 터지며 심지어 자신도 모르게 엉엉 소리내어 울기까지 한다. 카타르시스를 경험하는 순간이다.

여름과 겨울에는 이 아사나의 시간을 탄력적으로 조절한다.

끝날 때는 벌떡 일어나지 말고 손가락 발가락을 천천히 꼼지락거리면서 살아 있음에 감사 드린다. 머리도 좌우로 잘래잘래 움직여 보며, 마음 속으로 '아 에 이 오 우' 하면서 안면 근육도 움직여 봐도 좋다.

효과로는 모든 긴장과 동요로부터 깊은 안정감과 이완으로 자기 회복 능력이 발현된다. 짧은 시간에 뇌파가 안정되어 피로 회복을 도와 준다. 호흡이 부드러워지며 정신이 맑아진다. 삶에 깊은 휴식을 줌으로써 수련을 한 뒤에 기력을 재충전하는 의미가 크다. 현대 문명의 긴장과 스트레스를 풀어주는 최고의 해독제라 할 것이다.

사와 아사나에서 쉼이나 이완 외에 또 한 가지 화두는 아사나 이름에서처럼 죽음을 떠올리게 해 주는 자세라는 것이다.

죽음은 얼마나 많은 얼굴을 가지고 있는 걸까? 나는 과연 내 배에서 삶과 죽음의 선장이라 할 수 있을까? 이와 같은 의문을 던져볼 수도 있다. 사도 바울의 '나는 매일 죽는다'라는 말은 가장 잔인한 주인인 에고ego를 극복할 수 있다면 인생은 보다 역동적이 될 것이라는 뜻일까?

사와 아사나를 통해 죽음과 체념의 필요성을 새롭게 이해할 수 있다면, 평화와 고요라는 내면적 조화의 상태에서 삶과 죽음 양쪽에 실재하는 신성한 빛을 발견할 수 있다면 금상첨화라 할 수 있겠다.

'죽음이 아름다운 삶의 연장 선상에 있으며 어떻게 살아가느냐에 따라 죽음의 질이 결정된다는 사실을 인정하는 순간 우리는 비로소 존엄한 죽음은 삶에 대한 진지함이 주는 선물임을 알게 될 것이다.'

이렇듯 '죽음에 대한 성찰이 삶의 품격을 높여준다'는 부산대 윤부현 교수의 지론을 상기시켜 주는 자세가 바로 이 사와 아사나이다.

잘 죽는 것이야말로 한 사람의 일생이 담긴 진짜 실력이라고들 하지 않던가.

우리가 순간순간 산다는 것은 한편으로는 순간순간 죽어간다는 말이다. '자신이 반드시 죽는다는 사실을 기억하라', 즉 '메멘토 모리'를 되씹으며 살아가는 사람의 삶은 다를 수밖에 없다.

'신이 유일하게 인간을 질투하는 것은 죽음 때문'이라는 말이 있다. 죽음은 유한한 생명체인 인간의 숙명이다. 왕후장상도 범인범부도 예외가 없다. 삶은 유한하므로 특별하고 동시에 특별하므로 소중한 게 아닐까?

법정 스님은 '살 때는 철저히 살고 죽을 때는 철저히 죽을 수 있어야 한다'고 강조했다.

사와 아사나를 통해 오늘 제대로 한 번 죽었다가 깨어나 보자. 그리고는 변화된 몸과 마음을 되찾아 보자. 염천의 무더위 속에서 시원한 한 줄기 소나기 같은, 열사의 사막 속에서 샘솟는 오아시스를 찾듯이 말이다.

《 쉼 》
－사와 아사나에 부치는 글

일에지친 힘든어깨
나무그늘 아래눕혀
팔베개나 하고누워
뭉게구름 바라보며
빈둥빈둥 쉬어보세
흐르는물 발담그고
사랑보다 더소중한
내마음의 평화찾아
그냥누워 무념무상
물소리나 들어보세
예의범절 질서규범
모두함께 내려놓고
훌훌벗어 내던지며
개울가에 너럭바위
두팔벌려 누워보세
바닷가의 은모래밭
등을대고 누워설랑
자유롭게 하늘나는
갈매기떼 벗을삼아
바닷바람 쐬여보세
돛단배에 걸터앉아
두리둥실 떠다니며
잊어야할 모든번뇌
하나둘씩 내려놓고
산천경계 유람하세
모든아픔 모든슬픔
모든추억 모든환희
바람결에 흘려보내

흘러가면 사라지고
사라지면 잊혀지네
전자기기 꺼버리고
고요함을 벗을삼아
밤하늘을 우러르며
아름다운 침묵의별
우주쇼나 감상하세
휴거헐거 철목개화*
쉬고쉬고 또쉬며는
쇠로만든 나무에도
꽃이핀다 하지않소
철저하게 쉬어보세

*休去歇去 鐵木開花

_최진태

17. 연꽃 자세

정좌正座 또는 결가부좌로 불리는 연꽃 자세는 의식을 고정하고 각성 상태를 유지하는 명상의 자세이자 척추기립근을 강화하고 근육의 긴장을 풀어준다.

_ 시연 안순흥

부여 궁남지, 당진 합덕제, 무안 회산 백련지, 함안 연꽃 테마파크, 진주 강주 연못, 밀양 연꽃 단지, 고성 상리 연꽃 공원 등 전국 곳곳에서 연꽃의 개화 소식이 들려오는 시기이다. 바야흐로 연꽃의 계절임을 실감나게 한다.

누군가는 연꽃의 의미를 깨끗한 병 속에 담긴 가을의 눈, 비 갠 맑은 하늘의 달빛, 봄날의 햇빛과 함께 부는 바람이라고 했다. 연꽃의 맑고 기품 있는 모습을 유감없이 표현한 것으로 보인다.

가섭존자가 부처님의 참 뜻을 헤아리고 미소 지었다고 하는 꽃이 바로 이 연꽃이다. 그래서 연꽃하면 으레 깨달음의 꽃, 빛의 꽃으로 통한다. 이심전심以心傳心, 교외별전教外別傳의 상징으로 종종 비유되기도 한다.

연꽃은 우리나라에 불교문화가 들어오면서 불상, 불화, 탑, 건축물, 불구佛具 등에 널리 그 모양이 활용되었다. 고려 때는 연뿌리와 연꽃 봉우리까지 감히 건드리지도 못할 정도로 연꽃의 종교적인 상징성이 컸다.

연꽃은 우리 정신문화의 한 중심에 피어 있는 꽃이다.

송나라 때 주돈이의 애련설이라는 작품이 전해온다. 그가 연꽃을 좋아하는 이유로 '진흙펄에서 나왔지만 그 더러움에 물들지 않기 때문에 좋아 했고, 맑은 물에 씻기어도 요염하지 않아 좋아했다. 멀리 있을수록 향기가 더 진한지라 좋아했고, 거리를 두고 바라볼 수는 있지만 함부로 가지고 놀 수 없는 범접할 수 없는 아름다움 때문에 좋아했다. 군자 같은 꽃인지라 사랑할 수밖에 없다'고 했다는 내용이다.

대부분의 꽃은 꽃잎이 지고 씨방이 여물어 가지만, 연은 꽃이 피면서 동시에 열매가 그 속에서 자리를 잡는다. 원인과 결과가 늘 함께하는 인과因果의 도리를 암시해 주고 있다.

 연씨의 생명력은 꽃과 잎이 함께 나오는 것이 아니라 잎을 가지고 자라는 줄기와, 꽃을 가지고 나오는 줄기가 다르다는 데 있다. 절대로 한 줄기에서 잎과 꽃이 피지 않는다.

 연꽃은 외롭게 혼자서 피게 된다. 그래서 무소의 뿔처럼 우뚝 서 홀로 가는 구도자의 모습을 연상케 한다.

 인도 고대 종교에서는 '무명無明을 깨치는 태양을 낳는 꽃'이었다. 그것을 범어로 하면 연이, 여니, 요니yoni라 한다. 그리하여 연꽃은 우주 창조와 생성의 의미를 지닌 꽃으로 믿는 연화사상에 등장하게 되었다.

 요가에서는 우리 몸 안에 일곱 군데 에너지 센터인 차크라chakra를 상징하는 성스러운 꽃으로 묘사된다.

 불 속에서 연꽃이 핀다는 '화중생련火中生蓮'이란 표현도 예사롭지 않다. 번뇌를 일으켜 주변을 오염시킨 사람이 마음을 닦아 자신과 주위를 밝게 하는 깨달음을 얻었을 경우에 쓰는 말이다.

 인도 델리에는 연꽃이 반쯤 핀 모습을 형상화하여 건축한 연꽃사원Lotus Temple이 있다. 세계에서 일일 방문객이 가장 많은 곳 중의 하나이며, 세계에서 가장 아름다운 건축물 중의 하나로 알려져 있다.

 청나라 건륭 때 심복의 자서전 부생육기에 나오는 중국 역사상 가장 지혜로운 여인이라는 운芸의 연꽃차 이야기가 전해 오는데 '여름에는 연꽃이 처음 필 때, 아침이면 피어나고 저녁이면 오므라든다. 운이는 작은 비단 주머니에 차를 조금 싸서, 저녁 때 화심花心에 놓아두었다가 다음날 아침에 이것을 꺼내어 샘물을 끓여 차 만들기를 좋아했다. 그 차의 향은 유난히 좋았다'고 기록되어 있다. 은은한 연꽃 향과 아내의 진한 사랑이 배인 연꽃차는 얼마나 향기로웠을까? 부러울 뿐이다.

 옛 풍류객들은 먼동이 틀 무렵 연꽃이 꽃잎을 틔울 때 여기저기서 '퍽'하는 둔탁한 소리, 개화성開花聲을 들었다고 하는데 세상천지에 이만한 풍류가 또 있었을까?

 연蓮에는 연인이나 애인이라는 우화적인 의미가 있기 때문에 연밥을 따는 것을 채연採蓮이라고 하고, 곧 그 말은 연인을 골라잡는다, 러브 헌팅이라는 은유적 의미가 된다. 경북 상주에서는 연밥 따는 남녀가 연정을 주고받는 대담 형식의 연밥 따는 노래 채련요採蓮謠가 전해 내려온다.

 연꽃 자세는 완성된 모습이 마치 연꽃을 닮았다 하여 붙여진 이름이며, 범어로는 파드마 아사나라고 한다.

 어깨는 긴장을 풀고 다리를 편 채 바르게 앉아 한쪽 다리를 구부려 반대쪽 허벅지 위에 발바닥이 위로 향하게 하여 올리고, 다른 쪽 다리도 마찬가지로 발바닥을 위로 향하게 하여 허벅지 위에 올린다. 양 무릎이 바닥에서 떨어지지 않게 한다.

 양손은 무릎 위에 올려 두고 지혜를 상징하는 결인結印, 즈나나 무드라를 취한다. 턱을 바르게 하고 물속에서도 진흙 깊숙이 뿌리를 내리는 연꽃처럼, 몸이 한 쪽으로 기울지 않도록 척추를 똑바로 세워 양 어깨의 긴장을 푼 상태에서 눈을 지그시 감고 이완한다.

 연꽃자세는 정좌正座 또는 결가부좌로 불리며, 대부분의 종교와 수행법에서 가장 바람직한 호흡과 명상의 자세로 강조되어 왔다. 안정된 집중의 상태에서 의식을 고정시킬 수 있고, 각성 상태를 가장 자연스럽게 오래 유지할 수 있어 깊은 내면의 세계로 들어가기 좋은 자세이다.

또 척추기립근을 강화해준다. 근육의 긴장을 풀며 혈압을 안정시키는 데 일조한다. 특히 회음부에 있는 물라다라 차크라에서 정수리 백회 쪽에 있는 사하스라라 차크라까지 기氣가 관통해 흐르게 하는 효과가 큰 자세이다.

골반이 틀어져서 힘들거나 좌골신경통, 꼬리뼈나 무릎 관절에 이상이 있을 때는 무리하지 않는 게 좋다.

《 연꽃 》

  쌓이는 이슬방울 또르륵 똑 비우고
  진흙속 피워 올린 하늘나라 닮은 미소
  그 미소 고운 향되어 온천지를 향기롭게

  새벽별 떠오를 때 꽃망울 터트리는
  은은한 백련 홍련님의 손길 닮은 사랑
  그 사랑 어둔 하늘을 대낮처럼 밝히네

  _ 최진태

주장자를 내려치는 선지식의 기상으로 피어나 불볕더위 속 이 땅을 밝히고 있는 연꽃들의 합창, 그 소리 없는 외침은 인간 세상을 향해 탐욕도 내려놓고 번뇌도 떨쳐 버리라고 한다. 하루가 다르게 변해가는 세상에서 잠깐 멈춰 서 어떻게 해야 나라는 사람의 향기를 연꽃처럼 맑고 향기롭게 피워낼 수 있을지를 사유케 한다.

 청정한 연꽃 향기가 세상을 덮으며 범부들의 세계에서 또 한 번 조용히 연꽃을 들어 보이시는 영산靈山의 회상會上이 전개되고 있다. 이 한여름 밤에 나도 과연 그 염화시중의 미소를 지을 수 있을 것인지, 연꽃 자세로 앉아 진득하게 명상에 들어보기를 권한다.

18. 활 자세

몸을 뒤로 젖히는 활 자세는 가슴을 자극해 화의 기운을 해소하고 아랫배에 힘을 모아 배짱과 담력을 강화해준다. 장의 연동 운동을 도와 변비에 유용한 자세이기도 하다.

_ 시연 유정아

손은 화살, 다리는 활줄, 몸은 활대 등 외형상 활을 잡아 당기는 모양과 유사하므로 활 자세, 범어로는 '다누라 아사나'라고 한다. 활이 가지고 있는 긴장과 이완에 대한 느낌을 갖게 하는 자세이다.

복부를 바닥에 대고 엎드린 자세에서 양손으로 양 발목 또는 발바닥을 잡는다. 좀 더 숙련된 단계에서는 양 팔꿈치를 앞으로 돌려서 양 손가락으로 양 발가락을 잡을 수도 있다. 시선은 천장을 향하고 양발은 가능한 한 붙인다. 자세를 유지한 채 앞뒤로 흔들거나 좌우로 몸을 눕히기도 하고, 또 양발을 교차한 채 이 동작을 실행해도 좋다.

몸을 뒤로 젖히는 행동은 몸의 상태뿐 아니라 심리에도 많은 영향을 준다. 가슴을 뒤로 젖히면 가슴 부분의 기氣의 센터인 아나하타 차크라를 각성시켜 마음이 넉넉해진다. 아나하타 차크라는 사랑과 평화가 발아하는 곳이며, 자신과 타인을 사랑하고 연민의 정을 낳는 중단전이라고 한다. 또 아랫배에 힘이 모아져 배짱과 담력이 강화된다.

현대인들은 각종 스트레스로 인해 가슴에 기氣가 울체되어 흔히 화병이라고 하는 증세가 생기는데, 이 자세는 가슴을 자극해 화火의 기운을 해소해주며, 응어리지고 막혀있는 기혈을 풀어주는 역할을 한다.
 이 활 자세는 특히 척추의 유연성을 요하지만, 이 유연성은 힘과 균형을 이루어야 한다. 앞으로 쏠리는 현상을 풀어주고, 몸의 뒷부분을 강화해준다. 전굴형 자세에서 앞쪽으로 작용하던 에너지를 뒤쪽으로 흐르게 한다. 하타요가 선구자들은 전뇌만 발달하고 후뇌가 각성되지 못하면 뒤를 보지 못하는 오류를 범할 수 있다고 강조한다. 이 자세는 후뇌를 각성시키는 효과를 가져다준다 할 것이다.

자기본위적 모습에서 역으로 상대의 처지를 먼저 생각할 줄 아는 넉넉한 성품을 함양시켜 주는 동작이기도 하다.

복부 내의 압력이 고조되어 장의 연동 운동을 도와준다. 경추를 자극하여 갑상선 호르몬 분비를 촉진시키며, 소화를 돕고 변비에 유용한 자세이다. 이 아사나를 취하기 전 두세 시간 전에는 위를 비워 두는게 좋다. 복부가 압박을 받기 때문이다. 고혈압, 심장질환이 있는 사람은 주의를 요한다.

몸의 동작을 특히 중시하는 하타요가에서는 몸과 마음은 상호 연관성이 크다고 생각한다. 즉 몸을 변화시킴으로써 인간의 사고방식이나 성품도 어느 정도 변화시킬 수 있다고 보는 견해이다.

요가의 아사나는 육체적인 효과를 넘어서 심리적 철학적 영적인 상징과 의미를 담고 있으므로 각각의 아사나는 수행자의 마음에 특정한 상태로 영향을 미친다고 볼 수 있다. 그러기에 요가에서 정확한 동작만큼 중요한 것은 바로 각각의 아사나가 갖고 있는 참뜻을 이해하는 것이다.

그때서야 비로소 요가는 근골격 위주로만 하는 단순한 체조 동작이 아니라, 마음의 변화와 영적인 내면을 발견하기 위한 수행법으로 자리매김을 하게 될 것이다.

이것은 필자가 본 칼럼을 쓰게 된 강력한 동기이다. 물론 요가와 관련된 모든 것들을 인문학적인 요소로 버무려 낸다는 것도 있겠지만 주된 목적은 바로 아사나 등에 숨어 있는 비밀의 코드를 나름대로 하나씩 풀어보고 재해석해 보려는 시도다.

활의 역사는 동서양에 걸쳐 선사시대 수렵생활을 할 때부터 꾸준히 인류와 함께 했다. 활쏘기는 원시 사회에선 생존의 수단이었고, 고대 중세 시대엔 전쟁 무기였고 현대엔 스포츠로 오랜 시간 인류와 함께 해왔다.

중국이 우리 민족을 지칭할 때 부르던 동이東夷가 '동쪽의 활 잘 쏘는 사람들'이라는 뜻을 갖고 있는데, 그 신묘한 활 솜씨는 고구려 무용총 벽화에 잘 남아 있다.

고구려를 세운 동명성왕 주몽朱蒙은 활 잘 쏘는 사람을 뜻하는 몽골어 투멘tumen의 한자음에서 왔다고 한다. 주몽의 후예답게 조선 태조 이성계는 호랑이를 쏘았고, 고구려 양만춘은 안시성에서 당나라 태종의 한쪽 눈을 화살로 맞혔다. 날아가던 세 번째 기러기의 왼쪽 날개를 맞혔다는 고구려 개국 공신 신숭겸도 유명하다.

서양에는 올림픽 우승자의 머리에 씌워주는 월계수관과 깊은 연관이 있는 활의 신 아폴로와 사냥의 여신 아르테미스, 그리고 전설속의 로빈후드나 빌헬름 텔이란 명궁사가 있었다.

공자는 논어에서 활쏘기를 장려하고 있고, 맹자 역시 '활 쏘는 것은 자신을 바로 잡은 후에 발發하는 것'이라고 했다. 이순신 장군의 난중일기에서도 활쏘기를 했다는 기록이 수없이 등장한다. 조선시대 국가행사에서 활쏘기는 단골 메뉴였다.

인도 2대 서사시 중의 하나인 라마야나에 등장하는 이야기로, 시바의 강건하고 거대한 활을 단숨에 두 동강으로 부러뜨려 그의 딸 시타와 결혼하게 되었다는 라마왕의 이야기도 흥미롭다. 인도 고전인 바가바드기타에서는 주인공인 아르쥬나가 최고의 명궁사로 묘사되고 있다.

성경에서 활은 무지개로 해석되어 경외시되었다. 상징이 거의 통하지 않는 이슬람교에서도 활이 등장한다. 인도 신화와 종교에서 활은 또 다른 의미를 지닌다. 활은 옴(우주의 소리)이라 불리며, 화살은 마음, 과녁은 높은 자아(브라마)를 의미한다.

삼국지의 적벽대전에서 짚더미를 채운 채 배를 띄워 적의 화살을 모아 왔다는 제갈량의 초선차전草船借箭의 이야기도 유명하다.

과녁이라는 말은 화살을 날려 가죽을 뚫는다는 관혁貫革이 본딧말이다. 관혁의 가운데를 일컫는 한자가 적的과 곡鵠이다. 앞 글자는 목적, 목표 등의 단어로 친숙하다. 뒤에 곡은 사물이나 현상의 핵심을 찌른다는 맥락에서 사용하는 정곡正鵠이라는 단어가 있다.

목적目的이라는 단어에는 당을 세운 고조 이연이 등장한다. 나중에 장인 될 사람이 병풍 속 공작 그림의 눈目을 화살로 맞히는 사람에게 예쁜 딸을 시집보낸다고 공언했을 때 이연이 그에 성공했다는 고사에서 유래했다.

과녁의 한가운데 점인 정곡을 찌르는 궁극의 힘은 흔히 손끝에서 나온다고들 하는데, 손가락에는 제2의 뇌라고 불리는 감각 신경세포가 많이 몰려 있다. 한국인이 활쏘기에 능한 이유를 일부 학자들은 젓가락 문화에서 찾기도 한다.

활쏘기는 특히 집중력을 요구한다.

활을 쏘아 돌 가운데 화살이 꽂히게 한 사람이 있다. 중국 전한 시대 장군 이광이다. '중석몰촉', '돌 가운데 화살이 깊이 박히다'라는 뜻의 사자성어를 남긴 주인공으로 사마천의 사기史記에 등장한다. 정신집중을 해야 한다는 비유적인 사례이겠다.

요가에서 '한 점 집중'의 의미를 가진 에카그라타는 모든 요가 아사나 수행 시 필수적으로 요구되는 덕목이다. '요가 명상의 출발점은 단 하나의 대상을 향한 의식의 집중인데 그 대상이 물리적인 것이든 추상적인 것이든 에카그라타라고 불리는 이와 같은 집중은 심리적인 흐름을 통합함으로써 획득된다'고 요가 경전인 요가 수트라에서 기술하고 있다.

동서 구분 없이 만고불변 언어의 사리는 '사랑'이다. 바로 그 사랑의 신은 서양에서는 큐피드인데, 인도 신화에서는 카마가 연인들의 심장의 표적에다 사랑의 화살을 꽂는 할을 한다. 사랑과 애욕의 신인 것이다. 누구라도 이 카마가 쏜 화살을 맞으면 가슴 속에서 지독한 사랑의 불길이 타올랐다. 이 카마가 천년 명상 중인 시바를 향해 사랑의 화살을 당겨, 시바가 결국 파르바티와 사랑에 빠져 결혼하게 된다는 애기도 흥미롭다.

 살아가면서 이런 큐피드나 카마의 화살을 맞아 누군가를 사랑하게 되고, 사랑에 빠져 누군가에게 이 사랑의 화살을 알게 모르게 날려본 적도 있었을 것이다. 사랑의 화살을 쏘아 보내고 싶고 심장에 맞고 싶은 이 욕망이라는 이름의 거대한 전차, '사랑에 살고 사랑에 죽고'라는 신파극 대사 같은 일이 또 우리들 삶의 한 부분인 것을 어이하랴.

 「빌헬름 텔」이란 명곡은 로시니의 마지막 오페라인데 독일의 시인이며 극작가인 실러의 희곡 「빌헬름 텔」을 토대로 하고 있다. 아들 머리에 놓인 사과를 석궁으로 명중시켰다는 스위스의 전설적인 영웅 빌헬름 텔이 주인공으로 등장한 희곡이다. 이 곡의 피날레는 '스위스 군인의 행진'이라는 부제가 붙어 있다. 오스트리아의 탄압으로부터 고국을 해방시키기 위한 스위스 군인들의 승리의 전투를 묘사한 곡이다.

 오랜 역질로 무척 힘든 시기이다. '활은 휘어질수록 그 고통이 심해지지만 오직 더 멀리 날려 보내기 위해 고통을 참고 견디는 것이다'는 말을 가슴에 담으며 부디 이런 시국이 오래 지속되지 않기를 기원해 본다.
 영화 「최종 병기 활」의 끝부분에 '화살을 쏠 때 바람은 계산하는 것이 아니라 극복하는 것이다'라는 대사가 나온다. 우리 인생 역시 계산하는 것이 아니라 극복하는 것이라는 말로도 들린다.

 로시니의 빌헬름 텔 서곡이 울려 퍼진다. 불가佛家에서는 '활은 오감의 화살을 쏘아대는 마음이다'라고 하여 의지력을 나타내기도 하였다. 다누라 아사나 한 동작을 진중하게 실행하며 극복의 의지를 강하게 다졌으면 좋겠다.

19. 물고기 자세

물고기 자세는 목을 반대 방향으로 늘려주고 근육의 긴장을 풀어준다. 갑상선 계통을 활성화하고 우울증이 있거나 심폐기능이 좋지 않은 사람에게도 효과적이다.

_ 시연 유정아

등을 대고 누워 양다리를 곧게 편 채 목과 가슴을 들어올린 후, 등을 활처럼 굽히고 머리를 뒤로 젖혀서 정수리를 머리에 댄다. 양팔을 굽힌 채 가슴 옆에 붙이거나 머리 위쪽에 놓아 흉추를 크게 확장할 수 있다. 이 때 양발을 연꽃 자세(결가부좌)로 할 수도 있다.

이 자세는 다리를 접고 천장을 보고 누운 모습이 물고기를 닮았다 하여 마츠야matsya 아사나, 즉 물고기 자세라고 한다.

물고기 자세는 등 부분을 늘려 가슴 부분의 아나하타 차크라를 각성시키기 때문에 우울증이 있거나 심폐기능이 좋지 않은 사람에게 효과적이다. 목을 젖히고 가슴을 들어올리기 때문에 갑상선 계통의 활성화를 가져온다. 목을 반대 방향으로 늘려주고, 근육의 긴장을 풀어주기 때문에 쟁기 자세, 또는 어깨서기 자세 등 목을 앞으로 숙이는 자세를 취한 후에 어울리는 자세이며, 목 건강에 좋다.

척추에 이상이 있거나 심장질환자, 임산부는 이 자세를 행하는 데 주의를 요한다.

절집 처마 자락에 뎅그렁 뎅그렁 울려 퍼지는 풍경 소리는 초가을로 접어드는 계절에 걸맞게 천상의 소리인 양 호젓한 분위기를 일깨우고 있다. 이따금 들려오는 저음의 깊은 풍경 소리에 귀를 기울이면 이리저리 떠돌던 번잡한 마음도 어느새 본래의 자리로 찾아가는 안정감과 평화로움을 느끼게 한다.

한데 왜 이런 풍경風磬에는 꼭 물고기가 달려 있을까 하는 의문을 가져본 적이 한번쯤은 있었을 법하다.

불가佛家에서 목어木魚는 물 속의 중생들을 구제하기 위해 물고기 모양으로 만든 목재 법구法具를 말한다. 어고魚鼓, 목어고木魚鼓, 어판魚板이라하여 범종각에 매달아 놓고 두드려 소리를 낸다. 방탕한 스님이 죽어 물고기로 환생 후 뉘우치며, 목어로 자리잡아 수행하는 후학들의 잠을 쫓고 방일함과 혼미함을 경책한다는 것이다.

후대로 내려오면서 둥글게 변하더니 더 작아져 휴대가 가능해진 것이 바로 목탁木鐸이다.

부산 금정산 자락에도 물고기와 관련된 일화가 있다.

언젠가 하늘에서 내려온 금어金魚가 산꼭대기 샘에 자리를 잡았고 이후 샘은 마르는 법이 없이 금빛 물이 흘렀다. 샘의 이름은 금정金井, 즉 금샘이고 금샘을 품은 산자락은 금정산金井山이 되었다. 의상대사는 이 곳 산자락에 범어사梵魚寺를 창건했는데 '하늘 물고기 절'이라는 뜻의 범상치 않은 이름이다.

홍수에 관한 신화는 성경에 수록된 '노아의 방주'가 대표적이다. 하지만 전 세계의 많은 신화에 홍수에 관한 이야기가 등장하는데 그 내용 또한 서로 비슷하다. 다시 말해서 죄악으로 가득찬 인간들을 홍수를 통해 벌하고, 살아남은 선량한 자로 하여금 새로운 세계에서 새로운 생명을 이어가도록 하는 재탄생의 과정으로 구성된다. 물론 전체 이름은 달라도 홍수 때마다 살아 남은 인간들이 있다.

인도에서는 물고기를 구해준 대가로 이 때 살아남은 마누를 인류의 조상으로 여긴다. 범어로 인간은 마누사manusa라고 하는데 '마누의 후손'이라는 뜻이다. 인도의 2대 서사시 중 하나인 '마하바라타'에서도 마누는 위대한 수행자로 나타난다. 그는 홍수로부터 인도의 가장 오래된 경전인 베다를 구했다고도 전해진다. 인도에서 가장 오래된 최초의 법전으로 마누 법전이 있는데 인도 고대의 백과사전적인 성전이다.

또한 '마츠야 니야야' 즉 '물고기의 법칙'이라는 말이 있는데 이는 사회적 약자를 위한 법이 부재할 때, 무릇 큰 물고기들이 작은 물고기들을 잡아 먹는 것과 유사한 현상이 일어나는 것을 말한다.

전 세계에는 수만 종이 넘는 물고기가 산다. 이렇게 많은 물고기는 풍부한 식량자원이 될 뿐만 아니라 세계의 종교, 전설, 또는 신화 속에서 여러가지 상징으로 쓰이고 있다.

우리나라에서도 고구려 주몽이 부여를 떠나 남하할 때 물고기와 자라가 놓아주는 다리 덕분에 큰 강을 건널 수 있었다는 전설이 삼국사기에 있는 것으로 보아 오래 전부터 물고기 신앙이 퍼져 있었음을 알 수 있다.

가락과 가야는 모두 물고기라는 뜻의 드라비다 계통의 말이라고 한다.

예전에 고사 때 북어를 광목에 묶어 방안에 매달아 두거나, 떡시루에 북어 두 마리를 꽂는 풍습도, 고리나 반다지, 쌀 뒤주에 걸린 물고기 모양 자물쇠들, 백제 무령왕릉의 두침頭枕에도, 신라 금관총의 금제 허리띠에도, 고구려 고분 벽화에도 물고기는 어김없이 등장해 사자死者를 지키고 있다.

민화에도 '어변성룡도魚變成龍圖'가 등장한다. 이는 잉어가 용이 되는 것을 비유하여 성공과 출세를 간절히 기원하는 의미이다. 조선시대 과거시험에 합격하여 높은 자리에 오르는 것을 잉어가 용이 되는 것에 비유하는 풍속이 있었다.

중국 황하 상류 협곡 '용문龍門'의 거센 물결을 헤치고 뛰어 오른 잉어는 용이 되어 하늘로 올라간다는 전설에서 유래된 등용문登龍門이라는 단어도, 출세의 문을 통과했다는 의미로 쓰이고 있다. 그런 소망을 이루기 위해 잉어를 그린 민화로 공부방을 장식하고, 잉어를 새긴 벼루나 연적을 즐겨 썼다.

요즘도 새 차를 구입하면 종교에 관계없이 북어에 막걸리를 놓고 무사 안녕을 기원하는 모습이 심심찮게 눈에 뜨인다.

티베트인들은 연꽃 위에서 서로 마주보고 있는 한 쌍의 물고기를 행복의 상징으로 여긴다. 두 마리의 물고기, 즉 쌍어雙魚는 만물을 보호하는 수호신적 의미도 있다. 파키스탄 간다라 지방을 운행하는 자동차에서도, 차마고도에서도 쌍어 문양이 발견된다.

김해 김수로왕릉 정문에도 물고기 두 마리가 입을 마주대고 있는 무늬, 즉 쌍어문이 새겨져 있다. 허황옥 황후가 인도에서 시집올 때 들여온 쌍어 신앙의 영향이다.

사찰벽화에 잉어 두 마리 즉 쌍어가 나타남은 해탈을 상징하는 적정, 무애無碍라는 뜻으로 받아들였다고도 볼 수 있다.

물고기는 성서와 미술, 문헌 등에서 그리스도의 상징으로 자주 등장한다. 성서에는 물고기를 거론하거나 상징적으로 언급하는 경우가 수없이 나온다.

로마의 탄압을 받던 초기 그리스도교도들의 마음속에 자리잡은 신어神魚사상의 영향으로 물고기 모양의 아이콘, 익투스Ichtus는 서로가 기독교인임을 확인하는 데에 쓰였다. 그리고 지하 카타콤에는 오병이어五餠二魚를 그려 복음을 전했다. 또한 그리스도인들은 물고기가 인간의 혼을 자신의 뱃속에 넣어 나른다고 생각했는데, 이런 전설의 의미는 사제들만이 물고기를 성찬용 음식으로 먹었던 시대에서 유래되었다.

역질 등으로 어수선한 시국이다. 마누가 지혜롭게 홍수를 이겨냈듯이 우주 의식의 바다에 합류하기를 갈망하는 요기니 역시 강건하게 삶의 풍파를 이겨내고 헤쳐 나아가리라 본다.

물고기는 화火를 누른다는 주술적 의미도 있다. 그러나 실제의 불火보다는 마음의 불을 뜻하는 바, 심화心火의 불길을 잘 다루는 자가 진정한 수행자의 모습일 것이다.

물고기는 물을 거슬러 올라가 깨끗한 곳에서 번식하기 때문에 세상의 혼탁함에 휩쓸리지 않는 청결한 삶을 상징한다고 볼 수 있다. 잠잘 때도 눈을 뜨고 자는 물고기처럼 풍경소리는 성성적적惺惺寂寂 '깨어 있으라! 깨어 있으라!'라는 소리로 들린다. 스스로를 경계하며 삿된 것을 멀리하라는 경책의 의미를 되새겨본다.

불과 얼마전까지의 염천 무더위가 무색하게 초가을 바람이 선득선득하게 불어 온다. 요란해도 좋으니 모두를 밝고 환하게 깨우는 풍경 소리가 더욱 크게 온누리에 울려 퍼졌으면 좋겠다.

《 풍경 》

뎅그렁 뎅그렁
살풀이 춤사위에
일렁이는 바람의 눈물
숨어드는 바람의 소리
바람이 소리를 품고
소리가 바람을 안으면
젓대소리 닮은 물고기 울음
구천으로 뻗어나가
아무도 모르는 저쪽
아득한 저 먼 나라의
무상의 등불 소식 한 자락
들려줄 수 있을까?

_ 최진태

집 나간 며느리도 그 맛 못잊어 돌아온다는 가을전어가 발 길을 멈추게 한다. 이 고단하고 팍팍한 삶의 노정에서 새콤한 초고추장에 찍은 고소한 전어회 한 점에 곡차 잔을 곁들일 수 있다면, 잠시 수행자 요기니 본분은 뒤로 밀쳐두어도 좋을 듯한 유혹의 계절임을 어이하랴. 마츠야 아사나가 주는 '하늘 물고기(금어金魚)' 선물인 양 생각하면서.

20. 나무 자세

나무 자세는 심신의 조화와 안정을 위해 매우 유익한 동작이다. 초보자는 스트레칭 위주로, 숙련자는 명상 자세로 활용할 수 있다.

_시연 유정아

나무 자세, 즉 브릭샤vriksa 아사나는 인도 전설에 묘사된, 요가 수행자의 성취를 이끌고 소원을 들어 준다는 신비하고 '성스러운 성목聖木'을 뜻한다. 히타 요가 경전인 고락샤 샤따까에 나온다.

이 자세는 땅에 깊게 뿌리를 내린 나무의 모습을 형상화했다. 차렷 자세로 서서 한쪽 발바닥을 반대쪽 다리의 허벅지 안쪽 회음 가까이 깊숙이 댄다. 발가락이 아래로 향하게 놓고, 두 손을 합장한 채 태양을 향해 뻗은 나뭇가지처럼 머리 위로 곧게 들어 올린다. 서 있는 다리도 가능한 한 쭉 편다. 항문을 수축시킨 채 가슴을 활짝 펴 늑간을 충분히 확장하며 시선은 앞쪽 한 지점을 응시한다. 발을 교대로 바꾸며 행한다.

이 자세는 쉬운 듯 쉽지 않은 자세이다. 나무가 땅속 깊숙이 뿌리를 내리듯 발을 바닥에 밀착해 몸과 마음의 중심과 균형을 잡는다. 정수리 백회로부터 발바닥 용천까지 에너지의 흐름을 느껴본다.

발목의 힘을 강화하고, 허벅지 안쪽 대퇴 내전근의 근력을 길러준다. 무릎에 트러블이 있는 사람들은 바닥을 딛고 있는 쪽 다리의 무릎을 너무 곧게 뻗기보다는 살짝 구부리는 것도 좋다.
몸의 중심이 흐트러진 상태에서는 에너지가 흩어져서 마음의 안정감이 떨어지고 불안감과 초조감이 든다. 정신적으로 산만하거나 좌절감, 패배감 등에 빠진 상태라면 똑바로 서기가 힘들다.

이 자세는 심신의 조화와 안정을 위해 매우 유익한 동작이다. 특히 집중력을 향상시키는 데는 더할 수 없이 좋다. 초보자는 스트레칭 위주로, 숙련자에게는 서서 행할 수 있는 명상 자세이기도 하다. 눈을 감고서 수련하는 노력도 필요하다.

초보자뿐 아니라 숙련자도 이 자세를 할 때 가끔씩 평소와 다르게 몸이 제대로 정상 기능을 다하지 못하고 쏠리며 갸우뚱거릴 때가 있다. 이는 단지 균형감각과 집중력이 부족해서가 아니라 그 전날

과음, 수면부족, 밤샘 등으로 몸 상태가 안 좋다든지 마음이 산란할 때 일시적으로 나타나는 현상이다.

그런 경우엔 호흡을 고르고 마음을 안정시킨 후에 다시 실행하면 신기할 정도로 안정된 자세를 취할 수 있다. 심신일여心身一如, 몸과 마음이 일직선상에 있다는 사례이다.

왼쪽 오른쪽 양다리를 각각 수행하다 보면 발을 올리는 높이가 다르거나 자세를 유지하고 지탱하는 시간의 차이가 큰 사람도 있다. 이는 척추와 골반이 중심을 벗어난 경우가 왕왕 있기 때문이다.

이 자세의 특히 중요한 효과는 우리 몸의 항상성恒常性을 유지하도록 하는 통합 조정실인 간뇌와, 몸의 중심을 잡아주는 소뇌를 발달시킨다는 것이다. 우리 몸의 균형력이 높아질수록 스트레스 분노 등을 제거하여 신경계를 조화롭게 한다는 것이 임상학적으로 많이 알려져 있다. 신경정신과 질환을 앓고 있는 사람들에게 이 동작을 시켜보면 대개 잘 안되는 경우가 많다.

요즘은 정기 신체검사에서도 한 발로 서서 얼마나 버티는지를 측정하고 있는 실정이다. 일본에서 장수지표로 쓰이고 있는 방법 중의 하나로, 나무 자세와 유사하게 한 쪽 다리로 서 있는상태를 측정한다고 한다. 눈을 뜬 상태에서 양손을 허리 춤에 대고 한쪽 발을 5cm쯤 올렸을 때를 기준으로 유지시간에 따라 등급이 매겨진다. 그것으로 남은 인생의 시간을 짐작하기도 한다니 새겨들을 사례이다.

흔히들 기억력이나 판단력 같은 인지 기능이 떨어지는 게 치매의 대표적인 전조 증상으로 보는데, 최근 의학계 연구 발표에 의하면 한 발로 서기를 오래할 수 있는 실버 세대일수록 치매 진행 속도가 느려진다고 한다. 뇌신경세포를 활성화하는 효과가 있기 때문이라고 생각된다.

이 글을 읽는 요기니들에겐 참으로 귀한 교훈이 될 것이다. 명절 때나 부모님, 연로한 어르신들을 찾아뵐 때 이 동작을 시연시켜보면 그 분의 심신 상태를 어느 정도 알게 될 것으로 본다.

또한 유아나 청소년들의 산만한 성격을 가라앉히기에 좋다. 에카그라타, 즉 집중력을 키워주는 데 일조할 수 있는 자세이다.

나이가 들수록 나무가 달리 보인다는 것을 느낀다. 꽃 피고 질 때의 나무의 생장 과정에 우리 삶이 비친다. 해마다 총총해지는 나이테는 우리 인생 여정과 이치까지 닮았다. 흔히들 어린이를 새싹이라 하고, 큰 인물이 될 사람을 재목材木, 큰 인물을 거목巨木이라 표현하는 것처럼 인간과 나무를 동일시하고 있다.

'나무는 계절을 알려줄 뿐만 아니라 인생의 의미와 감정을 불어넣어준다. 생명과 꿈을 펼쳐주는 신비의 몸짓과 마음을 열어주는 교감의 언어가 있다'는 수목학자들의 지론에 공감한다.

나무와 마찬가지로 인간도 땅과 공기와 상호작용을 한다. 인간에게도 땅은 삶의 터전이며, 음식물의 주 공급원이다. 그리고 호흡을 통하여 하늘과 교류하며 우주의 에너지를 흡수 한다. 특히 폐를 비롯한 혈관의 펼쳐진 모습이 나무 줄기나 잎의 구조와 닮았다는 점에서 시사하는 바가 크다. 사람과 한 가지 다른 점이 있다면 나무는 포기하는 법을 모른다는 것이다.

또 나무는 가지치기를 해야만 생산의 질과 양이 개선된다. 수행자도 비생산적 곁가지들을 솎아 내고 옆으로 자라는 가지들을 잘라 버려야 한다는 것도 일맥상통한다. 나무가 수많은 뿌리를 내리고 기어이 하늘을 향해 뻗어 나가는 것을 보면 나무는 집중력이 대단한 존재라는 생각이 든다.

요기니도 동작의 완성에 대한 집착은 잠시 내려놓고 본인의 몸을 천천히 탐구하듯이 도전해 보는 것이다. 올바른 호흡법을 통해 온몸의 혈액 순환을 돕고 긴장과 이완, 집중과 휴식을 반복하여 몸이라는 나무를 정성스레 키우다 보면 어느덧 몸과 마음과 영혼이 훌쩍 성장해 있는 것을 느낄 수 있는 것조차 나무와 닮았다.

'쉴 휴休'는 인간이 나무 곁에 있다는 의미이다. 나무 곁에 있을 때 몸과 마음이 편안하고 안정감이 드는 건 그런 연유가 아닐까. '나무는 신성하며, 나무와 이야기하고 나무에 귀 기울일 줄 아는 사람은 진리를 아는 사람이다.' 헤르만 헤세의 말이다. '백년을 사는 인간이 천년을 사는 소나무를 심어서 만년을 사는 학을 불러들이는 게 나무를 심고 가꾸는 선지자의 마음이다'라는 말과 맥을 같이 한다.

그러기에 나무와 인간은 마치 '뫼비우스의 띠' 같은 느낌이 든다. 하나인 것처럼 보이지만 실제로는 두 개의 측면을 가진 것 말이다. 모두가 하나이면서 둘이고, 모두가 둘이면서 하나인 것이다.

흔히들 나무 덕분에 인간은 신화와 종교, 문학을 빚어냈다고들 한다. 소박한 나무가 거대한 인문학의 뿌리인 셈인데 나무는 신화, 상징, 생명을 두루 가리키면서 하늘과 땅을 잇는 신비로운 사다리로서 그 매개체 역할을 충실히 하고 있는 것이다.

석가는 룸비니 동산에서 마야부인이 무우수 가지를 잡고 태어났다 하며, 보리수 아래에서 정각正覺을 이루었고, 사라수 아래에서 열반하셨다. 예수 역시 태어나자 동방박사 세 사람이 각기 보물을 한 가지씩 가지고 와서 경배했는데, 그 중 황금을 제외한 유향은 유향나무에서, 몰약은 몰약나무에서 생산된 것이다. 성인聖人들의 일생 역시 나무와 밀접하게 연결되어 있음이 신기하기만 하다.

지혜의 나무이자 우주목木이라고 일컫는 '생명의 나무'는 세계 곳곳의 신화에 등장한다. 인도 철학서 우파니샤드에서는 하늘에 뿌리를 두고 땅 위에 가지를 드리운 거꾸로 서 있는 나무를 묘사하고 있다. 이 나무는 우주의 신 브라만을 상징한다. 바가바드기타에서는 '그들(현인들)은 뿌리가 위에 있고 가지가 밑에 있으며, 잎으로 노래하는 불멸의 보리수를 말한다. 이 나무를 아는 자는 베다를 아는 자이다'라고 기술하고 있다.

나무는 자신의 모든 체험과 사유를, 사계절의 숨결과 추억을, 수령만큼의 내공과 깨달음을, 나뭇결 즉 목리문木理紋으로 그려놓고 있다. 어떤 생명체는 생명이 다하면 흔적도 없이 사라지고 말지만 나무는 이러한 목리문으로 남아 그의 삶을 아름답게 장식하고 있다.

목리문을 보면 미국 시인 조이스 킬머의 '나무보다 더 아름다운 시를/ 내 다시 보지 못하리'라는 시구詩句가 떠오른다. 지금 나는 나의 인생에 어떠한 문양의 목리문을 몇 줄이나 새겨 가고 있을까? 스스로에게 자문해 보며 자세를 가다듬는다.

돌이켜보면 어찌 나무만 땅에다 뿌리를 내리고 살까? 사람들 각자의 가슴에도 저마다의 나무 한 두 그루씩은 뿌리 내리고, 세상과 소통해 가고 있지 않을까? 나는 너에게 너는 나에게 거목이든 보잘 것 없는 작은 나무이든 간에 저마다의 소중한 나무가 되려고 노력하면서 말이다.

《 나무자세 》

한 발을 들어 올려 허벅지에 붙인 채
양손을 맞붙여 머리 위로 들어 올리면
나는 어느새 뿌리 깊은
한 그루 나무가 된다.
사계절 햇살 켜켜이 담고

온갖 새소리 울려 퍼지는
우렁찬 광합성 소리 가득찬
생명의 나무가 된다.

소뇌 간뇌 자극하여
한 곳으로 심신의 에너지 모아
집중력의 꽃봉오리 피워 올리고
허벅지 군살 제거
굳건한 하체 근력
건강한 뇌 기능
이 모두를 옹골차게 다져준다.

비바람 불면 부는 대로
천둥 번개 휘몰아치면 치는 대로
휘청거릴 뿐
균형과 조화 잃지 않는
여여如如 함

모진 세월 견딘
나무 그늘은 더욱 무성하고
구르고 흔들고 돌팔매 쳐도
탐스런 열매는 보다 풍성하다
성자聖者의 표상 같은 그대는
제자리에 선 채로 흘러가는
한 줄기 강물이어라
세월 갈수록 넉넉해지고
세월 갈수록 심지 곧고
세월 갈수록 영혼이 깊어지는,

있어야 할 자리 지키되
어느 누구도

구속하거나 구속되지 않는,

존재만으로 힘을 주고
존재만으로 세상을 밝혀주는,

언제 어느 곳에 있어도 의연한 자태
성성한 눈빛 간직한 그대

"당신이라는 나무는
어떤 색깔 어떤 크기 어떤 종류의 나무입니까?
당신은 누구에게 어떤 나무입니까?
이렇게 의문을 알아채고 있는
당신은 누구입니까?"

나무 자세가 끝없이 물어 오고 있다.

_ 최진태

몸과 마음을 여는 인문학 오디세이

21. 요가의 향기요법

요가의 명상 수련이나 이완 동작을 할 때 에센스 오일 한 두 방울을 떨어뜨린 뒤 가열해 발산하는 향을 맡거나 사와 아사나(송장 자세) 동작을 할 때 코 양옆 혈자리 부근에 한두 방울 묻혀주면 도움이 된다.

_ 시연 안순흥, 황은주

좋은 향香을 맡으면 기분이 좋아지고 마음이 편안해진다. 숲 속에 가면 자신도 모르게 숨을 깊게 들이쉬고 내쉬면서 호흡을 깊게 한다. 피톤치드 등, 나무가 뿜어내는 좋은 숲 향기를 들이마시려는 사람들의 본능인 셈이다.

향은 범어로 간다르바Gandharva라 하는데 인도 신화에서 별자리를 관장하며 향만을 먹고 산다는 신神이다. 건달바乾達婆로 음역된다. 우리말의 건달도 여기서 유래된 것으로 추측된다. 천상계의 악사樂로서 천상에서 음악을 연주하는 음악의 신으로 묘사된다.

향은 사람을 도취케 하여 감정을 환희의 세계로 이끄는 동시에 신비적 주술적 작용을 가지며, 태고부터 제례 의식 등에 활용되었다. 향의 연기는 하늘과 땅 신과 인간을 연결하는 것으로 여겼으며 향의 사용은 인류의 문화와 함께 시작되었다고 볼 수 있다.

"인간은 결코 냄새로부터 벗어날 수 없다. 냄새는 호흡과 한 형제이기 때문이다." 프랑스 작가 파트리크 쥐스킨트의 장편소설 「향수」에 나오는 말이다. 인간이 살기 위해 호흡을 하려면 냄새를 맡아야 한다. 눈은 감으면 그만이나 호흡은 참고는 살 수 없다.

향은 본능에 의존한 가장 원초적인 소통 수단이라고들 한다. 인간이 본능적으로 냄새를 통해 누군가의 첫인상이나 공간에 대한 이미지를 결정하는 것은 인간이 태초부터 냄새로 정보를 얻고 소통, 분석하던 본능의 유물이라는 것이다.

각각의 향은 그 자체 특성마다 고유의 파동을 지니고 있는 바 그 보이지 않는 에너지로 인해 인간의 감정 변화에 영향을 미친다 할 수 있다.

아로마가 향기를 내뿜으면 인간의 후각 신경이 뇌의 가장 오래된 부분인 대뇌 변연계limbic system에 직접 연결되어 온갖 감정과 정서에 관한 기능에 영향을 주게 된다.

얼마 전 공전의 히트를 친 봉준호 감독의 '기생충'은 현대 사회의 빈부 격차를 지하실 또는 반지하실의 냄새로 그려냈다는 평을 받고 있다. 냄새는 의식하지 않는 순간 선을 넘어 들어와 마음의 경계를 허물어뜨리는 힘이 있다. 무의식 속으로 파고든다는 얘기다.

인간의 후각이라는 섬세한 감각을 활용해 기업이나 매장, 상품 등의 브랜드 호감도를 높이려는 '향기 마케팅'이란 용어가 낯설지 않게 들린다. 향기 산업이라고 할 정도로 그 성장 가능성은 무궁무진하다는 게 마케팅 관계자의 전언이다.

조지 오웰은 계급 구분의 비밀의 코드를 '하층 계급은 냄새가 난다'는 한 줄로 풀어냈다. 마치 냄새를 통제하는 자와 그럴 수 없는 자의 차이가 신분의 귀천을 구분해 주는 듯한 의미로도 들리는 말이다.

우리에게 여유와 위안을 줄 수 있는 대상은 수없이 많겠지만 향은 그 중의 하나이다. '가장 좋은 향은 가장 좋은 기억을 가진 향이고, 가장 좋은 기억을 가진 향은 결국 가장 익숙한 향'이라는 향 전문가의 말도 설득력 있게 다가온다.

후각은 다세포 생물에게 가장 먼저 생겨난 감각으로 생존에 필수적이고 가장 심층적인 본능과 관련돼 있다. 인간의 후각은 포유류 중 상위권에 속한다. 인간 유전자의 3~4%가 후각 기관 형성에 관여한다는데 다른 감각보다 훨씬 많은 비중을 차지한다.

방향芳香의 발상지는 파미르 고원의 힌두교국인 인도라는 것이 정설이다. 인도에는 후추를 비롯해서 침향, 백당 등 그밖에 열대성 향료 식물이 많아서 힌두교의 분향 의식에 부족함이 없었다고 한다.

우리나라 사람들의 향수와 향료 사용 사례는 삼국시대에 이르러서야 구체적으로 전해지고 있다. 김유신은 향불을 피워 하늘에 맹세한 뒤에 무술 연마를 하였다는 기록이 있다.

현대인의 필수품처럼 된 향수의 시작은 약 5,000년 전으로 올라간다. 고대의 이집트인들이 제사를 지낼 때 향기가 나는 나뭇가지를 태우고, 잎으로 즙을 내 몸에 바르게 한 것이 시초다. 향수라는 이름도 여기서 나왔다. 향수perfume의 어원도 라틴어의 '연기를 통한다'는 의미를 담고 있다.

우리는 눈으로 많은 정보를 얻고 있다고 생각하지만 사실 코로 받아들이는 정보가 더 많다는 사실에 놀란다. 눈으로 구분할 수 있는 색깔은 500만 개에 불과하지만 코로 구분할 수 있는 냄새는 1조 개에 달한다. 낯선 장소. 처음 만난 사람에 대한 첫인상이 냄새로도 결정될 수도 있는 건 그런 연유인 듯하다.

패션 디자이너 가브리엘 샤넬은 '눈에 보이지 않으면서도 타인에게 강한 인상을 남기는 최고의 액세서리는 향수'라는 말을 남긴다. '향기가 없는 여자는 미래가 없는 여자'라는 말도 그에게서 나왔다. 세계에서 가장 유명한 향수이며 가장 많이 팔린 향수라는 '샤넬 NO.5' 출시자이기도 하다. 유명 여배우 마를린 몬로가 '내 잠옷은 샤넬 NO.5다'라고 했던 말이 퍼지면서 이 향수는 순식간에 세계적으로 유명한 향수로 자리잡게 되었다는 이야기도 전해 온다. 그는 '럭셔리의 반대말은 가난함이 아니라 천박함'이라는 신랄한 독설을 날리는 것도 서슴지 않았다.

'코르가슴'은 향 때문에 쾌감이 최고조에 달해 흥분된 상태를 말한다. 이런 신조어가 등장 했다는 것은 그만큼 향에 대해 관심도가 예민해졌다는 반증이다.

가수 장범준은 '흔들리는 꽃들 속에서 네 샴푸향이 느껴진 거야'라며 향기가 들어간 한 구절의 노랫말로 옛사랑을 추억한다. 누군가에게 특별하고도 독특한 향기로 기억되고 싶다는 욕망은 만인의 로망인 것을.

그림책 '계절의 냄새(양양, 노란 상상)'를 보면 유리병에 냄새를 모으는 아이가 등장한다. 기억하고 싶은 장면을 사진으로 찍어 보관하듯이 아이가 계절마다 냄새를 모아서 유리병에 담는 장면이 인상 깊다. 한번쯤 동심으로 돌아가 따라 해보고 싶은 충동을 느끼게 한다. 앞으로는 휴대폰으로 문자를 주고받듯이, 향기도 주고받는다는 말이 나올 법도 하다.

마르셀 프루스트는 장편 소설 「잃어버린 시간을 찾아서」에서 냄새를 통해 과거의 기억을 오늘처럼 대면한다. 이처럼 친숙한 냄새를 맡으면 순식간에 과거로 회귀하기도 한다. 코끝의 감각과 가슴 언저리가 촘촘히 연결되어 있다는 것을 실감한다.

문화민족일수록 냄새 문화가 고도로 발달하는 것은 그만큼 인간의 원초적인 후각 본능을 적절히 충족해주는 수단이 과학적으로 개발되었음을 의미한다.

아유르베다Ayurveda는 5,000년 이상 일상에서 활용된 인도의 전통의학을 총칭하여 이르는 말이며, 우주와 인간을 상호 연관 지어서 고찰하는 의학 체계이다. 아유르베다는 인간을 전체적으로 생각하는 치료의 한 방법이자 삶의 지혜이다. 그래서 생명의 과학, 생활의 과학이라고 한다.

아유르베다 속에는 아로마 테라피가 있다. 향기를 뜻하는 아로마aroma와 치료therapy의 합성어로, 각종 약용식물인 허브herb의 잎, 열매, 꽃, 줄기, 뿌리 등에서 추출한 휘발성 향유인 에센셜 오일을 코의 후각 신경이나 피부를 통해 흡입시켜, 각종 증상이나 질병을 예방 치유하여 건강을 유지토록 하는 자연요법의 한 형태이다. 아로마는 그 종류에 따라 각기 효능도 다르다.

요가의 명상 수련이나 이완 동작 시 향기요법을 병행하면, 앞서 언급한 것처럼 신체와 정신세계에 영향을 주어 요가의 효율을 상승시킬 수 있다. 용기에 적절한 에센스 오일을 몇 방울 떨어뜨린 후 가열하여 발산하는 향을 맡게 하거나, 향초 등을 피운다든가, 사와아사나 동작 시에 코 양옆 영향혈穴 부근에 한두 방울 묻혀주면 더 깊은 휴식을 얻는 데 도움이 된다.

수천 년간 이어 오면서 향기가 깊은 호흡과 감정의 안정을 돕고 더 높은 정신세계로 끌어올리는 효과가 있다는 것이 검증되었다. 자연 향을 맡으면 우리 영혼과 식물의 영혼이 만나게 되는데, 과학에 의해 식물이 감정과 의식세계를 가지고 있다는 것이 밝혀지고 있다.

그러나 향이 미치는 효과는 사람에 따라 다를 수 있다. 특정한 질병 등 문제가 있을 경우에는 아로마 사용에 주의를 요하기도 한다.

불가에서는 바르게 수행한 수행자에게는 다섯 가지 향기가 난다고 하였는바 그 향을 일러 오분향五分香이라고 하였다. 계향戒香, 정향定香, 혜향慧香, 해탈향解脫香, 해탈지견향解脫智見香을 일컫는 말이다.

이들이 지닌 향기는 꽃향기와는 달리 바람을 거슬러서도 온 세상으로 퍼져 나간다. 그리하여 온 세상을 맑고 향기롭게 만들게 된다. 이것이 바로 삿된 기운을 걷어낸 인격의 향기, 품성의 향기, 수행자의 향기라고 말한다.

달마대사의 향을 피운다는 말도 세간의 형상 있는 향이 아니고, 무위정법無爲正法의 향을 말한다. 온갖 더러운 냄새를 물리치고 무명無明의 사악한 악업을 모두 끊어 소멸케 하는 향이다.

「냄새의 심리학」의 저자인 독일의 베티나 파우제 교수의 '우리는 자신이 풍기는 향기 그 자체다'라는 말을 되새겨 본다. '링컨은 나이 사십이 넘으면 자기 얼굴에 책임을 져야 한다'고 했는데 '중년을 넘으면 자신의 향기에 책임을 져야 한다'는 말로도 들린다.

요가를 통한 무형의 향기와 각종 아로마를 활용한 유형의 향기가 결합되어, 시너지 효과가 극대화된 향기로운 삶을 누리는 요가수행자들이 되기를 소망해 본다.

《 요가의 향기 》

요가는
지나온 삶의 잘못된 흔적
지워 나가는 것
비틀린 것 굽은 것 펴게 하고
넘치는 것 퍼내고
줄어든 것 채워가는
조이고 닦고 기름칠 하는
심신 수선공의 여정

요가는
영원히 진실된 마음과
사랑을 가지고
지고한 영혼을 기억하는 것
불순물 걷어내며
나를 재탄생시키는 것

요가는
본래 가지고 있던
순수한 힘과 영적인 기질들을

오랜 기간 부단한 수련을 통해
서서히 축적해 가는 것

요가는
하늘빛 눈매를 향한
몸짓으로 맞닥뜨리는 천상의 나래짓
마음으로 다가가는 피안의 저 쪽
영혼으로 읊조리는 본연의 소리

요가는
침묵과 고요, 집중과 명상 통해
나와 연결된 우주의 문을 두드리다가
마침내
마음속에 자리 잡고 있는
가장 곱고 가장 향기로운
꽃 한 송이 발견하는 것

그리하여
삶의 향기 배어 나오는 그 힘으로
우리 삶 다져 나가는 것

만향萬香 중의 으뜸인
알싸한 요가의 향기!

본래의 향에
이런 정신의 향, 영혼의 향이 결합되면
향의 신神 간다르바도 울고 갈
천상의 향기
온 누리에 넘쳐 나리라

_ 최진태

22. 반달 자세

달빛 자세는 근골격계를 강하고 유연하게 해주고 여성의 비뇨기계 질환 등에 도움이 된다. 폐 기능을 활성화하고, 가슴을 열어주고 풀어주는 효과가 있다.

_ 시연 최현미

힌두 문화권에서는 달, 즉 찬드라Chandra는 작물과 초목의 주관자이며 달의 신으로 묘사된다. 어둠과 재앙을 지켜주는 신으로도 여겼다. 아르다Ardha는 반(半, half), 그래서 반달 자세는 '아르다 찬드라 아사나'라고 한다.

먼저 왼발을 앞으로 내밀어 구부리고 오른발은 뒤로 쭉 편 채 무릎은 땅에 닿게 한다. 가슴을 앞으로 내밀며 상체를 최대한 뒤쪽으로 젖힌다. 합장한 손을 뒤로 넘기면서 턱을 들며 시선은 손 끝을 향한다.

이 자세는 전체 근골격계를 강하고 유연하게 해주며 여성의 비뇨기계 질환 등에 도움이 된다. 목을 뒤로 젖힘으로 인해 갑상선, 부갑상선을 자극하게 되며, 편도선염, 인후염, 기침, 천식 등을 완화시키는 효과가 있다. 흉곽이 활짝 열려 폐 기능을 활성화시킨다.

가슴 쪽 아나하타 차크라를 각성시켜 울체된 기혈을 풀어줌으로 인해 우울증, 상기증, 화병 등에 도움이 된다. 삶의 무게가 무겁게 짓누를 때 달을 우러르면 한결 완화되는 경험을 보더라도 반달 자세는 분명 가슴을 열어주고 풀어주는 효과가 있다.

달빛이 비치는 야외 공간에서 이 아사나를 실행하면 더 어울린다. 보름달이 뜬 날에 행하면 보름달의 기운과 교류하는 효과로 인해 더욱 금상첨화이다. 옛 선도 수련자들은 달이 뜨는 일시와 형태에 따라 그 호흡법도 달리 했을 정도이다.

달을 떠올리면 '햇빛에 바래면 역사가 되고, 달빛에 물들면 신화가 된다'는 이병주 작가의 정감어린 문학적 표현이 먼저 둥실거린다. 서늘하고 고독하면서도 그 속 어딘가에 따뜻하고 포근한 그런 온기를 품고 있을 듯한 느낌!

달은 신이고 전령사이며 선善 또는 악惡의 상징이다. 어떤 문화권에서는 남성이고 어떤 문화권에서는 여성이다. 어떤 곳에서는 죽음을 은유하고, 어떤 문화권에서는 부활을 상징한다. 남매나 부부, 음양으로도 묘사되었다.

인도에서는 달이 차는 상승 주기와 하강 주기를 각각 '슈클라 팍샤'와 '크리슈나 팍샤'라 부른다. 흰 면과 검은 면이란 뜻이다.

달은 변화와 성장을 한눈에 보여준다. 달의 신 찬드라가 커졌다 작아졌다 되풀이하듯 우리의 삶도 높낮이, 부침, 흥망성쇠를 경험한다. 하루에도 여러 번 변화무쌍한 순간을 맞이하게 된다. 시시때때로 희로애락 등의 감정의 기복을 맛보며 끊임없이 변화하는 삶을 되풀이하는 것이다. 마치 초승달에서 상현달 보름달 하현달 그믐달 삭朔의 주기로 달이 변하듯 말이다.

찬드라가 시바의 머리 위에서 휴식을 취하면서 재충전을 하는 것처럼, 우리 역시 활동 후에는 쉼을 통해 에너지를 충전하며 삶을 영위해 가는 것이 달의 변화하는 모습과 많이 닮았다.

달은 재생의 기쁨을 상징한다. 아사나 순간순간 긴장과 이완을 통해 삶과 죽음을 경험하며 이어지는 요가 수련도, 결국은 방전되고 지쳐가는 삶의 에너지를 불러 일으켜 다시 태어난 재생의 기쁨을 맛보는 과정이라고 할 수 있다.

고대인들은 왜 달이 여성적 특성을 가졌다고 믿었을까? 달이 해처럼 스스로 빛을 발하지 않고 해가 내뿜는 빛을 반사해 빛난다고 생각했기 때문이리라. 해가 사라지면 풍성한 모습을 드러내는 점이 마치 부드럽고 조용한 성품의 여성과 닮았다고 보았다. 달이 차서 기우는 순환 주기와 여성 생리 현상(월경, 月經)이 같은 주기로 반복을 거듭한다는 공통점 때문에 서로 깊은 관련이 있다고 믿게 되었다.

그리스 신화에 나오는 달의 여신 아르테미스Artemis가 로마 신화에 가서는 다이아나Diana가 되고, 또 그리스 신화의 셀레네Selene도 로마 신화에 가서는 태양신 헬리오스와 남매지간인 루나Runa가 된다.

이집트에서는 이시스Isis가 있고, 에스키모는 이갈루크Igaluk가 있다. 중국으로 가면 항아姮娥라는 선녀가 월궁에 살고 있으며, 우리나라 구전 설화에는 호랑이에 쫓긴 남매가 밧줄을 타고 하늘로 올라가 해와 달이 되었다는 이야기도 전한다.

고대 이집트인들이나 멕시코의 마야인이나 아즈텍인, 페루의 잉카인 그리고 북아메리카의 원주민들이 해를 숭배하고 찬양했다면, 우리 조상들은 달을 안고 살며 달을 찬미했다. 달의 문화를 꽃피웠다. 그리하여 달은 많은 시인 묵객들의 좋은 작품 소재가 되고 은유가 되고 배경이 되었다.

신라의 찬기파랑가부터 고려가요, 시조, 민요에 이르기까지 곳곳에 달이 등장한다. 선조들은 뜨고 지는 달을 보고 유정물 무정물의 생성과 소멸을 체득하며, '달도 차면 기운다'라는 이치와 교훈을 새겼다. 나고 죽는 삶을 되돌아보며 인생무상을 노래했다. 온갖 권력과 부를 누리면서 천년만년 살 듯 안하무인 거들먹거리는 위정자들이 곱씹어야 할 경구이다.

달의 빛이 일천강一千江에 미친다는 월인천강月印千江이란 말도 있다. 달은 하나지만 만천萬川과 천강千江 모두에 두루 비친다는 말이다. '일즉다 다즉일一卽多 多卽一' 즉 '하나가 곧 일체의 전부요, 일체의 전부가 곧 하나다'라는 말로도 해석된다.

요가 동작 하나가 몸 전체에 미치는 영향을 설명할 때 종종 비유되는 구절이며, 인체 생리학에서는 홀리스틱 시스템holistic system이란 용어의 뜻과 유사하다.

일반적으로 요가라고 알려진 하타요가는 글자 뜻대로 하면 '양음요가'이나 우리는 통상 '음양요가'라고 부른다. 이런 걸 미루어 보아 확실히 동양권에서는 태양보다 달을 더 중시했다고 볼 수 있다.

반대로 서구권에서는 달을 광기 혹은 마법의 기운을 머금은 사물로도 보았다. 늑대인간이 늑대로 변할 때나 E·T가 손가락으로 신통력을 부릴 때나 드라큘라 백작이 등장하는 때도 모두 보름달이 뜰 때였다.

달은 또한 죽음의 신이기도 했다. 사람이 죽으면 그 영혼이 달세계로 올라가 산다고 생각했다. 그러기에 우리 민속신앙에서는 달에 정령이 있는 것으로 믿어 월백月魄이라 했으며 여인들의 애달픈 기원의 대상이었다.

달빛은 마음의 어둠을 채우는 순금의 언어라 할 수 있다. 그 달빛의 말을 생각할 때마다 종종 달빛의 맑은 도취 속에 빠지곤 한다. 보름달 뜬 가을밤 대숲 정자에 앉아 거문고를 뜯거나 갈대 흔들리는 물가에 배 띄워 놓고 술잔 기울이며, 독작을 만끽하는 듯한 옛 선비들이 그린 산수화를 보면 달과 내가 하나가 되는 물아일체物我一體의 느낌이 든다. 무아지경의 기쁨이 그림 속에 담겨 있다.

우리나라 국민화가로 불리는 이중섭은 보름달이 뜬 밤에 까마귀 다섯 마리가 세 가닥 전선줄에 내려 앉은 모습을 담았다. 명작 「달과 까마귀」이다.

서머셋 모옴의 「달과 6펜스」도 떠오른다.

삼국사기에도 백제 의자왕과 관련되어 달과 연관된 이야기가 등장한다. 보름달과 초승달을 국가의 흥망성쇠와 연관시켜 예언한 기록이 나오는데, 땅 속에서 나온 거북이 등에 '백제는 보름달이요, 신라는 초승달이다'는 글귀의 해석을 점술가들에게 의뢰했는 바, '보름달은 차면 기우는 것이라 망할 징조요, 초승달은 점차 찰 것인

즉 앞으로 흥할 것이다'라고 답했다. 예언대로 그후 백제는 멸망하고, 신라는 삼국통일을 이루었다는 설화이다.

 달을 좋아하는 선조들이 지었다는 정자 이름을 보면 달을 희롱하기 좋은 정자라는 뜻의 농월정弄月亭, 달을 보고 웃는다는 소월정笑月亭, 달맞이 하기 좋은 정자라는 뜻의 요월정邀月亭이 있고, 게다가 달을 애무하는 동네라는 무월리撫月里라는 지명도 있다.

 산 위에 뜬 달이라는 산중월山中月, 물 위에 일렁거리는 달 수중월水中月, 마음속에 있는 달이란 의미의 심중월心中月이라는 단어도 운치가 있다.

 견지망월見指忘月도 있다. '손가락으로 달을 가리켰는데 손가락만 본다.'는 뜻으로 본질은 외면한 채 지엽적인 것에 집착함을 경계하는 말이다.

 '반달 같은 딸 있으면 온달 같은 사위 삼겠다.'는 속담도 있는데, 이는 고운 딸이 있어야 잘난 사위를 맞을 수 있다는 뜻이며, 자기 것이 허물이 없어야 남에게도 허물이 없는 것을 요구할 수 있음을 비유적으로 이르는 말이다.

 달빛 비치는 정감 있는 풍경을 잘 그려낸 곡을 꼽으려면 단연 베토벤의 피아노 소나타 제14번 월광月光을 든다. 1801년 작곡된 이 작품에 독일의 음악 평론가 레루 슈티프가 이름을 붙였다고 전해진다.
 19570년 미국의 유명 싱어 송 라이터 겸 영화배우인 폴 앵카가 16세에 작사 작곡하여 발표한 데뷔곡이자 첫 번째 히트송이 달의 신을 상징하는 「다이아나」이다. 그는 프랭크 시나트라의 명곡 「마이 웨이My Way」의 작사가로도 유명하다.

 흑인 노예들이 낮에 힘겹게 일하고 겨우 밤이 되어서야 휴식을 취할 때, 노래를 흥얼거리며 고단한 삶의 애환과 한 서린 정서를 쏟아 냈던 음악이 바로 재즈이다. 그래서 재즈는 달과 연관성이 있고 밤에 더 어울리는 음악이라는 것이다. 전반적으로 우수에 찬 곡조나 푸른 기운이 감도는 색조를 띤 곡들이 유독 재즈에 많은 연유라고 생각된다.

나이 들어도 아직까지 동심의 달 속에는 계수나무가 있고, 토끼가 떡방아 찧고 있던 그 시절이 그립고, 또 동심의 그 때로 돌아가고픈 향수도 있다. 그러나 은유와 신화는 과학에 의해 늘 그렇게 허물어진다. 우리는 그것을 발전이라 부르지만 그로 인해 오히려 많은 걸 잃고, 더 가난해졌다.

요즘은 윤극영 작사 작곡의 '푸른 하늘 은하수 하얀 쪽배에/ 계수나무 한 나무 토끼 한 마리'로 시작되는 「반달」 같은 동요를 부르는 해맑은 모습의 어린이를 찾아보기가 쉽지 않다. 사랑 타령, 이별, 눈물 등의 가사로 점철된 유행가 등을 부르며 몸을 비비꼬고 흔들며 어른 흉내 내는 아이들을 보고 잘한다고 웃고 박수치고 있는 작금의 어른들의 모습이 아니던가.

달 속에서 찾던 천진난만한 동심은 이제 어디에서 찾는단 말인가? 가난해지는 동심의 끝이 두렵기만 하다.

휘영청 밝은 보름달은 희망과 기원의 대상이었다. '명월여시明月如是'란 공산空山에 외로이 비치는 밝은 달처럼 우리의 마음 속에는 본디부터 명월明月이 있다는 말이다.

반달 자세를 취하면서 달의 정기를 듬뿍 받아들이고서 심신을 활기차게 추슬러 볼 일이다. 이 차제에 혼탁하고 치졸한 마음들도 달빛 속에 깨끗이 헹구었으면 좋으련만, 달의 맑은 영혼이 비쳐진 숨결을 마음껏 들이켜 보는 수련도 멋있을 것 같다.

《 보름달 》

근엄한 감투일랑 철면피 뻔뻔함도
어느 하나 못갖추고 장삼이사 범부되어
한 떼기 풀잎일망정 조심스레 움켜쥔다

이 몸이 이 세상에 왜 왔는지 돌아본들
그래도 아침 되면 밝은 햇살 눈비비고
도란도란 식구들끼리 서로 엉겨 정 나눈다

중천에 높이뜬 달 아이들 하하호호
동심은 천심이라 보름달 따라 웃네
달 속에 어린 전설들 두 귀 쫑긋 들어보라!

_ 최진태

《 달빛 기도 》

(중략)

우리가 서로를 바라보는 눈길이
달빛처럼 순하고 부드럽기를
우리의 삶이
욕심의 어둠을 걷어내
좀 더 환해지기를
모난 미움과 편견을 버리고
좀 더 둥글어지기를
두 손 모아 기도 하려니

하늘보다 내 마음에
고운 달이 먼저 뜹니다
한가위 달을 마음에 걸어두고
당신도 내내 행복하세요, 둥글게!

_ 이해인

23. 우리 몸의 다섯 가지 층
- 판차 코샤

인간 신체를 구성하는 다섯 가지 층 가운데 가장 바깥쪽은 식량층이다. 식량층에서 시작해 안쪽의 생기와 마음, 지혜층을 넘고 제일 안쪽의 환희층으로 회귀하려면 몸 상태에 맞게 적절히 잘 먹는 것이 중요하다는 뜻이다.

현대 심리학자들이 의식, 잠재의식, 무의식 등으로 마음의 차원을 다뤘듯이, 전통요가 생리학에서는 인간의 신체는 다섯 가지 층으로 구성되어 있다고 보았다. 이 다섯 층의 상호 연관성은 매우 미묘하고 복잡하게 작용하고 있는 바, 순수의식인 참 나眞我, 즉 아트만 Atman은 이 다섯가지 층에 의해 가려져 있다는 것이며 최종적으로는 다섯 층을 지나 결국은 본질인 이 아트만으로 회귀해야 하는 것이라고 주장한다.

이 다섯 가지 층, 즉 판차 코샤Panca Kosha는 가장 바깥쪽에 속하는 것을 식량층Annamaya Kosha 또는 육체층이라고 하며, 안쪽으로 향하는 순서대로 그 다음이 생기층Pranamaya Kosha, 그 다음이 심층心層 Manomaya Kosa 또는 마음층, 그 다음이 지혜층Vijnamaya Kosha 또는 이성층, 마지막으로 제일 안쪽에 위치한 지복층至福層 Anandamaya Kosha 또는 환희층으로 분류한다.

이 모든 다섯 층(코샤, Kosha)에서 기氣의 조화로운 흐름으로 영적 에너지의 통로를 활성화시켜서 개인의 잠재된 우주적 에너지, 즉 쿤달리니Kundalini를 각성시켜야 된다는 것이다.

판차 코샤 가운데 가장 바깥 쪽에 위치한 첫 번째 층인 식량층은 음식을 통해 영양분을 섭취함으로써 생명 에너지를 공급받는 층이다. 몸은 먹은 대로 된다는 말이 있다. "당신이 먹은 것이 무언지 말해 달라. 그러면 당신이 어떤 사람인지 말해 주겠다"고 했던 브리야 사바랭의 말의 의미를 되새겨 볼 때다.

따지고 보면 모든 삶은 생명을 유지하기 위해 먹고먹고 또 먹는 삶이다. 하루 종일 분주하게 날아다니는 새가 하는 일은 오로지 먹을 것을 찾는 일. 인간의 삶도 크게 다르지 않다. 우리가 하는 일이 밥 먹는 일이다.

삶의 가장 큰 감동은 살아있다는 그 자체다. 인생을 한껏 살아간다는 것은 고관대작이나 대부호가 되는 것도 아니고, 행복으로 가득한 삶을 사는 것만도 아닌 것 같다. 기쁠 때도 있지만 고독하게 우는 날도 있고 성공의 희열을 느낄 때도, 실패로 인한 상실감으로 절망하고 낙담하는 날도 있다. 그러나 이 모든 경험은 생명을 가진 자에게만 주어진 특권이다.

"먹어야 산다." 이 짧은 문장보다 강력한 말이 또 있을까만 생명체는 먹어야 목숨을 부지한다는 점에서 진리다. 사람도 먹어야 산다. 인간 역시 생물의 한 種이기 때문이다.

"밥 먹었냐?" "때 거르지 말아라." 흔히 멀리 있는 자식에게 부모들이 제일 먼저 묻고 당부하는 말이다. 끼니를 거르지 말라는 것이다. 아침 점심 저녁 제때 밥을 먹어야 몸의 순환과 기운을 잃지 않는다. 그래야 공부도 일도 잘하고 다른 사람과도 잘 어울릴 수 있다. 그래야 온전한 일상생활을 영위할 수 있는 것이다.

잘한다는 것은 매사에 집중하고 몰입한다는 뜻이다. 몸의 에너지가 잘 돌면 마음이 흐트러지지 않고 말과 행동이 부드러워진다. 하는 일마다 술술 잘 풀린다고 느껴질 때야말로 몸과 마음이 가장 편안한 상태가 아닌가.

불가의 경전에서도 아침, 저녁 먹어야 할 음식이 다르고, 계절과 절기마다 먹어야 할 음식이 따로 있으며, 몸의 상태에 따라 음식을 조절하라고 가르친다. 몸의 울림은 심장에서 시작되고, 몸의 움직임은 머리에서 시작된다는 게 인체에 대한 의학적 기본 지식이다.

예전부터 한국 사람은 밥심으로 산다고 할 정도로 밥에 대해 강한 애착을 보였다. '제 밥그릇은 제가 지니고 다닌다.', '남의 밥을 먹어 봐야 부모 은덕을 안다', '눈물 어린 밥을 먹어보지 않고는 인생의 참 맛을 알 수 없다' 등의 속담은 한국인의 삶이 얼마나 밥과 긴밀히 연결됐는지 알려주는 방증이다. 십시일반十匙一飯이란 말도 시사하는 바가 크며, '쌀독에서 인심난다'는 속담도 서로 나눠 먹는 삶, 더불어 살아감을 강조하는 말이다.

오늘날에도 이 세상에서 가장 가까운 관계인 가족은 식구食口, 즉 밥을 함께 먹는 사람들을 가리킨다. '한솥밥 먹고 자랐다'는 말도 있듯이 밥은 사람의 일생에 깊이 관여한다.

또한 귀하고 소중한 인연들과 결별하고 그 절망과 슬픔으로 창자가 끊어질 듯한 잔인한 고통에 짓이겨질 때, 도저히 참기 힘든 결핍과 상실의 무게에 온통 머리가 하얗게 바래지고 맥없이 철퍼덕 주저앉아 버리는 감당키 어려운 상황에서도 피눈물 흘리며 꾸역꾸역 밥숟가락을 입에 떠 넣어야 하는 것이 인간 존재의 가련함이다.

그러나 나 챙겨 먹자고 그런 것만은 아니니 우선 우리 몸 맨 바깥층에 있는 식량층에 영양을 공급해야 생기층이 살아나고 몸의 그 안쪽 마음층, 지혜층을 통해 추모하고 애도하는 숭고한 마음도 낼 수 있기 때문이다. 이것들 모두 밥심에서 발원된다는 이유이기도 하다. 이것이야말로 인간의 한계이자 인간으로 태어난 본태적 숙명이며 가장 인간다움의 발로가 아니겠는가?

"내 하루의 징검돌 같은
밥 한 그릇 여기 있다
내 하루의 노둣돌 같은 밥 한 그릇 여기 있다
네가 주인이라서 섬기며 살아 왔다
네가 목숨이라서 가꾸며 살아 왔다
그 세월 지난 듯도 한데 왜 아직도 배가 고프니?"

이우걸 시인의 「밥」이란 시다.

밥을 먹는다는 것, 이 세상 그 무엇보다도 성스러운 의식임을. 오늘도 밥상 앞에 앉아 묵하 "기적은 하늘을 날거나 바다 위를 걷는 것이 아니라 땅에서 걸어 다닌다는 것이니라. 하루 세끼 밥을 먹는다는 것은 우주와 더불어 사는 것이라"는 밥님의 설교를 듣고 있다.

우리 인체 다섯 층의 양파 껍질을 벗기고 벗겨 맨 안쪽에 위치한 더없이 복福된 지복층Anandamaya Kosha, 즉 환희의 층으로 회귀하려면 무엇보다 급선무는 많이 배불리만이 아닌, 자신의 몸 상태에 맞게 적절히 잘 먹어야 된다는 것임을 새삼 깨닫게 된다.

오늘 나는 그 밥값 한번 제대로 하고 있는지 돌아보리라.

《 밥 》

나 밥 안 먹어
밥이 무기였었다
니 자식 나 봐

끓어 넘친 건
눈물과 닮은 밥물
한세상 내내

끓어 넘친 건
밥물이 아닌 눈물
애간장 타는

뭉뚱그린 말
배고프지 어여와

세상 모든 말

밥이라는 말
몇 번 들었을까요?
오늘 도대체

수저 놓는 날
세상 하직하는 날
꽉잡아 힘껏

니는 밥 문나?
밥에 피는 눈물꽃
병상의 오매

밥 많이 무라
제일 사무치는 말
울컥 어무이~

밥 좀 드이소
밥에 피는 생명꽃
보고싶소잉~

병상에서도
니는 밥은 묵었나?
잠겨오는 목

구절양장 길
밥심으로 산다네
죽으나 사나

기도하노니

내 영혼 팔지 않길
한 그릇 위해

한솥밥 먹어
가족을 식구란다
제때 들어와

논에 물 들기
자식 입에 밥 들기
최고의 행복

내 숨줄 위해
타 생명체의 목숨
먹는 이 숙명

부모님 땅 속
안장하고 그 때도
꾸역꾸역한

한울님이라
소반 위에 앉으신
고봉 밥그릇

_ 최진태

몸과 마음을 여는 인문학 오디세이

24. 메뚜기 자세

메뚜기가 힘차게 도약을 하는 것처럼 순간적으로 두 다리를 높이 들어 올린다. 괄약근을 조이며 견딜 수 있을 만큼 자세를 유지한 뒤 천천히 다리를 내려놓는다. 메뚜기 자세는 목과 골반 부위의 부교감 신경을 자극하고 허리를 강화시킨다.

_ 시연 유정아

영화 「올드보이(2003)」에서 유지태가 멋지게 연출한 요가 동작이 바로 이 메뚜기 자세이다. 범어로 '살라바salabha'는 메뚜기를 의미해 이 자세를 '살라바 아사나'라고 한다. 메뚜기가 앉아 있을 때의 모습을 닮아서 붙여진 이름이다.

먼저 바닥에 턱과 복부를 대고 엎드린 후 양다리를 쭉 편 채 두 손은 주먹을 쥐어 손바닥이 위로 향하게 하여 복부 밑에 둔다. 무릎이 구부러지지 않게 하고, 양 주먹으로 복부를 밀어 올리듯이 하면서 이마가 바닥에 붙게 하여 양다리를 들어 올린다.

이 동작을 행할 때는 마치 메뚜기가 힘차게 도약을 하는 것처럼 순간적으로 두 다리를 높이 들어 올리도록 한다. 괄약근을 조이며 그 상태로 견딜 수 있을 만큼 자세를 유지한 후 천천히 다리를 내려놓으며 기도 자세로 긴장된 등 근육을 풀어준다. 2~3회 반복한다.

이 자세는 자율신경계 전반에 영향을 미치며 목과 골반 부위의 부교감 신경을 자극한다. 허리 쪽 명문命門혈 자리를 자극해 신장의 기운을 도와 인체의 근본적 생명 에너지, 정精을 북돋워 주며 허리를 강화시킨다.

때로는 약한 신장 쪽의 다리가 잘 안 올라 갈 수도 있다. 심장 기능에 이상이 있거나 고혈압, 탈장 등의 증세가 있을 경우, 임산부는 자제한다.

심리적으로 안정감이 들고 지구력, 의지력, 자신감 강화에 도움이 되는 자세이다. 힘든 체위인 만큼 실행 후 더 강한 생리적 효과와 심리적 성취감이 따른다.

황금빛 물결이 넘실대는 계절이다. 벼이삭들이 누렇게 황금빛으로 뒤덮인 채 가을 바람에 출렁거리는 풍경은 아득한 향수로 다가온다. 농부들은 일년 내내 정성들여 기른 벼를 수확하느라 바빠진다.

 논밭 들판을 지나갈 때면 후드득 메뚜기 떼가 뛰어 다니던 풍경이 눈에 선하다. 그런데 사실 우리가 메뚜기라고 부르는 건 다양한 메뚜기 종류의 일부일 뿐이다. 우리가 메뚜기와 구분하여 생각하는 귀뚜라미, 꼽등이, 땅강아지 등은 분류학상 메뚜기 목目에 속하기 때문에 사실은 모두 메뚜기라고 할 수 있다. 하지만 그 중 메뚜기가 우리에게 익숙하기 때문에 메뚜기라고 하면 벼메뚜기를 의미하게 된 것이다.

 먹을 것이 귀하던 시절 메뚜기는 농촌에서는 괜찮은 간식거리이자 중요한 단백질 공급원이었다. 아련한 유년의 추억식품이다. 요즈음은 농약 등 여러 원인으로 인해 여간해서는 쉽게 메뚜기를 보기가 어려운 지경이 되었기에 메뚜기 볶음은 언감생심이다. 간혹 고급 레스토랑이나 고급 술 안주로 나오기도 하지만.

 근래들어 메뚜기가 없는 땅은 생명의 땅이 아니라는 것을 차츰 깨닫게 되면서 생명의 땅에서 생산된 유기농 쌀에 대한 수요가 늘자 자취를 감추었던 메뚜기가 '메뚜기 쌀'과 함께 부활하여 다시 우리 곁으로 왔다. 메뚜기와 인간의 공존·공생 구조가 시작된 것이다. 세상은 자연과 공존할 때 제대로 작동한다. 메뚜기 역시 우리 인간과 같이 생태계의 한 일원임을 자각하는 계기가 된 것이다.

 정현종 시인의 「들판이 적막하다」라는 시는

 '가을 햇볕에 공기에/ 익는 벼에/ 눈부신 것 천지인데,/ 그런데/ 아, 들판이 적막하다_/ 메뚜기가 없다!// 오 이 불길한 고요_/ 생명의 황금고리가 끊어졌느니…'

 라며 생태계가 파괴된 현실 비판과 고발을 담아 내고 있다.

요즘 메뚜기는 친환경 농업을 알리는 홍보대사로 톡톡히 한몫하고 있는데, 벼의 주요 해충인 벼메뚜기가 품질 좋은 쌀의 대명사로 탈바꿈하는 순간이다. 살충제에 약한 벼메뚜기가 많이 살고 있는 논은 그만큼 살충제를 적게 친 친환경 쌀이란 걸 입증하는 셈이다.

인간은 만물의 영장이라는 가치관이 세계를 지배한 지구는 오로지 인간의 땅이었다. 자연은 인간을 위해 존재했던 것이다. 지구상에서 사라져간 멸종 동물과 식물이 얼마나 되는지 우리 인간은 헤아려는 보았을까.

역사적으로 메뚜기는 중동 사람들과 인연이 깊은 곤충이다. 아랍에미리트의 도시 '두바이'는 아랍어로 메뚜기라는 뜻이다. 끝없는 사막을 전후좌우 자유자재로 뛸 수 있는 메뚜기처럼 두바이 역시 어디로든 가기 편한 사막의 교통 허브다.

최근 메뚜기가 폭발물 탐지에도 크게 기여할 것 같다는 뉴스가 있었다. 몸무게가 가벼운 메뚜기는 폭발물을 건드려도 폭발하지 않고 우수한 후각으로 폭발물을 찾아낸다는 것이다. 메뚜기 뇌에 전선을 연결하여 뇌의 전기 선로를 외부 컴퓨터로, 진동하는 전자회로를 붙여 메뚜기가 폭발물을 감지하면 0.5초 안에 컴퓨터에 경보신호가 울리는 원리이다.

메뚜기에 얽힌 재미있는 일화가 차茶에도 있다.

동방미인은 대만의 대표적인 우롱차인데, 감미로운 향기가 일품이다. 대만의 어느 차 농부가 수확시기를 놓쳐버려 벌레가 찻잎을 갉아 먹고 말았는데, 그래도 얼마라도 건져보려고 시장에 내다 판 차가 의외로 맛과 향기가 독특하다는 평을 받게 되면서 일약 뜨게 되었다 한다. 이후 영국의 빅토리아 여왕이 이 차 맛을 보고 동방의 미인oriental beauty과 같다고 평한 것이 더욱 유명세를 타게 되었다.

1938년 노벨 문학상을 받은 펄벅의 소설「대지」에는 메뚜기 떼 습격 장면이 등장한다. 그런데 이런 메뚜기 떼 습격은 소설에서나 볼 수 있는 희귀한 사건이 아니다. 중국 당나라 태종은 메뚜기 떼와 맞서며 메뚜기를 산 채로 먹은 일화도 있으며, 우리나라 삼국사기에는 고구려 백제 신라에서도 메뚜기 떼의 습격으로 큰 피해를 보았다는 기록이 나온다. 근간에도 호주나 아프리카 마다카스카르 섬 등에서 일어나고 있다.

이러한 메뚜기 떼 습격 기록은 아주 오래전부터 있었다. 구약성경의「출애굽기」를 보면 이스라엘 백성을 풀어 달라는 모세의 부탁을 이집트 왕이 들어주지 않자 하느님이 이집트에 열 가지 재앙을 내린다. 그 중 여덟번 째 재앙이 바로 메뚜기 떼의 습격 사건이었다.

2050년이 되면 지구의 인구가 약 90억에 이르게 된다고 한다. 유엔은 곤충이야말로 인간의 미래 식량 문제를 해결할 수 있는 답이라고 지목했다. 곤충은 지상 최대의 생물 군단이다. 지구상 동물의 약 70%를 차지한다. 남극 만년설에도 살고, 끓는 온천수에도 있으며, 동물의 창자와 심해까지 살지 않는 곳이 없다. 어디에나 있으며, 얼마든지 존재하는 식량 자원인 것이다

곤충은 경제성이 높으면서도 친환경적인 식재료라는게 정평이다. 소, 돼지 같은 가축은 정온定溫동물이기 때문에 체온 유지를 위해 많은 에너지를 소비한다. 곤충은 변온變溫동물로 스스로 체온을 조절하지 않고 에너지도 덜 쓴다. 그래서 적은 양의 사료로도 많은 양을 생산할 수 있다.

환경오염도 덜하다. 먹는 것이 적으니 그만큼 배출하는 것 또한 적다. 온실가스 배출량이나 물 사용량도 적다. 또한 근간 들어 건강하고 친환경적인 음식을 먹는 것이 하나의 새로운 라이프스타일로 자리매김하고 있는 추세이다.

랍스터(바닷가재)는 과거에는 '바다의 바퀴벌레'라 불리며 혐오감을 불러 일으켰던 음식 중 하나였다. 그래서 죄수들에게나 주어졌다고 한다. 하지만 이제 랍스터는 고급요리의 대명사처럼 자리 잡았다. 이렇게 특정식품에 대한 혐오나 선호는 시대에 따라 변화한다.

영화 「설국열차」에 등장하는 검은 양갱 모양의 단백질 블록은 꼬리칸 사람들의 유일한 식량이었다. 그 블록의 재료는 바퀴벌레였다.

실제로는 곤충은 단백질 함량이 높고 필수 아미노산이 많은 에너지 공급원으로 유명하다. 중국이나 동남아 아프리카 등에서는 전갈튀김, 귀뚜라미 튀김이 귀한 단백질 보충원으로 여겨진다. 우리나라에서도 번데기로 만든 간식은 누구나 한번쯤은 먹어 봤을 길거리 푸드 중 하나였다.

얼마 전 우리나라 식품의약품안전처와 농촌진흥청이 새로운 식품 원료 인정제도에 따라서 한시적으로 인정한 메뚜깃과 곤충 풀무치는 국내 열번째 식용 곤충이다. 기독교 유대교 이슬람교 등 종교 문헌에도 메뚜기에 대한 언급이 많다. 성경 레위기에는 '곤충 가운데서 너희가 먹을 수 있는 것은 메뚜기, 방아깨비, 귀뚜라미'라고 기록돼 있으며, 코란은 '비황飛蝗은 알라의 군대이니 먹어도 되느니라'고 가르쳤다.

곤충은 하층민만 먹었던 것은 아닌 듯하다. 와병 중이던 히로히토 일왕日王이 다른 음식은 별로 입에 대지 않으면서도 즐겨 먹었던 것이 하치노코, 즉 노란 재킷 말벌의 애벌레였다고 하니 말이다.

물론 곤충을 식량으로 사용하는 것에 모두가 찬성하는 것은 아니다. 일부에서는 곤충을 장기간 섭취했을 경우, 인체에 어떤 부작용이 생길지에 대한 연구가 아직 부족하다고 주장한다. 일리가 있다고 본다. 앞으로 곤충에 대한 선입견, 특히 혐오감을 어떻게 해소시키느냐에 따라서 미래 식량으로서의 곤충의 자리매김이 좌우될 듯하다.

 식욕이 왕성한 번식기의 메뚜기를 가리켜 '메뚜기도 한철'이라는 말이 있다. 이 말은 '자기 세상을 만난 듯한 전성기도 한때'라는 뜻으로 해석 된다. 사람이 원하던 명예, 권력, 부富의 뜻을 이루면 우쭐하고 의기양양해지지만 언제든지 기울어져 버릴 수 있다는 뜻이다. 이는 잘 나갈 때 일수록 교만심에서 벗어나 늘 겸손한 태도를 잃지 말아야 함을 일깨우는 말이다.

 이 참에 '화무십일홍花無十日紅, 인간만사 새옹지마人間萬事 塞翁之馬, 달도 차면 기운다.' 라는 말도 함께 되새겨 보면 좋겠다. 천년만년 영화를 누릴 듯이 후안무치厚顔無恥, 인면수심人面獸心, 언어도단言語道斷의 행태를 자행하는 위정자들이 특히 새겨들었으면 좋을 경구이기도 하다.

《 메뚜기의 따따부따 》

 그대들 강한 스태미나를 원하는가?

 그러려면 먼저 신장을 튼튼히 하라
 영화 「올드보이」에서 유지태가 하는 요가 동작처럼 두 다리를 뒤로 쭉 뻗은 채 위로 번쩍 들어 올려보라.

 평소에 두 다리를 뒤로 들어 올리는 동작 언제 해 보았는지 기억조차 없겠지만 오늘 나를 따라 해보라 그리고 그 자세로 견뎌보라.
 힘들고 때론 고통스럽겠지만 참고 견딜 것. '인내는 쓰다 그러나 그 열매는 달다' 했다. 후일에 그대들의 버팀목이 되리니 지구력 의지력 자신감이 풍풍 솟아나리라. 반대급부로 더 강력한 생리적 효과는 물론 심리적 성취감도 따르리라.

　단번에 내 몸 길이의 20~30배 거리를 점핑하는, 인간으로 치면 30~60m 정도의 거리를 한 번의 점프로 이동하는 나의 도약 능력이 부러운가?

　그렇다면 이동 매체 멀리하고, 많이 걷고, 많이 계단 오르내리고, 하체 근력 키우는 요가 동작 많이 하라.

　그대들의 노화를 늦춰주고 활기찬 에너지를 선사하리라.

　또한 나는 한자리에서 사통팔달 어디로든 이동 할 수 있는 신공神功의 소유자다.
　통섭과 하이브리드의 결정판인 나를 눈여겨보기 바란다.

　그리고 그대들은 혹 나처럼 견고한 껍질에 묶여 있는건 아닌지? 그대들의 성장을 방해하는 껍질은 없는지? 일상 속 반복된 습관과 자아의식에 의한 편견과 오해들이 그 단단한 껍질을 덮고 있지는 않는지?

　나 메뚜기는 껍데기를 벗고 태어나기를 반복한다. 결코 고정된 틀에 얽매여 성장과 진보를 거부하지 않는다. 많은 탈피의 과정을 거쳐 변모하는 나를 보라.

　그대들 역시 틀을 깨고 일어나라.

　오랜 관습의 껍질을 벗고 새롭게 태어나려는 노력과 인내를 결코 게을리 하지 말지어다.

　마치 내가 알에서 성충이 되기까지, 헤르만 헤세의 데미안에서 알을 깨고 나오는 싱클레어처럼 필연적으로 탈바꿈이라는 과정을 거치듯이 말이다.

　'줄탁동시啐啄同時'라 했다. 스스로 노력해야 할 줄啐이 없으면 도움의 손길인 탁탁(琢)도 없다. 깊이 고심한 각고의 노력만큼 길은 보이는 법이다.

인간에게 있어서 자기자신에로 다가서는 일보다 더 어렵고 간절한 것이 또 있을까?

그리고 그대들은 혹 여태까지 나를 하찮은 미물이라고만 생각하고 있지는 않은지? 내가 살아야 인간도 살 수 있다는 사실, 내가 못 살게 되면 인간도 살 수 없게 된다는 사실, 잊지 말기 바라네. 우리가 상호 연결고리로 이어져 있음을, 우주 속에 인드라망처럼 촘촘히 연결되어 있음을 깨닫기 바라네.

끝으로 나는 미래의 슈퍼 푸드요 지속 가능한 식품임을 눈여겨보시게나. 앞으로 그대들의 피와 살과 뼈가 될 수도 있음을 부디 잊지 마시길 바라네.

25. 고양이 자세

고양이 자세는 목과 어깨의 유연성을 증진하고 허리 트러블은 완화하며 소화기 계통 질환에도 도움이 된다. 온몸 스트레칭으로 얻은 근육의 유연성은 심리적인 유연성으로도 이어진다.

_ 시연 김이림

고양이 하면 박혜령 어린이가 불러 히트 쳤던 「검은 고양이 네로 (1970)」, '그대는 귀여운 나의 검은 고양이/ 새빨간 리본이 멋지게 어울려'로 시작되는 동요가 먼저 흥얼거려진다. 그리고 도도함, 유연함, 균형 감각 등도 떠오른다.

고양이는 높은 곳에서 떨어져도 뛰어난 균형 감각과 유연한 척추 그리고 두툼하고 탄력적인 발바닥, 강한 뒷다리 덕에 잘 다치지 않는다. 누군들 그 부드럽고 탄력 있는 척추를 닮고 싶지 않겠는가?

이 자세는 범어로 마르자리아사나marijariasana 또는 비달라아사 vidalasana라고 한다. 고양이의 유연한 척추 굴곡 모습을 본떠 만든 동작으로, 척추의 S자 굴곡 유지에 도움이 되는 자세이다.

먼저 기어가듯 엎드려서 두 손과 두 무릎을 각각 어깨너비만큼 벌린다. 숨을 가득 들이마시면서 머리를 뒤로 젖히고 허리를 바닥 쪽으로 내린다. 어느 정도 자세를 유지한 후 숨을 내쉬면서 반대로 고개를 앞으로 숙이며 등을 최대한 둥그렇게 위로 끌어올린다. 이때 복부도 최대한 깊숙이 등 쪽으로 당긴다. 양팔은 구부러지지 않게 쭉 편다. 고양이의 둥글고 부드러운 척추를 떠올리면서 척추 마디마디에 의식을 집중한다.

수많은 신경들이 척추를 중심으로 연결되어 있다. 그러기에 허리의 유연함은 건강과 아름다움의 시작인 것이다. 목과 어깨의 유연성 증진, 허리의 트러블을 완화해주며, 소화기 계통 질환에도 도움이 된다.

요즘처럼 각종 스트레스로 인해 몸과 마음이 굳어지는 일이 많을 때에는 주기적으로 온몸의 스트레칭을 반복해주는 것이 필요하다. 정신 건강의학에서는 이런 것을 '점진적 이완요법'이라고 하는데, 작은 근육을 풀어주는 것부터 시작해서, 목 허리 같은 큰 근육을 풀어주는 나름의 운동을 자주 반복하다 보면 긴장 이완은 물론이고 유연성까지 얻을 수 있다. 그리고 근육의 유연성은 심리적 유연성으로 이어지곤 한다.

　유연성 하면 제일 먼저 떠오르는 동물이 고양이다. 고양이 하면 웬만한 높이의 공중에서 떨어져도 사뿐히 착지하는 유연한 척추를 지닌 동물로 기억되고 있으니 말이다.

　고양이는 인류로부터 오랫동안 애완동물로 사랑받아왔다. 실제로 고대 이집트 벽화에는 고양이를 새 사냥에 이용하는 그림이 있다. 동아시아 십이지十二支에는 포함되어 있지 않지만, 타이나 베트남에서는 토끼 대신 고양이가 십이지에 포함되어 있다.

　고양이는 전 세계 많은 사람들로부터 사랑받는 반려동물로, 영악하고 독립심이 강하다. 또한 장난을 좋아하고 놀기도 잘한다. 기원전 약 5,000년 전 아프리카·리비아 지방의 야생 고양이가 고대 이집트인에 의해 순화 사육되어 점차 세계 각지로 퍼졌다고 하며, 우리나라에는 대체로 10세기 이전에 중국과 왕래하는 과정에서 들어왔다고 추측한다.

　고대 이집트에서는 고양이를 풍요의 신神 바스테트Bastet의 화신이라 믿었다. 사람처럼 고양이도 죽으면 미라로 만드는 관습도 있었다. 성스러운 동물로 추앙되었고 함부로 죽이는 자는 사형에 처해졌다. 화재 시에는 제일 먼저 구출해야 한다고 하였으며, 기원전 525년에 페르시아와 이집트의 전쟁에서 페르시아군이 맨 앞 전열에 고양이를 배치했기 때문에 화살을 쏘지 못하여 이집트군이 크게 패했다는 일화도 있다.

　일본에서는 마네키네코(복고양이)라는 도자기 장식품이 인기가 있는데, 이는 손님을 부르고 재물운을 가져다 준다 하여 영업점 등에 즐겨 장식해두기도 한다.

　반면에 중세 유럽에서는 고양이가 악마의 상징이었다. 이러한 이유로 사람들은 닥치는 대로 고양이를 죽여 유럽에 쥐가 급격히 증가하여 페스트가 창궐하게 되었다는 이야기도 전해진다. 17세기에 들어와서야 유럽 사람들은 쥐를 막는 데 고양이가 중요하다는 것을 다시 깨닫게 되었고 점차 고양이 수가 늘어났다.

고양이는 '사람들과의 유대감을 중시하면서도 고양이 자신만의 세계를 동시에 가지고 있다는 점에서 다른 어떤 동물도 주지 못하는 오묘한 기쁨과 즐거움을 준다.'는 평이 있다. 전문가들은 또 '고양이들은 대체로 성격이 부드럽고 조용한 데다 주인에게서도 조용하고 부드러운 보살핌을 원하기 때문에, 장난을 좋아하고 씩씩한 어린이들보다 차분하고 목소리가 작은 노인들을 더 좋아하는 경향이 있다. 거기다 고양이는 운동량이 비교적 적으며 대부분이 실내에서 이루어지기 때문에 활동성이 떨어지는 사람들이 부담 없이 키우기에 적격인 동물'이라고 조언한다.

고양이는 양발을 사용하는 게 능숙하기 때문에 미닫이 창이나 서랍을 쉽게 열기도 한다. 또한 높은 곳을 좋아하는 습성이 있어 그 습성 때문에 물건을 떨어뜨리는 사고를 가끔씩 유발하기도 해서 난감하게도 한다.

고양이는 보디랭귀지의 달인이다. 귀와 꼬리의 위치, 몸의 이완 정도, 발로 쿡쿡 긁기 등 모두가 감정 상태를 나타내는 몸짓인 것이다.

고양이는 품종이나 털 길이, 색깔 같은 신체적 특징이 다양하다. 많은 품종이 있는데 샴, 버머즈, 페르시안, 터키시 앙골라, 러시안 블루 種種이 특히 인기가 많다고 한다.

고양이계의 여왕이라 일컬으며 '샴 왕실 고양이'라 불리었던 '샤미즈 고양이'의 나라 태국에서는 한때는 오직 왕족만이 고양이를 기를 수 있었다고 한다. 페르시안 고양이는 전 세계적으로 최고의 인기를 누리는 긴 털 고양이의 대표 주자로서 품위 있는 외모에 차분한 성격이 합쳐져 '고양이의 귀부인'이라는 별명을 얻었다.

 고양이를 향한 달라진 시선은 최근 표준국어사전에 공식 등재된 '길고양이'라는 표현에서도 알 수 있다. 그간 고양이에 대한 부정적 인식을 조장했던 '도둑고양이'라는 명칭은 '길고양이'를 낮잡아 이르는 말이었다. 이렇게 '길고양이'의 사전 등재는 달라진 시대 변화상이 반영된 것으로 볼 수 있다.

 옛 선조들은 속에 음침한 마음을 가지며 겉으로는 유들유들한 행실을 일컬어 묘유猫柔라고 하였고, 여인의 부드럽고 달콤한 음성 즉 미성媚聲을 묘무성猫撫聲이라 하였다. 속설에 의하면 공양미라는 말도 고양이를 위한 쌀이라는 말이 변하여 생겼다고도 한다.

 우리나라 설화에 세조와 고양이 이야기가 등장한다.

 세조가 몸에 종기가 나서 오대산 상원사를 찾아 예불을 올리려는 순간 고양이가 나타나 세조의 곤룡포를 자꾸 잡아 당겼다. 이상한 생각이 들어 병사들을 시켜 주위를 수색하니 자객들이 숨어 있는 걸 발견하고 체포하여 목숨을 보존할 수 있었다. 이에 목숨을 구해준 고양이를 기특하게 여겨 상원사에 논 500섬지기를 하사했다. 이 때문에 절에는 고양이 밭, 고양이 논이라는 뜻의 묘답猫畓 묘전猫田이라는 명칭이 생겼다. 지금도 상원사에는 이 전설을 입증하는 듯 문수동자상이 모셔진 청량선원 입구 계단의 좌우에 돌로 조각된 고양이 석상이 서 있다.

 개의 경우 사람과 친숙하기도 하고, 집단생활을 하는 특성상 사람을 지키거나 구하는 등 보은報恩을 하는 일이 종종 있다. 그러나 고양이는 주인에게 그렇게 의존적이지 않고 단독생활을 하는 경우도 많기에 이런 보은에 관한 이야기가 잘 없는 듯하였다.

 그러나 알고 보면 고양이가 은혜를 갚았다는 사례도 많다. 고양이가 속정이 깊다는 것을 아는 사람만 아는가 보다.

 2014년 5월 13일 미국에서 있었던 일로, 옆집 개에게 공격당하던 소년을 구해준 '타라'라는 고양이가 CNN에 소개됐다. '타라'는 길고양이로 이후 미국에서 용감한 개에게만 수여되는 '히어로 도그' 상을 수상하기도 했다.

 2015년 12월27일 방송된 「TV동물농장」에서는 한 아주머니가 오갈 데 없이 모양새가 초라한 어린 길고양이를 정성으로 보살펴주자 성장한 고양이가 아주머니가 필요한 목장갑을 매일 물어다 주며 아주머니에게 보은하는 장면이 소개된 적도 있다.

 2016년 정초, 대만 남부에 강진이 나서 건물 붕괴 사고가 있었는데, 이때 무너진 잔해 속에서 고양이의 울음소리를 듣고 구조대가 7세 어린아이를 구조했다. 주인 곁을 끝까지 지킨 고양이 덕분이었다.

 예술 부문에서도 고양이는 유연한 몸이 먹잇감을 사냥할 때 보여주는 다양한 모습과 신과 악마를 넘나드는 특성으로 인해 많은 예술가들의 창작 혼을 자극했다. 동서양을 막론하고 문인들의 고양이 사랑도 각별했던 모양이다.

 30세 나이로 요절한 이장희 시인은 '꽃가루와 같이 부드러운 고양이의 털에/ 고운 봄의 향기가 어리우도다'로 시작되는 명시 「봄은 고양이로소이다」를 남겼다.
 에드거 앨런 포의 단편소설 「검은 고양이」(1843)는 병적인 심리와 공포 분위기를 검은 고양이로 상정한 작가의 초기 작품이자 대표작이다.

 T.S 엘리엇은 '고양이에겐 이름이 세 개 있어야 한다'고 했다. 보통 부르는 이름, 개성적인 이름, 고양이만이 아는 이름을 지칭했

다.

 일본의 세익스피어로 불리는 소설가 나쓰메 소세키는 「나는 고양이로소이다」라는 장편소설로 유명하다.

 일본인 사노 요코의 그림책 「백만 번 산 고양이」도 있다. 전 세계 언어로 번역된 베스트셀러 동화책이다. 백만 번 사는 동안 누구의 고양이도 아니었고, 늘 자기 자신만을 좋아했던 얼룩 고양이는 하얀 고양이를 만나 자기 자신보다 하얀 고양이와 새끼 고양이들을 더 좋아하게 되었다. 어느 날 사랑하는 하얀 고양이가 죽자 얼룩 고양이는 처음으로 통곡을 한다. 영생의 삶보다 후회하지 않는 단 한 번의 삶을 사는 것이 더 소중함을 얘기하고 있다.

 베르나르 베르베르는 2018년 국내에 출간한 장편소설「고양이」에 이어, 2019년 출간된 「문명」에서도 고양이를 다루고 있다. 「문명」은 동물들을 주제로 한 우화식 소설이다. 소설 속 주인공인 바스테트의 어머니가 남긴 말이 인상적이다. "인간도 (다른 동물들과) 마찬가지로 성급히 일반화하지는 말아라. 설마 그 많은 수의 인간들이 다 실망스럽기야 하겠니? 틀림없이 괜찮은 인간도 섞여 있을 거야"라는 명대사다.

 영화 속에서도 어김없이 고양이가 등장한다.

 「뜨거운 양철 지붕 위의 고양이(Cat on a Hot Tin Roof, 1958)」는 미국의 대표적인 극작가 테네시 윌리엄스에게 「욕망이라는 이름의 전차」(1947)에 이어 두 번째 퓰리처상을 안겨준 작품이다.

 절망 끝에 내몰린 주인공에게 살아갈 의지를 주는 행복 메세지를 담고 있는 영화로, 2016년 영국에서 개봉된 「내 어깨 위 고양이, 밥」이 있다. 희망 없이 거리를 헤매며 노래하는 버스킹 뮤지션인 주인공 제임스가 우연히 상처 입은 고양이를 만나 밥이란 이름을 지어주고 우여곡절 끝에 밥을 통하여 서서히 삶의 의미를 찾아가는 얘기를 다루고 있는 따뜻한 영화이다.

「캣 우먼」, 「장화 신은 고양이」, 「톰과 제리」, 「도라에몽」 역시 고양이가 소재가 된 잘 알려진 영화이다.

'처음에는 고양이가 사람을 닮은 듯한데, 나중엔 사람이 고양이를 닮았다는 것을 깨닫게 된다'라고 하는 뮤지컬 「캣츠」는 1981년 영국 런던에서 첫 무대에 오른 뒤 근 40년 이상 세계 각국에서 수없이 많은 관객을 사로잡았다. 한국에서도 뮤지컬 사상 최초로 누적 관객 200만 명을 넘겼다. 명곡 「메모리즈Memories」가 울려 퍼지는 것으로도 유명하다.

조선시대 회화 부문에서도 고양이는 빠지지 않고 등장한다. 단원 김홍도의 '황색 고양이가 나비를 희롱한다.'는 뜻을 가진 「황묘농접黃猫弄蝶」, 고양이를 잘 그려 변 고양이로 불렸다는 변상벽의 작품 중 '국화뜰의 가을 고양이'라는 뜻을 가진 「국정추묘菊庭秋猫」와 「묘작도猫雀圖」, 겸재 정선의 '가을날 한가로운 고양이'란 뜻을 가진 「추일한묘秋日閑猫」 등이 눈길을 끈다.

2002년 제정된 8월 8일 '세계 고양이의 날'에 더해 '한국 고양이의 날'은 9월 9일이다. 일 년에 하루만이라도 고양이의 생명을 생각하는 날을 만들고 싶다는 취지에서 제정되었다. 고양이 전문 작가인 고경원 씨가 2009년 창안했다. '고양이의 목숨은 아홉 개'라는 전설에서 따온 것으로, 오랠 구久와 구할 구求를 써서 고양이가 오래 살기를 기원한다는 의미를 담았다고 한다.

마하트마 간디는 '한 나라의 위대함과 도덕적 진보는 그 나라에서 동물이 받는 대우로 가늠할 수 있다'라고 했다. 혹자는 "사람도 살기 힘든데 왜 동물을 배려해야 하느냐?" 묻는다면 또 혹자는 답한다. "동물에 대한 따뜻한 배려가 있는 나라라면 인간에 대한 배려는 말할 것도 없는 곳이기 때문이다"라고.

《그대 고양이여》

오래전 한 때는 신神으로도
받들어졌다던 그대
두 볼에 수줍음 한껏 감춘 채
장미꽃보다 도도한 저 몸짓이 눈부시다

그댈 위해 몸바쳐 집사 노릇 했다
손짓하면 다가오겠지
아니네 다가서면 물러서네
착착 달라붙는 멍멍이를 닮은 듯
안 닮은 듯
밀당의 고수가 되어 애간장을 태운다
안달나게 하는 재주를 가졌다
코로나 시대 적절한 거리두기는
알고 보니 그대의 전유물이었군
가깝지도 멀지도 않은 딱 그만큼

야행성의 그대
간밤에 더 반짝거리더니만
고양이 세수로 새벽을 여는구나
온몸 구석구석을 핥는
분홍빛 혓바닥의 저 현란한 춤사위
칼바람 쌩쌩 불 듯 날이 선
스님의 장삼자락
그 정갈함을 그대 닮고자 하는가?

어리나 크나 쭉 뻗은 수염들은
좌중을 압도한다
결코 만만치 않은
결코 호락호락하지 않은
애써 근엄한 위용을 뽐냄은
딸깍발이 조선 선비를 닮았다
그래 허세로 보여도 좋다
내 비록 왜소해 보여도 범과 사자와 사촌지간인 것을
뼈대 있는 족속인 것을

무심한 듯 아닌 듯
째려보는 듯 노려보는 듯
안길 듯 도망갈 듯
품에 들어오다가도 어느새 새침때기가 되고
도무지 헤아릴 수 없는
몽환 속의 너의 그 눈빛은
감정을 쉽게 드러내지 않는 무림고수의 눈빛
아니 무념무상 고승의 눈빛이다
그게 바로 약육강식 적자생존 속
야생의 눈빛이어라

여보게 벗님네들 잠시 숨을 멈추고
조금만 집중하여 사랑의 눈으로
그대를 바라볼 져
눈과 눈을 맞추면
달빛 고요함을 닮은 그대 눈동자 속에
온 우주가 담겨 있음을 볼 수 있을지니
그걸 볼 수 있는 자가
진정 그대의 반려자 자격이 있을진저

야옹거리가 골골거리기 하악거리기

그렁거리기 빽빽거리기 찍찍거리기
찰칵거리기 끙끙거리기 싹싹거리기
이런 만트라 요가적 발성의 의미를
알아채는 자 이해하는 자
그대들의 진정한 집사가 될 자격이 있을진저

저만치 앞서 까치발로 소리 없이 미끄러지듯
걸어가는 그댈 보고 있노라면
경이롭기까지
경신술輕身術의 대가로고
어느덧 내 발걸음까지 그댈 닮아
사뿐사뿐 따라 걷고 있음을 본다

'요가의 첫 걸음은 얼굴의 해맑음이요
몸의 가벼움'이라 했다
그댄 걸음 하나만 보더라도
'동물 요가'의 고수여라

따뜻한 햇볕 아래 졸고 있는 그대
천연덕스럽다 못해 넉살 한번 좋다
그리도 부산하게 뛰고 굴리고 웅얼거리더니만
갑자기 온 세상이 정지된 듯
온 사위가 고요하다
돌아가던 회전목마가 딱 일시에 멈춘 듯
활활 타오르는 모닥불 보며
멍때리기라도 들어간 듯

알고 보니 꾸벅꾸벅 고개마저 떨구는
천하태평 천진동자였구나
허나 잠시 졸 뿐 결코 잠들지 않으니
그댄 분명, 깨어있는 영혼인 게야

졸면서도 다 알아채니 말야

호기심 가득 담은
그대 등줄기 등고선 위로
햇살 무늬조차 둥글게 미끄러지는 시간
거역할 수 없는 그대의 매력
사랑스러움으로
나는 오늘도 행복하다

나를 향한 깊은 애정의 푯대를
그대 치켜세운 수염에서 본다
쫑긋거리는 두 귀에서 본다
살랑거리는 꼬리에서 본다

너와 난 오늘도 숨겨진
비밀의 코드를 풀어 가는 중
서로가 서로의 점자를 읽어 가는 중
하루하루 한 발 한 발
내 깊은 담을 조금씩 넘어오고 있는
그대 바라보는 눈빛 그윽하다
가슴 따뜻해져 온다
오늘 그대 와락 품에 안아 보리라

야옹!

_ 최진태

몸과 마음을 여는 인문학 오디세이

26. 금강 자세

◆◆◆

금강 자세는 좌골 신경통과 골반 통증이 있는 사람들에게 부담이 적은 명상 자세다.

_ 시연 김이림

깨지지 않는 부동심不動心, 또는 정심定心을 이끌어내기 위한 명상 자세라고 하는 금강 자세는 범어로 바즈라Vajra 아사나라고 한다.

고대 인도신화에서 최고의 권위를 가진 신들의 왕 인드라는 '번개를 던지는 자'로도 불린다. 번개 또는 벼락을 의미하는 바즈라는 바로 이 신의 강력한 힘을 상징하는 무기로, 집착과 두려움으로부터 기인하는 번뇌를 깨뜨리는 지혜의 칼을 의미한다.

금강 자세는 요가 수행자가 생식기관과 관련된 기운을 조절하여 이를 척추 중앙의 수슘나 나디로 연결하게 해 집중력을 키우고, 흐트러진 감정을 제어함으로써 의지를 굳건하게 하는 데 도움이 된다. 또한 이 자세는 호흡과 명상에 일체감을 가져다 준다.

하타요가 선지자들은 아사나를 통해 몸의 기운을 잘 다스림으로써 마음 또한 어느 정도 다스릴 수 있다는 것을 발견했다.

먼저 바닥에 무릎을 꿇고 엄지 발가락을 마주하여 발바닥 위에 엉덩이를 올리거나 발 뒤꿈치 사이에 엉덩이를 대고 앉는다. 턱을 당기고 척추를 곧추세운 후 손은 양 허벅지 위에 첫째와 둘째 손가락을 붙인 즈나나 무드라로 둔다.

어깨의 긴장을 풀고 눈을 감은 채 자연스럽게 호흡한다. 눈을 감고 복부 쪽에 위치한 영적 기운의 저장소인 마니푸라 차크라에 집중한다.

이 자세는 골반 근육을 강화하고 혈액과 신경의 흐름을 조정한다. 소화 기능을 담당하는 내장기관들의 부담을 경감해 복부를 편안하게 해 준다. 좌골 신경통과 골반 이상으로 통증이 있는 사람들에게 부담이 적은 명상 자세이다.

무릎 관절에 트러블이 있을 때는 이 자세를 자제한다.

금강은 굳고 단단하며 날카롭고 밝다는 뜻을 지니고 있다. 다이아몬드는 '부러지지 않는'을 뜻하는 그리스어 '아다마스adamas'에서 유래된 말이다. 한자권에서는 금강석金剛石이라 하며 아주 단단한 광물이란 뜻을 지녔다. 불멸의 상징으로 여겨진다. 킴벌라이트는 다이아몬드가 섞여있는 모암母岩을 말한다.

일반적으로 다이아몬드가 만들어지는 원인은 마그마가 굳어져서라고 한다. 지하 500~700km 쯤에 있던 마그마가 급격하게 상승하여 지표 부분에서 굳어진 것이 킴벌라이트이고, 이 안에 다이아몬드가 들어 있는 것이다. 예외적으로 운석隕石에서도 다이아몬드가 검출된다.

다이아몬드를 처음 보석으로 사용한 사람들은 기원 전 7~8세기 경 인도의 드라비다족으로 알려져있다. 고대 로마시대에는 유럽으로 수출되었으며 매우 귀한 것인 만큼 왕족이나 귀족들만이 사용하였다.

성경에도 등장하는 다이아몬드는 중세까지 고유의 빛깔을 지닌 루비나 에머랄드보다 가치가 덜했다. 그러나 17세기 말 베네치아의 페르지가 연마법을 발명한 후 보석의 왕이 되었으며 그 후 남아프리카 공화국에서 대규모 광산이 발견된 후 대중화되었다.

다이아몬드는 고대 사람들이 '하늘에서 떨어진 별 조각', '신이 흘린 눈물 방울'이라 부를 만큼 일찍부터 그 아름다움을 인정받았으며, 15세기까지 힘과 용기, 불가침의 상징으로 오직 왕들만이 지닐 수 있어 주로 왕관의 중심 보석으로 사용되었다.

다이아몬드는 천연색 중 빛의 굴절률이 제일 높아 그만큼 아름다운 광채를 발휘한다. 그 눈부신 광채로 인해 다이아몬드는 찬란한 봄이 시작되는 달, 4월의 탄생석으로 대표되고 있다.

지구상의 아름다운 광물 중 가장 희귀한 광물로 보석의 왕이라고 칭송받는 다이아몬드. 하지만 아이러니하게도 다이아몬드는 연탄이나 연필심을 만드는 흑연의 구성 원자와 같은, 지구상에서 가장 흔한 탄소로 이루어진 결정체이다.

재미있는 것은 이 귀한 다이아몬드도 알고 보면 모순 덩어리라는 점이다.

가장 값싼 원소로 만들어진 가장 비싼 보석의 결정체라는 탄생의 모순점, 채굴 과정에서 가난한 국가인 아프리카 등의 노동자들이 참여한 관계로 피와 눈물이 배어 있는 보석이라는 점, 가장 강한 경도硬度를 가지고 있는 소재이나 우습게도 열에 너무 취약하다는 점, 순수 결정판이라고 생각하는 다이아몬드가 오히려 덜 순수할 때 즉 불순물이 들어갈 때 더 상품가치가 올라가는 아이러니를 지니고 있다고 공학자들은 역설한다.

그렇다면 굳이 비싼 다이아몬드로 사랑의 징표를 삼는 것도 한번쯤은 되돌아봐야 되지 않을까?

「다이아몬드는 영원하다Diamonds are forever」 이언 플레이밍이 1956년에 출간한 「007 제임스 본드」 소설과 동명의 영화(1971) 제목에도 다이아몬드가 들어가 있다.

국가의 간성인 위관 장교의 계급장에도 다이아몬드가 번쩍인다. 필자도 위관 장교 출신인 바, 첫 임관 시 다이아몬드 하나인, 소위 계급장을 달고 무거운 책임감과 함께 어깨를 으쓱거렸던 기억이 새롭다. 이는 다이아몬드가 지닌 단단하면서도 꺼리끼지 않는 특성을, 초급장교로서 국가 수호의 굳건한 의지를 다지는 상징물로 삼았다는 생각이 든다.

인도 전통의학이자 생활과학이라고 일컫는 아유르베다Ayurveda에는 '보석요법'이 포함되어 있다. 약용식물 이외에 금속·보석·돌 등을 치료 수단으로 이용하는 것이다. 모든 물질 속에는 바로 근본 에너지인 프라나prana,氣가 담겨있어 치료에 이용할 수 있다는 것이다.

인간의 신체는 자체의 순환과 리듬을 가진 생물학적 시계와 같은데, 우리 몸의 생물학적 변화는 계절과 환경의 변화에 따라 영향을 받는다. 뿐만 아니라 보석에 의해서도 그 영향이 좌우되기도 한다는 것이다.

보석들은 암석의 진수眞髓로 대개 땅속 깊은 곳에서 강력한 압력이나 충격에 의해 만들어지는데, 이때 특정 파동을 얻게 되며 그 특정 파동은 다시금 다른 사물에 전이될 수 있다는 것이다. 따라서 보석이 가진 저마다의 특정 에너지는 인간의 특정 질병 치료에 이용가능하다고 생각하는 것이 보석요법이다.

국내 수지침 학회 등에서는 수정·금·은·동·옥玉 등을 이용한 반지요법 등도 활용하고 있는 실정이다.

아유르베다에서 다이아몬드는 심장 기능을 강화시키는 데 쓰인다. 또 회춘효과가 뛰어난 보석이라는 설도 있다. 인간관계에서 밀접한 연대감을 생성시키기 때문에 예로부터 약혼 결혼과 연관되었다. 역사 속의 예언가였던 노스트라무스도 의사로서 환자들을 대하면서 다이아몬드를 통한 치료법을 적용했다는 말도 전해진다.

인도 점성학의 체계에서도 보석의 올바른 사용법이 매우 중요시되고 있는데, 왜냐면 보석은 그것을 사용하는 사람에게 엄청난 영향을 미친다고 생각했기 때문이다.

고대인들이 가장 두려워하는 기상 현상은 번개였다. 고대 신화를 보면 그 나라의 가장 힘센 신이 번개의 신이다. 그리스의 제우스,

북유럽의 토르, 바벨론의 마그둑, 인도의 인드라도 악한 신과 싸울 때 번개를 사용한다. 그 어떤 신도 번개 무기에 꼼짝 못한다. 신들의 전쟁에서 최종 무기가 번개인 까닭이다.

 인드라는 범어로 '강력한, 강한'이라는 뜻이다. 고대 인도에서 전쟁과 날씨를 관장하는 신이다. 천둥과 번개의 신이며 신들의 왕이다. 흰 코끼리를 타고 다니며, 바즈라 즉 금강저金剛杵라는 번개 무기를 쥔 모습이다. 금강저는 짧은 곤봉같은 것으로, 밀교 등에서 번뇌를 타파하는 법구法具로 알려져 있다.

 리그베다에서는 그 어느 신보다 많은 250여 찬가가 인드라에게 바쳐지고 있어 리그베다에 등장하는 신들 중에서 가장 신성한 신이자 신들의 제왕으로 숭배되었다.

 베다 시대에 최고의 신으로 간주되었던 인드라는 그 후 브라흐마 등 3대大 신에게 그 자리를 물려주었지만, 힌두교 시대에도 용맹성과 무예로 충분히 인정받았다고 볼 수 있다. 마하바라타의 영웅 아르주나가 바로 인드라의 정기를 이어받은 판두와 쿤투의 셋째 아들이다. 아르주나의 무예는 가히 천의무봉天衣無縫의 경지였다니 말이다.

 인드라는 나중에 불교에서는 불법의 수호신으로 수용되어 제석천帝釋天이라 한역되었다. 그가 머무는 곳이 도리천이다. 불교의 세계관에 의하면, 세계의 중앙에 수미산이 있고 그 정상에 도리천이라는 하늘이 있다고 한다.

 성경에는 번개가 하나님의 보좌에서 나오는 것이요, 하나님이 만드신 것으로서 대적을 능히 쳐부수는 하나님의 강력한 무기로 여겨진다. 하나님의 준엄한 심판, 초월적 능력, 영화로운 신적 존재 등을 상징한 것으로도 묘사되고 있다.

음악에도 어김없이 번개가 등장한다.

요한 스트라우스(1825~1899)의 폴카 중 「천둥과 번개」가 있다. 그리고 비발디(1678~1741)의 사계四季 여름 중 「스톰storm」이 있다. 이 곡을 들으면 격렬한 천둥소리와 함께 번쩍거리는 번개가 느껴진다. 힘들고 답답하거나 울적할 때 필자는 이 곡을 들으며 카타르시스를 느꼈던 기억들이 많이 있다. 특히 싱가포르 출신의 전자 바이올리니스트 버네사 메이Vanessa Mae의 연주곡과 우리나라 전자 바이올리니스트 이하림의 연주곡이 참으로 인상적이었다.

불교의 경전 중에서 금강경金剛經의 금강은 금강석과 다이아몬드를 말한다. 세상에서 가장 단단하기에 무엇이라도 부술 수 있고, 세상에서 가장 예리하기에 무엇이라도 자를 수 있으며, 세상에서 가장 반짝이기에 어둠을 밝게 비출 수 있다는 금강석을 부처님의 가르침, 반야般若의 지혜로 비유한 것이다. 인간 내부에 도사린 혹심惑心의 뿌리를 잘라내는 지혜를 불교는 금강석에서 찾으려고 하였다. 그리하여 인간에게 내재한 혹심의 뿌리를 자르듯 밖으로 끌어내는 것을 금강심金剛心이라고 하고, 이와 같은 힘을 안겨주는 지혜의 법을 밝히는 경전을 금강경이라 하였다.

현존하는 삼보 사찰 중의 하나인 양산 통도사에는 대웅전에 불상을 모시는 게 아니라 건물 뒤쪽에 금강계단을 설치하여 석가모니의 진신사리를 봉안한 적멸보궁이 있다. 금강계단은 금강저와 같이 단단하고 보배로운 규범이라는 뜻으로 이 금강계단을 통하여 도道를 얻고 진리를 깨달아 중생을 극락으로 이끈다는 의미에서 절 이름을 통도사通道寺라 하였다.

금강은 지구상에서 가장 단단한 광물질이다. 요가 수련을 통해 금강 같은 몸을 이루어, 인생의 어떠한 시련·장애·난관·두려움에도 당당히 맞설 수 있는 용기와 담력, 금강과 같은 지혜를 함양하는 것, 그리하여 무명無明 avidiya의 사슬을 끊고 우리를 해방시키는 깨달음의 길로 나아가는 것, 이것이야말로 요가가 추구하는 궁극적 목표가 아닐까?

《 금강자세 》

늘거나 줄지 않는다
늙거나 죽지 않는다
꺼지거나 썩지 않는다
잠들거나 사라지지 않는다
굳고 단단하다 날카롭고 예리하다
휘거나 부러지지 않는다
녹거나 녹슬지 않는다
밝고 반짝인다 빛나고 아름답다
얼음이요 열이다 해와 달이다
시작이요 끝이다
처음이요 마지막이다
찍어도 또 찍어 눌러도
물 한 방울 새지 않는다
청천 하늘에 티 한 점 없는
완벽함 그 자체다

미혹한 마음의 뿌리
단칼에 잘라내며
일체의 시비 분별 벼락처럼 부순다
어떤 장애 난관에도
단단하게 맞설 수 있고
잡스런 온갖 번뇌 망상
단숨에 깨뜨린다

물렁하고 둔탁함 사라진
금강 같은 몸과 마음 이루어
결코 지치거나 꺼지지 않는
생명의 불꽃 한 점
얻기를 소망한다

무명無明, avidiya이 지쳐 지쳐
기어코 환하디 환한 빛이 되는
반야般若의 지혜 얻고자
염원하는 몸동작
금강 자세 바즈라 아사나이다

_ 최진태

27. 화火를 다스리는 호흡법

'쿰바카kumbhaka 호흡법'은 오른쪽 코를 손가락으로 살짝 막고 왼쪽 코로만 숨을 들이 쉬고 내쉬는 것이다. 오른쪽 코는 교감신경, 왼쪽 코는 부교감신경을 조절한다.

_ 시연 황은주

순간적으로 '욱'하고 올라오는 화를 주체치 못해 안절부절하다 그 화가 폭발, 분출해버려 낭패를 본 경험이 누군들 없었을까?

화라는 것은 태양의 따뜻함이고 생명력을 주관하고 만물을 살아 있게 하며 사람을 움직이게 하는 기운이다. 일상적인 자연에서 보듯이 화는 만물을 따뜻하게 하고 양육하는 작용을 하고 있는 반면, 또한 만물을 태울 수 있는 능력을 가지고 있다.

한의학에서는 인체를 소우주라고 설명하는데, 인체 내의 화 역시 자연계의 화의 성질이 인체에 그대로 적용되어서 신체를 따뜻하게 하고, 잘 성장시키기도 유지하게도 하지만, 사람의 욕심이나 감정이 지나치면 인체 오장육부에 화가 과하게 되어 인체의 진액을 말려 버리는 성질을 가지고 있다.

행복과 사랑을 제외한 분노 공포 근심 수치심 등 대부분의 감정은 화가 얼굴로 치밀어 오르게 되는 양상을 보여 주며, 우리의 일상적인 생활이 화가 치밀어 오르는 삶의 연속임을 자각하게 해준다.

심신의 열은 화요, 요가에서는 '아그니Agni'라고 한다. 인도의 가장 오래된 경전인 리그베다의 첫 단어가 '아그니'라는 점은 모든 물질과 생명 현상의 기저에 열에너지가 작용하고 있다는 점을 상징적으로 보여준다.

모든 살아 있는 것은 본능적으로 자신의 욕구 충족을 방해하는 상대방에 대해 반감과 적대감을 느끼고 그것에 저항하기 마련이다. 즉 화는 자신의 욕망 성취를 방해하는 것에 대항해 일어나는 적대 감정이며, 따라서 분노는 자신을 적으로부터 방어하고 보호하는 기제로 작동한다.

화는 한마디로 자신의 생존과 안락을 지키기 위해 일어나는 자기 방어 본능인 것이다. 하지만 이것을 올바르게 사용하지 못한다면 나와 남 모두에게 깊은 상처와 좌절과 고통을 안겨 준다는 사실을 우리는 경험을 통해 잘 알고 있다.

화를 품는다는 것은 다른 사람에게 던지려고 뜨거운 석탄 덩어리를 손에 쥐고 있는 것과 마찬가지다. 화상을 제일 먼저 입는 것은 바로 자기 자신부터이기 때문이다.

불가에서는 화를 불에 비유한다. 공덕의 무더기를 태워 먹는다고 보는 것이다. 그러기에 화는 재앙의 불이라고 한다. 이처럼 화는 참으면 병이 되고 터트리면 업業이 된다.

사람의 가장 큰 적은 자기 내부에 있다고들 말한다. 화가 바로 그것이다. 그래서 성인들은 말씀하시다. '전쟁터에서 수천 명의 적을 물리치기보다 자기를 이기는 사람이야말로 진정한 승자'라고. 남방불교에서는 수행의 척도를 화를 내지 않는 것으로 측정하기도 한다.

논어「옹야雍也」편에 공자는 '유안회자호학 불천노有顔回者好學 不遷怒'라 하여 화나는 것을 다른이에게 옮기지 않았던 제자 안회를 칭찬하기도 했다.

예로부터 우리 마음속에 가장 큰 독은 끊임없이 내부에서 불타오르는 욕심과 화와 어리석음, 이를 '탐진치貪瞋癡' 삼독三毒이라 하여 경계했다.

화를 한번 내게 되면 뇌에서 강한 혈압 상승제 역할을 하는 신경전달물질인 코르티솔과 노르아드레날린이라는 물질이 분비되는 바, 호르몬의 일종인 이 물질들은 매우 강한 독성을 가지고 있다. 복어와 뱀 다음으로 강하다는 이들 독소는 생쥐 수십 마리를 살생할 수 있는 양이라고 한다. 현대인들의 난치성 질환은 대부분 이러한 화와 관련이 있다고 본다.

미국 정신의학회의 「정신장애진단 통계편람」에는 화병wha-byung을 문화 관련 증후군의 하나로 한글 발음 그대로 싣고 있다. 화병은 다른 말로 울화병이라고 얘기한다. 즉 쌓이고 쌓여서 누적된 화병이라는 뜻인데, 화병이 심하면 혈관이 팽창해 출혈이 생기거나 생명이 위험해질 수도 있는 것이다.

옛날 촉나라 제갈공명은 자신에게 속아서 빼앗긴 땅을 되찾으러 온 오나라 주유를 약 올렸는데 이에 분노한 주유가 화를 참지 못하고 피를 토하며 죽었다는 얘기가 있다.

화병에 있어서 우리 몸에서 특히 문제가 되는 곳은 바로 감정과 관계되는 아나하타차크라이다. 중단전이라고도 하는데, 이 부위에 화병의 증상이 가장 많이 나타나는 전중혈(단중혈)이라는 경혈자리가 있다. 양 유두 중간에 위치하고 심장 주위의 나쁜 기운으로부터 심장을 지키는 곳이라고 알려져 있다.

이곳은 감정의 기운이 많이 모이는 곳이다. 따라서 억울하고 분한 감정을 오래 참고 쌓아둔 채 풀지 못하면 바로 이곳에 그러한 나쁜 기운이 모이게 되는 것이다. 손으로 눌러서 통증을 느끼는 정도에 따라 화가 쌓인 정도를 알 수 있는 부위이다. 수시로 마사지하여 울체된 기혈을 풀어주는 게 좋다.

행복지수가 높다는 나라에 다녀온 사람들이 말한다. 어디를 가든 사람들이 '웃을 준비'가 된 것 같다고. 반면에 우리나라를 방문하는 여행객들은 '웃을 준비'보다 이유없이 '화낼 준비'가 더 되어 있는 것 같다는 웃지못할 얘기도 들려온다.

끊임없이 무한 경쟁 속으로 내몰리다보면 점점 욱하는 감정에 익숙해지고 있는 우리들이다. 어떻게 하면 분노의 불길인 화를 피할 수 있을까? 피하지 못하면 그런 상황 속에서 어떻게 화를 다스릴 것인가?

많은 사람들은 사회화 과정을 겪으면서 자연스럽게 화를 조절하는 방법을 터득하게 된다. 하지만 그것을 표출하는 방식은 나이와 성별, 문화적 배경, 사회적 출신 등에 따라 거칠고 투박한 방식으로도, 고도로 세련된 방식으로도 나타날 수 있다. 통제되지 않은 화의 분출은 자신의 건강과 사회에 모두 큰 피해를 끼친다. 화를 어떻게 분출하느냐에 따라 상대방과의 관계는 전혀 다른 방향으로 발전할 수 있기 때문이다.

그렇다고 화가 다 나쁜 것은 아니다. 정당한 분노, 의로운 화의 표출은 인간의 존엄성을 높이고 사회 진화를 앞당긴다. "거룩한 분노는 종교보다도 깊고 불붙는 정열은 사랑보다도 강하다." 변영로의 시 「논개」의 한 구절이다.

틱낫한 스님은 함부로 떼어낼 수 없는 신체 장기처럼 화도 우리의 일부이므로 억지로 참거나 제거하려 애쓸 필요는 없다고 했다. 오히려 화를 울고있는 아기라고 생각하고 화가 났을 때는 보듬고 달래라고 충고한다.

감정의 흥분은 호흡의 영향을 미친다. 마찬가지로 호흡의 신중한 조절은 감정의 부분을 제어한다. 요가의 목적은 마음의 조절과 안정에 있다. 그러므로 요가 수행자는 우선적으로 호흡을 숙달시키는 프라나야마를 수행하는 것이다.

아이엥가는 "우리는 나뭇잎이 바람에 움직이듯 마음이 호흡과 더불어 움직이는 것을 이미 알고 있다. 호흡이 조절되고 평화로워지면 마음을 중화시키는 효과가 생긴다."고 강조하고 있다.

호흡은 산소를 혈액으로 보내어 뇌에 공급시켜 생명 에너지를 통제함으로써 마음을 통제하는 것이다. 호흡은 산소를 먹고 사는 신경의 가장 중요한 통치자라고 볼 수 있다. 따라서 호흡 상태로 심신의 상태를 알 수 있고, 또한 호흡의 조절을 통해 심신을 통제할 수 있는 것이다.

 화를 다스리는 데 도움이 되는 호흡법 몇 가지를 소개해본다.

 첫 번째는 '싯탈리sheetali 호흡법'이다. '고요한, 침착한, 냉정한, 진정시키는'이라는 의미를 내포하고 있으며 일명 '냉각호흡법'이라고도 한다.

 등을 곧추세우고 머리를 수평으로 한 채, 입을 벌려 입술을 동그랗게 하여 혀를 대롱처럼 말아서 숨을 가득 들이켠 후 입을 다문다. 머리를 숙여 턱을 쇄골 사이에 둔 채 얼마간 숨을 멈춘 후 천천히 고개를 들면서 코로 숨을 뱉는다. 수 회 반복한다.

 신체를 서늘하게 하고 눈과 귀를 안정시킨다. 소화를 촉진시키고 갈증을 덜어준다. 심장병, 혈압 관련 트러블이 있는 사람은 주의를 요한다.

 두 번째로 '시카리sheekari 호흡법'이 있다. 싯소리가 난다하여 '싯소리 호흡법'이라고도 한다. 입을 열고 아래위 치아를 살짝 다물듯이 한 후 혀 끝을 치아 사이에 붙인 채 숨을 들이쉬고 내쉬는 호흡법이다. 수차례 반복한다. 싯탈리 호흡법과 유사한 효과와 주의사항이 요구된다.

 세 번째로 '쿰바카kumbhaka 호흡법'이다. 쿰바카는 우리말로 항아리란 뜻이다. 숨을 항아리 속에 넣어둔다는 뜻으로 이해할 수 있다. 좌측 콧구멍으로만 호흡하므로 일명 '음기 호흡법'이라고도 한다.

 화가 나고 불쾌한 감정이 일어날 때 태양에너지와 연결된 '핑갈라 나디'가 있는 오른쪽 코를 손가락으로 살짝 막고, 음의 에너지 '이다 나디'와 연결된 왼쪽 코로만 숨을 들이 쉬고 내쉬는 것이다. 오른쪽 코는 교감신경, 왼쪽 코는 부교감신경을 조절한다.

화가 일어났을 때는 교감신경을 진정시켜야 하는 것이므로 오른쪽 손으로 검지와 중지를 구부리고 엄지손가락으로 오른쪽 코를 막은 채 왼쪽 코로만 숨을 들이켜고 내뱉기를 수차례 행한다. 더 숙달되면 왼쪽 코로만 숨을 깊게 들이 마신 후 가슴을 내밀면서 턱을 아래로 당겨 자란다라 반다(목 수축)를 하며, 좌우 콧구멍을 동시에 막아서 숨 멈춤, 즉 지식(止息, 쿰바카)을 행한다. 이후 천천히 좌측 코만 열고 숨을 내쉰다.

각자의 몸상태에 따라 흡吸·지止·호呼의 비율을 조정해서 수련한다. 지나친 숨 멈춤(쿰바카)은 오히려 폐와 심장에 무리가 갈 수도 있으니 주의를 요한다. 심장, 혈압 계통의 트러블이 있을 때는 자제한다.

화가 치밀어 오르는데 위에서 열거한 세 가지 호흡법이 이도 저도 잘 안될 때는 그저 숨을 깊이 들이쉰 후 열까지 숫자를 세어보는 것도 한 방법이다. 단 10초의 견딤이 순간적인 큰 실수를 방지할 수도 있다는 얘기다.

화를 돋운 사람과 화가 난 장소로부터 이탈해 잠시 멀어져 보는 것도 한 방편이다. 인간은 주위환경에 매우 민감하기 때문이다.

마지막으로 숨 쉬는 그 자체에 마음을 두는 방법이다. 자신의 숨이 들고 나는 것을 무심하게 지켜보는 것이다. 화는 실체가 없다. 작용이 있을 뿐, 마음 따라 일어났다가 마음 따라 사라지는 것이다. 화는 마치 꿈과 같고 물거품 같고 그림자와 같아서 시시각각 순간순간 생멸生滅하는 것이다.

그러므로 일단 지켜본다. 지켜보면 사라진다. 그러다가 스르르 가라앉는 화를 경험하기도 한다. 단순한 것 같지만 숙달되어 몸에 배어있지 않으면, 몸에 조건화되어 있지 않으면 공염불에 그치고 만다.

이렇게라도 생활 속에서 화를 조절할 수 있다면, 세련되고 품격 있게까지는 못할지라도, 화낸 후에 밀려오는 후회, 자괴감, 공허감, 허탈감 등은 들지 않을 수 있기를 소망해본다. 스스로가 통제하고 지배하는 나 자신의 주인공이 되어야 한다는 마음가짐이다.

수없이 다짐과 후회를 반복하며, 인생 길목에서 휘청휘청 때로는 비틀거리며 화와 직면한 채 살아가고 있는 모습을 되돌아보게 된다. 문제는 아무리 화를 다스리는 방법이 많고 좋아도 본인 스스로가 노력하지 않으면 아무 소용이 없다는 사실, 그 방책을 일러 '수행'이라 한다.

부지런히 수행하고 정진해서 생각과 말과 행동을 바꾸지 않으면 욱하고 화내는 버릇을 고치기는 어려운 일이다. 참으로 쉽고도 어려운 평생의 과제이다.

"호흡이 안정되면 마음이 안정되고, 호흡이 불안정 하면 마음 또한 불안정하다. 요가 수행자도 그러하다. 그러므로 호흡을 조절하라"는 「하타요가 프라디피카」 경전의 한 구절을 되새기면서 다시 수행의 고삐를 추스려 본다.

《 화火 》

화는 곧 분노의 불길이며 분노의 상징
화만큼 모든 이로부터 부정적으로 평가받는
감정이 또 있을까?

분忿은 마음心에
여덟八개의 칼刀을 꽂고 있는 것과 같다는 사실
그런데 우리의 삶은 그 분노의 밥을 먹으며

하루하루를 살아가고 있는 걸 어이하리

화는 스스로를 죽인다
화는 상대에게
크나큰 상처 씻을 수 없는 좌절감과 고통을 안긴다
화를 내는 순간 자신도 화의 지배를 받게 되며
화에 굴복하는 순간 자신도 화의 노예가 되고 마는걸
화에서 깨어난 후에 오는
초라함과 비참함과 어리석음
쓰나미같이 밀려오는 후회
더 힘들고 고통스럽다

화가 이성의 담장을 넘지 않도록
방치하지 않는 것
화의 불꽃이 더 이상 번지지 않게
풀무질하지 않고 잠재워야 하는 것
화의 격정을 잘 다스려야만
우리 마음의 평정심도 유지할 수 있다는 것

화는 영혼의 소울푸드 중 하나
화는 우리가 생존해 있고 건강하다는 신호
화는 우리가 살아 있다는 정신의 표상
적절한 시기에／ 적절한 크기와
적절한 지속 시간에
적절한 표현 방법으로
적절한 목적을 가진 채
화를 분출하기란 참으로 쉽지않은 일

그러나 건전한 화는
사태를 완화시키고
오히려 활력을 더 불어 넣어준다는 것

사회의 불공정·부조리·부정부패에 대한 화는
세상을 향상·발전시키도록 하는 것
깨어있는 영혼임을 일깨우는 것
살아있는 지성임을 대변하는 것

자신에 대해 불만족스러울 때
자신에 대한 적절한 화는
다음을 기약하고 독려하는 상큼한 비타민

화낼 줄 모르고 사는 사람은
성인군자聖人君子이든가
아님 의식이 잠들어 있든가
사유의 틀이 고장나 버린 것이리라

건강한 화의 분출법
적절한 화의 다스림은
평생의 과제
평생의 명상 테마
평생의 화두

진정한 승리는 화의 불길 이겨내는 것
모르는 자 있을까?
세상에서 제일 가깝고도 먼 거리는
가슴에서 머리까지라

화의 불길 없앨 수는 없어도
가라앉히고 삭히고 잠재울 수는 있다는 것
화내지 않고 살아갈 수는 없기에
화를 다스리는 법을
연마해 가고 터득해 가는 것이
삶의 지혜이고 삶의 방편이어라

거기에 화의 에너지를 역으로 긍정의 에너지로 재충전하고
활용할 수 있다면 금상첨화

오감의 부적절한 사용이
심신을 병들게 하는 주요 원인이라
자신의 안과 밖 결정하는 경계선이 감각인바
요가의 호흡(프라나야마)을 통해

그 감각의 스위치를
자유자재로 다룰 수는 없을까?
감각의 다스림
감각의 조절
감각기관 제어의 한 방편 중
싯타리·시카리·쿰바카 호흡만이라도
몸에 체득하여 실천 활용하는 것
그것을 향한 부단한 시도를 일러 우리는 요가 수행이라 한다

들이키면 천天
멈추면 인人
내쉬면 지地라
한 호흡 속에
천·지·인 이 존재하고
한 호흡 속에 온 세상이 담겨있다
한 호흡 속에 내가 녹아있고
한 호흡 속에 온 우주가 들썩인다

지나친 감각 과민도
지나친 감각 둔감도 아닌
중정中正의 상태로
더 철저하게 깨어 있어서
그 감각을 알아차리는 것

있는 그대로 바라보기
호흡 바라보기
참으로 어렵고도 쉽지 않은 길이겠으나
넘어지고 깨어지고라도
진정한 요기니라면
묵묵히 쉬지 않고 걸어가야 할
도달해야 할
바로 그 길인 것을.

_ 최진태

28. 카르마Karma 요가

서울 서대문구 홍제동 개미마을에서 열린 서울연탄은행 연탄나눔 자원봉사자 등이 연탄을 배달하고 있다.

_ 연합뉴스

카르마Karma는 범어로 행위·행동·일 등을 말한다. 불가에서 말하는 업業과 동의어이다. 그래서 카르마 요가를 '행위의 요가'라고 한다.

요가의 종류를 분류할 때 하타 요가·라자 요가·즈나나 요가·만트라 요가·박티 요가·쿤달리니 요가·탄트라 요가·카르마 요가 등이 손꼽힌다. 요가 경전에는 이 중 카르마 요가에 이르렀을 때 모든 요가가 이루어진다고 말하고 있다. 가장 수승殊勝한 요가란 뜻이다.

인간은 누구나 한순간도 행동·행위 없이는 존재할 수가 없다. 이것이 행동의 절대성이다. 그러한 모든 행위에는 원인이 있다. 원인에 따라 현재라는 결과가 나타나고 미래가 결정된다. 이를 카르마의 법칙이라고 한다.

인도에서는 우주가 진행되는 근본 원리로 여긴다. 마음은 직관적이거나 이성적 판단에 따라 의사결정을 내린다. 그리고 행위에 의해 현실이라는 결과를 낳는다. 매순간 선택의 삶이 결정되는 과정이다. 그렇게 행위와 행위의 결과가 윤회의 쳇바퀴처럼 돌고 돈다고 여기며, 지금의 현실은 스스로의 행위에 따른 결과라 생각하는 것이다.

간디가 평생 삶의 지침서로 삼았다는 인도의 고전인 '존귀한 자의 노래'란 뜻의 바가바드 기타에 의하면 "만물의 본성이 창조적 성장이고 그 실천이 행동Karma이다"라고 하며 "모든 존재는 각기 창조적 꿈을 지니고 있으며, 창조적 성장력이 행동을 통해서 이룩된다"고 한다.

카르마 요가는 업業의 흔적이 남지 않는 길을 가르치고 있다. 즉 비난하면 비난받듯이, 하나의 이기적 행동은 또 다른 행동을 낳게 되는데, 모두의 이익을 위한 행동은 업보를 낳지 않는다는 것을 가르치고 있다.

학자들은 카르마 요가를 정의하기를 다음과 같이 했다.

"행여 결실에 대한 이기적 목적이 있을 때는 자신의 행동이 남과 주변을 위한 선행이 아니고, 자신을 위한 행동이 되므로 주변의 저항을 받게되는 자연의 법칙이 일어난다. 그렇게 되면 자기행동의 흔적에 대한 업보를 받게 되어 번뇌에 빠지게 된다. 즉 질質 높은 뜻, 전체의 이익을 위한 의지를 갖고 행동하라고 가르치는 것이 카르마 요가이다."(김광백)

"우리가 완전한 자유에 이르려면 완전한 포기가 있어야 하는데 결과를 기대하지 않는 행위를 훈련하지 않고는 완전한 포기가 불가능하다. 완전한 포기에 도달하기 위해서, 결과를 기대하지 않는 행위를 훈련하는 것을 카르마 요가라고 한다."(정창영)

이처럼 카르마 요가의 핵심은 행위를 할 때 마음가짐이다. 집착과 탐욕, 보상 심리를 갖지 않고 하는 행위이다. 오직 할 일은 행위 자체일 뿐 결과에 마음을 두지 않는 것이다. 어머니의 자식에 대한 조건 없는 사랑이 대표적인 예이다. 카르마 요가는 조건 없는 자원봉사나 기부활동, 희생 이 행복의 길이라 설파한다. 대신 베풀지 않은 것처럼 베풀라고 한다. 진정한 베품은 보상을 바라지 않는 욕망 없는 선행이라는 것이다. 그러려면 모든 존재가 곧 나와 같이 소중하다는 자각이 선행되어야 한다.

의학계에 따르면 이러한 행위를 하는 사람들에게는 기쁜 감정과 관련된 신경전달 물질인 도파민과 '행복 호르몬' 엔도르핀이 대량 분비되는 것이 관측된다고 한다.

최근 인천의 한 20대 대학생이 익명을 요구하며, 자신의 대학 등록금을 마련하려 아르바이트하며 모았던 1,000만 원을, 자신은 취업(공무원 시험)에 성공했으니 더 어려운 사람들을 위해 써달라고 인천 남동구청에 기부했다는 기사를 접하였다. 이런 사람들이 있기에 아직 세상은 살 만하다는 생각이 든다. 카르마 요가의 현장을 여기에서 본다.

봉사나 기부 등 자비를 베풀 때 자칫 보상심리 등이 남아 있으면, 상대가 고마워하지 않으면 괘씸하기도, 배은망덕하다는 생각도 드는 것이 인지상정이다. 이는 참 자아(아트만, atman)를 망각한 채 자기 행위의 결과에 집착하기 때문이다. 행위의 순수성을 잃어버린 것이다. 자기 이름을 세상에 알리려는 욕심에 불과할 뿐이다. 그래서 현인들은 그런 류의 봉사나 베품·자비보다는 차라리 무심無心이 낫다고 역설한다.

흥미로운 것은, 인도인들은 고맙다는 말을 잘 쓰지 않는다. '바프트 단냐바드(대단히 고맙습니다)'라는 말을 하면 오히려 이상하게 본다. 이들의 인식은 인류가 모두 형제이므로 자기가 받은 친절은 다시 다른 곳에서 누구에게라도 돌려주면 된다는 사고이다.

또 구걸하는 자들에게 적선을 하더라도 그들이 고맙다고 고개 숙이는 일이 드물다. 내가 당신에게 이런 기회를 주어 오히려 당신의 카르마를 녹여준다고 생각한다는 것이다.

오늘 아침에 환하게 떠오른 태양을 본다. 태양이 세상을 비추면서 비춘다는 자의식이 있겠는가? 태양은 무심히 만물에 골고루 빛을 비춰준다. 빛을 줄 때 차별이라곤 없다. 착한 사람에게 더 많이 주고 악한 사람에게 덜 주는 일이 없다. 태양과 만물의 이원적 분리가 아닌, 태양이 만물이고 만물이 태양이라는 것이다.

나무의 뿌리 역시 잎새와 가지에 수액을 나누어 주면서도 베풀었다고 뽐내거나 으쓱거리는가? 예쁘다고 더 주고 덜 예쁘다고 덜 주고 하던가?

태양과 나무는 그저 존재할 따름이다. 빛을 비추는 건 태양의 자연스런 존재방식이다. 우리 역시 내 존재 자체가 빛일 뿐이다. 그러나 자기 본성에서 멀어진 사람들은 그러하지 못하다. 참 자아를 망각한 사람은 자기 행위의 결과에 대해 집착하고, 포기하지 않기 때문이다.

「바가바드 기타」의 주인공 아르주나의 멘토인 크리슈나는 이처럼 행위의 순수성을 상실한 오늘날의 많은 아르주나들에게 힘주어 역설한다.

"행위로부터 얻은 것이 없으며 행위하지 않은 것으로부터 잃을 것도 없다. 얻을 것이 아무것도 없으므로 그는 누군가에 의지할 필요가 없다. 해야 할 일은 집착하지 말고 행하라. 집착하지 말고 행위함으로써 사람은 지고의 상태에 이를 수 있다. 바른 행위로 완성에 이를 수 있다."(박진하 역)

노자의 도덕경에 공수신퇴功遂身退라는 말이 있다. '공功을 이루면 몸이 물러남은 하늘의 도道이다'라는 뜻으로 자기의 사사로운 욕심을 여읜 온전한 비움을 이루라는 뜻으로 여겨진다.

"결과에 대한 집착 없이 행하는 카르마 요가는 영적인 깨달음이라고 하는, 산의 정상에 오르고자 하는 구도자가 가야할 길이다"(바가바드 기타6-3)라는 말을 되새기면서 '자기는 잊혀진 채 자기를 통해서 좋은 일들이 이뤄지기를 바라는 성인聖人의 마음'(앤소니 드 멜로)을 카르마 요가의 실천을 통해 조금이라도 되찾기를 염원해 본다.

《 카르마 요가 》

삶은 행위의 연속
삶의 현장 뛰어들어 행동하는 것
삶은 관계의 연속
나눔과 베품
비움과 채움
더불어 살아가는
상생의 걸음걸음

작용 반작용
급부 반대급부
주고받고
갔으면 되돌아오고
던지고 받고
기브 앤드 테이크
베풀고 보은하고
스트로크stroke
노 스트로크no stroke

이 모든
이기적 기대감들
질과 양 기대치에 못 미칠 때
실망·원망·비난·분노·혐오
심지어 증오까지도 품게 되는 것

자기 삶의 에너지
주변에 나누어 줄
물질이든
지식이든
시간이든

재능이든
베풀 수 있는 방법
무궁무진한 걸 깨닫고
행동하는 삶

그것은
사랑의 행동
그것은 구원의 등불
얼굴 없는 천사들의
몸짓 있는 세상
아직 살아갈 희망 있는 세상 만드는
주춧돌 쌓는 일
절로 신성한 영적 의식 자리 잡게 되는 일

봉사의 실천!
나의 행동 결과로
기대되는 바램?
기부의 실천!
나의 행동의 결실에 대한
기대되는 효과?
사랑과 헌신의 실천!
나의 행동에 대한
기대되는 보상 심리?

아니다
나의 행동 나의 행위 나의 일
그 자체에만
충실하게 몰입하는 것
그것이 우주적 기쁨
우주적 행복임을 알아채는 것

너에게 뿌려주는 향수
나에게도 튀어오는 몇 방울 향수
너를 행복하게 한다
나에게도 스며드는 몇 방울 행복

행동을 하면서도
카르마가 남지 않는다면
이것이 신의 행동
일의 결과로부터 자유로워지므로
아무런 속박도 구속도 없이
자유로운 영혼을 가진 자
개인의 해탈에서
타인을 구원하는
대승적 사고로 나아가는 행위

무욕행無欲行의 가르침
무엇을 행하든지 결과에 집착하지 않고
행동 그 자체를 즐긴다
무주상보시無住相布施
베풀되 상相을 내지 않는다
욕심 없이 베푼다
오른손이 한 일을 왼손이 모르게 한다
베풀고는 잊어버린다
조건 없는 사랑
조건 없는 자비심
조건 없는 베품

일의 결과에
얽매이지 않고
자신의 의무를 다하는 것
행동 중에 행동 없음이다

행동 그 자체 속에 기쁨이 있고
행동 그 자체 속에 행복이 있다 한다

문제는 실천 의지
행동하라 망설이지 말고
여유 생기면
형편 나아지면
시간 나면은
모두가 공염불

카르마 요가 실천은
곧 성자聖者의 삶일지라
카르마 요가 실천은 작은 것부터
지금 여기서
지금 바로 이 순간now & here
카르마 요가 불길
한번 당겨 보시길!

_ 최진태

29. 박쥐 자세

박쥐 자세는 평소에 두 다리를 모으고 사는 생활의 치우침을 해소하기 위한 동작이다. 신장을 강화하고 스트레스 해소에 도움을 준다.

_ 시연 정연순

박쥐는 캄캄한 동굴과 밤하늘을 자유자재로 날아다니면서도 새끼를 낳아 젖을 먹여 키우는 포유동물이다. 박쥐의 기원은 약 6,200만 년 전으로 거슬러 올라간다. 뭉툭한 코와 거대한 귀, 뾰족한 이빨을 가진 생김새 탓에 사람들의 사랑을 받지 못했다. 여기에 흡혈박쥐 얘기까지 나오면 혐오를 넘어 두려움의 대상이 되니 박쥐로서는 참 억울할 듯하다.

박쥐는 사실 서양에서는 유령과 악마를 떠올리는 것과는 달리 동양권에서는 부귀와 장수를 상징한다. 박쥐의 한자 편복蝙蝠이 복福과 같은 발음이어서 옛사람들은 박쥐 문양을 베개나 장롱손잡이, 기와, 노리개 등에 즐겨 장식했다. 황금박쥐라 불리는 붉은 박쥐는 특별히 좋은 복의 징표로 삼았다. 민간신화에서 흰 박쥐는 천년을 장수하는 것으로 묘사되고 있다.

중국 식당에 가면 붉은 글씨로 복福자를 거꾸로 매달아 놓은 것이 눈에 뜨인다. 이는 거꾸로 매달린 박쥐처럼 복이 많이 들어오기를 기원하는 의미이다.

조선시대 학자 홍만종이 펴낸 평론집 순오지旬五志에 나오는 얘기로, 박쥐는 봉황의 잔치 때는 길짐승이란 핑계로, 기린의 잔치 때는 날짐승이란 이유로 가지 않았다가 모든 짐승의 미움을 사게 되고, 그래서 결국 낮에는 밖으로 나다닐 수 없게 됐다고 하며 후안무치厚顔無恥의 상징으로도 그려졌다.

이솝 우화에도 길짐승(포유류)과 날짐승(조류)이 전쟁을 벌이는 사이, 양쪽을 오가다가 버림받는 비슷한 박쥐 이야기가 등장한다.

아일랜드 작가 브램 스토커의 소설 『드라큘라』에서는 주인공이 달 밝은 밤에 박쥐로 변해 피를 찾아 나선다. 이 소설은 영화로도 만들어져 널리 알려진 까닭에 박쥐는 간사한 데다 공포심까지 주는 무섭고 악한 동물이라는 편견을 사람들에게 심어 주었다. 그래서 박쥐가 주로 피를 빨아 먹고 사는 줄 아는 사람들이 많다.

 하지만 지금까지 발견된 ,1400여 종의 박쥐 중에서 흡혈 박쥐는 단 3종뿐이고 나머지는 모두 물을 빨거나 열매 또는 곤충을 먹고 산다. 오히려 흡혈 박쥐는 대체로 자기 가족이나 친척들끼리 헌혈 식으로 피를 주고 받는다고 한다.

 황금박쥐는 세계적인 희귀종으로 1급 멸종위기 야생 생물인데 1999년 함평 고봉산 동굴에서 겨울잠을 자는 모습이 처음 발견됐고, 2005년에는 천연기념물로 지정됐다. 국내 치악산 등 도처의 다른 곳에서도 발견되고 있다.

 얼마 전 세계보건기구(WHO) 조사단이 중국 현지조사를 통해 야생에 서식하는 박쥐로부터 나온 코로나 바이러스가 인간에게 옮겨 왔다고 결론을 내렸다. 박쥐는 수많은 바이러스를 가지고 있는 바이러스 창고다. 그러나 박쥐는 특이한 면역체계를 가지고 있어 바이러스를 지녔어도 병에 잘 걸리지 않는다.

 박쥐가 인류의 건강을 위협하는 것도 사실이다. 사스SARS나 에볼라 바이러스, 메르스 등은 모두 박쥐를 중간숙주로 삼아 인간에게 전파된 것으로 전문가들은 추정하고 있다.

 코로나19는 인간의 생활 공간이 확장되며 야생동물의 서식 공간이 축소되거나 황폐해지는 과정에서 박쥐로부터 바이러스를 옮겨 받은 각종 야생동물과 인간의 접촉이 빈번해지며 벌어진 생태 재앙이다. 자연 생태계 보전에 관한 총체적인 대책 마련을 깊이 고민해야 될 때라는 생각이 든다.

 캄캄한 밤에 박쥐가 온갖 장애물을 피해 지그재그로 움직이며 도망가는 날것들을 낚아채는 모습은 한마디로 예술이다. 해질 무렵 동굴을 나온 박쥐는 밤새 먹이 사냥을 하다 새벽녘에야 둥지로 돌아간다.

 박쥐가 칠흑 같은 어둠속에서 하늘을 가르며 먹이 사냥을 잘할 수 있는 건 바로 장애물을 식별할 수 있는 초음파 덕분이다. 박쥐는 입 또는 코에서 초음파를 만들어낸다. 초음파를 레이더처럼 보내서 튕겨 나오는 초음파를 인식한다. 먹이나 물체가 어떻게 움직이고 크기는 어떠한지, 얼마나 떨어져 있는지, 방향과 위치까지 초음파를 통해 안다고 한다. 사람이 들을 수 있는 가청주파수는 16~2만 헤르츠이고, 2만 헤르츠 이상을 초음파라고 한다.

 초음파를 이용하는 동물로는 돌고래도 있고, 남극에 사는 웨들바다표범도 있다. 중국 토렌토개구리 種도 초음파로 정보를 교환한다.

 과학자들이 초음파를 이용한 박쥐의 물체 인식 메커니즘을 알아내는 데는 약 150년이 걸렸다고 한다. 현대과학의 총아인 인공위성도 이 원리를 활용해 물체를 식별하고 각종 정보를 전한다니 박쥐에게서 얻은 지혜가 감탄스럽다.

 세계 최고 수준의 생물학자들이 지난 2008년 영국 런던에 모여 지구상에서 없어서는 안될 중요한 생물에 대해 토론한 적이 있다. 이 과학자들은 우선 영장류와 박쥐·벌·균류·플랭크톤 등 다섯 種의 생물을 중요한 생물로 꼽았다. 4종의 존재 이유는 차치하고, 그런데 박쥐는 도대체 어떤 일을 하기에 지구에서 반드시 필요한 생물로 꼽혔을까?

 박쥐 한 마리가 한 시간에 잡아먹는 해충의 수가 무려 1,000여 마리에 달한다. 경제적 가치로 따지면 수십억 원어치 살충제를 뿌리는 효과와 맞먹는다는 분석이다. '잘 키운 박쥐 한 마리 열 모기향, 열 살충제 안 부럽다' 할 정도다.

열대지방에 사는 박쥐들은 망고나 바나나 같은 열대 과일의 꽃가루를 수정해 열매를 맺도록 돕는 역할까지 한다.

이런 고맙고 유용한 박쥐들이 점차 우리 곁에서 사라져가고 있다. 사람들이 전답이나 숲에 농약을 많이 사용하자 박쥐의 먹이가 되는 모기와 나방 등이 줄어 들어 박쥐들의 생명이 위협받게 되었다. 박쥐에 대한 사람들의 관심이 더 많아져야 하는 이유다.

게다가 박쥐는 같은 체중의 다른 포유동물보다 훨씬 오래 산다. 평균 수명이 거의 40년에 이른다 한다. 조선시대의 화가 김홍도의 그림인 국보 제139호 '군선도群仙圖 병풍'에는 박쥐가 장수의 상징이자 신선의 화신으로 나타난다. 노자가 도덕경을 들고 서 있고 서왕모의 복숭아를 든 삼천갑자 동방삭 신선이 뒤를 따르는 장면에 박쥐의 존재를 새롭게 인식하게 된다.

중국에서는 '모기 눈알 스프'라 하는 음식이 귀한 손님 접대용으로 등장하는데 그것이 바로 박쥐 똥을 모아서 요리하는 것이다. 박쥐는 엄청난 양의 모기를 잡아먹는데 대개 뱃속에서 소화되고 만다. 하지만 튼튼한 껍질로 된 모기의 눈알만은 소화되지 않아 그대로 배설된다. 이를 모아서 체로 걸러내 모기 눈알 요리의 재료로 쓴다. 강장·피부 미용에 뛰어난 효과가 있다는 속설도 있기에 스프 가격도 대단히 고가라고 한다. 중국 청나라 황후였던 서태후가 즐겨 먹었고 중국을 방문했던 미국의 닉슨 대통령·영국의 엘리자베스 여왕 등에게 특별히 대접했을 정도로 희귀한 음식이라는 것인데 '벼룩의 간을 빼 먹는다'는 속담이 여기에 딱 들어맞을 것 같다.

박쥐는 주로 거꾸로 매달려 산다. 쉴 때나 잠잘 때나 새끼들에게 먹이를 줄 때도 천장에 대롱대롱 매달려서 한다. 요가의 왕 자세라고 일컬어지는 물구나무 서기(시루시 아사나)를 종일 수행하고 있다는 점에서 어쩌면 동물들 중에 최고의 요가 수행자일런지도 모른다.

이 박쥐 자세는 바로 앉아 두 발을 최대한 양 옆으로 넓게 벌린 후 양손을 앞으로 쭉 내밀면서(때로는 두 발목을 잡고 하거나, 두 손을 등 뒤에서 합장할 수도 있음) 머리·가슴·아랫배가 바닥에 닿도록 하는 것이 마치 박쥐 모양을 닮았다 하여 붙여진 이름이다. 범어로는 하스타파다아사나·우파비스타코나 아시나·우그라 아사나라고 한다.

무릎을 쭉 펴고 발끝은 머리쪽으로 당기도록 한다. 대퇴부나 종아리에 무리가 없을 정도에서 호흡을 일시 멈춘 다음 천천히 상체를 일으켜 세운다.

이 자세는 신장을 강화하고 부신 호르몬의 균형을 가져와서 스트레스 해소 등에 효과적이다. 허벅지 안쪽에 있는 성선性線을 자극함으로써 정精을 강화한다. 평소에 두 다리를 가까이 모으고 살아가는 조건에서 치우침을 해소하기 위한 동작으로서 다리의 변형을 수정하며, 남성의 성생활에 대한 반성 체위이기도 하다. 골반, 생식·배설 능력 이상, 요추 디스크, 부인과 계통에 도움을 준다.

하타요가 경전인 시바상히타에서는 분노한 신의 모습에 비유하여 준엄좌峻嚴座라고도 한다. 변화는 불의 기운, 열의, 열정에 의해 일어난다. 따라서 이 박쥐 자세는 새로운 창조를 준비하는 폭발적이고, 열정적인 의지를 표상하는 자세이다. 산만한 정신, 일체의 혼돈과 무질서를 바로잡는다는 마음가짐으로 이 자세를 실행한다.

골반의 확장능력은 포용력을 키워주며 심신을 안정시킨다. 특히 소심증 등에 유용한 자세이다.

온몸을 열고 상대를 받아들이는 정열적인 포즈라고 생각하면 이해가 갈 듯하다. 대부분의 요가의 전통 자세들이 외부의 몸짓을 내적으로 연결하려고 시도하는 반면, 이 자세는 용광로 같은 열정을 외부로 표출시켜 해소하려는 특별한 요가심리학적 의미를 내포하고 있다.

 갈바람에 우수수 떨어지는 낙엽과 함께 무장무장 가을이 깊어가고 있다. 이 묵직하고 팽팽한 박쥐 자세를 취하며, 요즘처럼 거꾸로 매달려 사는듯한 유난히 어수선한 시국에 받은 스트레스와 웅크렸던 가슴의 응어리들을 확 날려버릴 수 있었으면 좋겠다.

 앞서 이 자세를 '분노한 신의 모습'이라 했다. 그런 의미에서 한번씩 청천 하늘을 우러르며 나는 과연 신의 뜻을 거슬리는 말과 행동을 하고 있지는 않은지 되돌아 볼 일이다. 차가워지는 계절과 더불어 이제 조금은 차분하게 올곧은 삶의 행로를 사유해보는 시간이 되었으면 좋겠다.

 "한때의 적막을 겪을지언정 처량한 이름이 되지 말라"는 채근담의 교훈을 박쥐 자세를 통하여 상기하게 된다.

《 박쥐 자세 》

바닥에 온 몸 던져 철저하게 날 낮춘다
시간이 지날수록 찢길 듯한 하체 통증
원하오 강건한 심신 이 정도는 연단해야

고관절의 뻐근함에 숨막히는 가슴 통증
모든 걸 받아들여 그 자체를 바라보면
어느덧 사라진 잡념 유연함은 덤이다

그대를 품는 듯이 온 몸을 열었구려
소심함도 옹졸함도 훌훌훌 털고서는
어느덧 대범한 기상 거칠것이 없어라

신이 노한 자세답게 준엄한 긴장감이
삶의 흔적 돌아보면 회한인들 없을소냐
이 고통 감내한 내공 무엇인들 못 이룰까

숙이면 젖히소서 좌측엔 우측으로
섰으면 앉으시고 웅크리면 펼치기를
이것이 요가 원리라 열었으니 닫아라*

_ 최진태

*두 다리를 펼치는 박쥐 자세(우그라 아사나) 후에는 반드시 두 다리를 포개는 소머리 자세(고무카아사나) 등을 실행하여 정기精氣를 보존한다. 이런 걸 요가 아사나에서는 상응相應이라 일컬음.

몸과 마음을 여는 인문학 오디세이

30. 사르방가 아사나

사르방가 아사나(거꾸로 선 자세, 촛불 자세)는 물의 기운은 위로 올리고 불의 기운은 아래로 내리는 수승화강水昇火降과, 정精을 뇌로 돌려보내는 환정보뇌還精補腦라는 동양의 양생법 두 가지를 모두 충족하는 자세다.

_ 시연 박미희

사르방가 아사나는 고대의 현인들이 인류에게 남겨준 가장 위대한 은혜 중의 하나라고 얘기한다. 범어로 사르바sarva는 전체, 앙가anga는 몸, 가지이다. 말 그대로 두 손으로 허리를 받쳐 몸을 떠받들고 있는 모습으로 어깨 서기 자세, 어깨 도립 자세, 전신 체위, 촛불 자세, 양초 자세라고 일컫는다. 쿤달리니 요가에서는 비파리타카라니 무드라 즉 거꾸로 선 자세라 칭한다.

이 자세는 인생에서 짊어지고 가야하는 책임과 의무, 권한의 짐을 어깨로 떠받치고 있는 모습처럼 보인다. 또 인생이란 한 자루의 양초를 태워가는 과정을 떠올리게 한다. 직립생활을 하는 인간에게 으뜸가는 아사나라고 하며, 아사나의 어머니라고 한다. 어머니가 가정의 평화와 행복을 위해 애쓰듯이 이 아사나는 인체의 모든 부분을 이롭게 하는 자세라서 붙은 호칭일 듯하다.

두 손을 바닥에 대고 누워 다리를 모은 채 두 손으로 허리를 받치며, 두 팔꿈치, 목과 어깨로 균형을 이룬 상태에서 모은 다리를 천천히 수직으로 들어 올린다. 내려올 때에도 척추 마디를 차례로 하나씩 바닥에 내려 놓는다는 느낌으로 느릿하게 등을 굴려 처음 자세로 되돌아온다. 그리고는 이어서 목을 뒤로 젖히는 마시야 아사나(물고기 자세)를 취하여 앞으로 숙였던 목을 풀어 준다.

자세가 완성된 상태에서는 옆쪽을 보거나 목을 좌우로 돌리는 행위 등은 금한다. 경추에 이상이 올 수도 있기 때문이다. 오로지 목이 일직선상에 놓이게 해야 된다.

거꾸로 선 자세들은 '아그니'라고 불리는 소화의 불로 체내의 독소를 태우게 된다. 이 불꽃은 항상 위를 향해 움직이므로 몸을 역전시킨 경우 소화기관 등 인체를 정화시키는 작용을 하게 된다.

인류는 중요한 도구인 불을 제어할 수 있게 되면서 부터 문명의 길을 걸을 수 있었다. 불을 신성하게 여겨 각종 의례의 대상으로 하는 풍습은 고금과 동서양을 막론하고 세계의 여러 민족을 통하여 엿볼 수 있다. 그것은 불이 신비하고 영묘한 성질을 가지고 있고, 또한 그와 동시에 인간의 생활에서 없어서는 안될 중요한 의미와 소임을 내포하고 있기 때문이었다.

불을 신으로써 숭배하는 예는 세계 각지에서 볼 수있지만 전형적이고 유명한 것은 힌두교의 아그니 숭배와 조로아스터교의 아타르 숭배이다.

인도에서 '아그니 신神'은 불을 관장하고 브라만교의 모든 제식에서 정화 기능을 담당한다. 어둠을 밝혀 번영을 가져다 주고 인간 사회를 보호, 구원하는 것으로 알려져 있다. 아그니 신은 불의 형태로 모든 가정에 거주하면서 가족을 보호하는 수호신으로 숭배되었다.

아그니는 리그베다의 첫 번째 찬가의 주인공으로서 그 찬가의 수가 신들의 왕인 인드라 다음으로 많이 나온다. 또한 소화의 불로서 인체에서 소화 작용을 한다고 알려져 있다. 대표적인 힌두교 성지 바라나시에 있는 마니카르니카 가트 화장터에서는 아그니가 내려줬다는 신성한 불꽃을 수천 년 동안 보호하고 있다.

인간은 두발로 서서 활동함으로써 지능의 발달과 문명이 발달했다. 그러나 한편으로는 두 발로 생활함으로써 인간은 많은 육체적 능력을 상실하였고 생리적 구조에서 서서 생활함으로 인한 육체적인 결함은 너무도 많게 되었다. 척추의 모든 질환, 하체 이상들의 모든 운동계 질환, 장 하수의 모든 내장 질환, 기타 모든 순환기 계통 질병의 원인을 들 수 있다.

따라서 인간은 본래의 기능을 회복하려면 원칙적으로는 아주 먼 옛날처럼 네 발로 기어다니는게 좋을 듯하다. 실제 그런 운동법이 선도 수련법 등에 도입되어 있다.

동양의 모든 양생법은 발은 따뜻하고 머리는 차게 하는 것이다. 그리고 한 걸음 더 나아가 물의 기운은 위로 올리고 불의 기운은 아래로 내리는 것을 원칙으로 한다. 이를 일러 수승화강水昇火降이라 한다.

또 한가지는 환정보뇌還精補腦라고 하는데 즉 정精을 뇌로 돌려보낸다는 것이다. 인도 의학에서 말하는 오자스나 중국의학에서의 정精을 생명의 근본요소라 한다. 한데 생활함에 따라 뇌에 주로 머물던 정精은 끊임없이 아래로 흘러 내리며 소모된다. 그래서 정精을 뇌로 되돌려 보내어 건강을 유지한다는 것이다.

위의 두 가지를 충족하는 요가 자세가 바로 이 거꾸로 서는 자세인 것이다.

"이 무드라를 끊임없이 수행하면 늙음과 죽음을 파괴할 수 있고 그 사람은 우주의 종말이 와도 결코 죽지 않는 모든 세계의 달인이 된다(3.36)." 게란다 상히타의 구절이다.

이 체위는 전신 체위라 하듯이 직립생활을 하는 인간의 모든 내장 질환과 하수증, 척추나 관절질환, 순환기 질환, 생식기 질환에 효과가 있다. 하체 비만, 엉덩이 군살 제거 등에도 효과가 뛰어나다. 목뼈에 트러블이 있거나 중증 고혈압 환자, 임신초기 임산부나, 생리 중일 때는이 자세를 자제한다.

이 자세는 한 자루의 양초가 타고있는 듯해 '촛불 자세'라고도 한다. 오늘날 초를 뜻하는 영어 candle는 '빛이 어른거린다'는 라틴어 candere에서 유래했다.

효율성으로 따지면 벌써 사라지고 없어져야 할 촛불이건만 아직까지 존치하고 있다는 게 신기하다. 습도 조절과 악취 제거 등의 효과가 거론되기는 한다. 전깃불은 실용과 장식을 위한 인위적인 도구이지만 촛불은 정신 세계를 무한히 확대하여 우주와 신의 영역까지 이끈다는 점 때문일까?

촛불은 자신을 태워 어둠을 밝히고 사라지는 존재이기에 찰나와 영원에 맞닿아 있다. 촛불을 켜면 묘한 어떤 따뜻한 기운이 썰렁한 공간을 특유의 아늑한 품으로 품어오는 듯한 느낌을 받는다. 수묵화의 농담濃淡처럼 서로가 서로에게 스며드는 이 온화한 기운이 서로를 지켜주며 갈구하던 눈빛 같이 느껴지기도 한다.

성당이나 사찰 등 종교 의식을 가질 때는 물론이고, 누군가를 축하할 일이 생겼거나, 재난을 당했을 때, 망자亡者를 기릴 때, 진실을 듣고자 할 때, 슬플 때나 기쁠 때, 우울할 때, 수치스러울 때, 절망에 빠졌을 때, 무운장구武運長久를 빌 때, 간절한 염원을 담아 기도를 올릴 때, 저 너머로 더 높은 영혼의 만남을 갈구할 때에 우리는 촛불에 불을 밝히며 의식을 가다듬는다.

언제 꺼질지 모르는 불안하고 나약한 존재지만 스스로를 태우며 불꽃을 밝히는 촛불을 통해 인간을 사유하고 철학적으로 승화시킨 프랑스 철학자 가스통 바슐라르는「촛불의 미학」에서 이렇게 말하고 있다. "촛불은 혼자 타면서 혼자 꿈꾸는 인간 본래의 모습 그 자체이다"라고.

인간은 모두 한 자루씩의 촛불을 가지고 태어났다가 나름대로 영원 속에서 그 촛불을 밝히며 살아가다 끝내는 흔적도 없이 사라져 가는 운명을 안고 살아간다. 이처럼 인간은 태생적으로 고독한 존재이다.

촛불이 녹아내림은 자신의 영혼과 온 몸을 불사르는 소신공양이며 어둠을 밝히는 기도이고 눈물 방울이다. 그러기에 더욱 정결하고 장엄하게 느껴지는지도 모르겠다.

인생은 영원 속에서 섬광 같은 찰나에 지나지 않는다는 것을 깨달으며 앞으로 내 삶에 남겨진 초가 얼마나 되는가를 생각한다. 촛불이 타들어간다. 점점 키를 낮추며 조금씩 사위어 간다. 그 촛불 앞에서 촛불을 켜고 있는 하루하루가 얼마나 소중한 것인가를 새삼 깨닫게 된다.

일렁이는 불꽃 속에서 사라지는 것과 흐르는 것의 경계가 맞닿는다. 자신에게 남겨진 시간을 헤아려 본다. 목까지 차오르는 지난날의 회한悔恨들 과감히 흘려 보내고 앞으로 남은 생애를 보다 진솔하고 그리고 보다 열정적으로 불태워야겠다는 의지를 다잡는다. 흘러간 트롯 '미련도 후회도 없다' 한 소절 읊조리면서.

그리하여 나를 둘러싼 모든 분들에게 조그만 불빛이라도 비출 수 있기를, 나를 둘러싼 인생 산자락에 어둠을 밝히는 한 자락 불꽃이라도 될 수 있기를 기원한다.

아침 저녁 한기寒氣가 점점 더 크게 다가오는 계절의 문턱에서 '촛불 자세' 사르방가 아사나가 주는 따뜻한 영혼의 선물을 소중하게 간직해야겠다.

초겨울 밤 하늘에 별이 바람에 스치운다. 섬광처럼 떨어지는 별똥별 하나 가슴에 담아본다.

《 촛불 》

장미꽃 한 다발에
붉디붉은 열정 가득 담아
숨죽인 어둠 속으로
너울너울 걸어나와

소롯이 헌화하는 그대

일렁이는 아픔의 눈물
안으로 안으로 삼키며
제 한몸 사르더니만
드디어 앙상한 뼈만 남기고
주저앉고 말았구나

그래도 '너'의 눈을 뜨게 했으니
'너'에게 빛을 주었나니
나는 빛이요 생명이어라

거룩함이란 이런 것이다
탕아의 어머니
목자님의 음성을 듣는다

《 사르방가 아사나 》

어깨로 들어올렸다
불꽃이 이는 촛불 같기도 한
고대 현인들이 인류에게 남겨준
위대한 은혜 중의 하나란다

원래 인간은 거꾸로 선 나무
우주나무宇宙木라 했다

인간이 네 발로 생활하다
두 발을 땅에 딛고 서는 순간에 획득한
시간과 공간의 확장성

그러나 하늘의 원리를 거슬리는 부작용은
피할 수없는 숙명이렸다

하늘의 눈·제 3의 눈·송과체의 속삭임으로
원초적 본능에 의지하여
드디어 자신의 몸을 거꾸로 뒤집었다
천지개벽이 펼쳐진다
불을 사용하여 문명의 이기를 앞당겼던
만물의 영장인 호모사피엔스의 지혜로움이여

"유레카!"
만능의 불은 인체속에서도 아그니로
활동할 수 있다는 것을 발견하다니
신통하도다 위대하도다

수승화강水昇火降,
물의 기운 올리고 불의 기운 내려라
환정보뇌還精補腦,
흘러내리고 마멸되어가는 정精을
다시 뇌로 되돌려보내라

지구를 수시로 들어라
양손으로(아도무카브릭샤 아사나),
머리로(시루시 아사나),
때론 어깨로(사르방가 아사나),
두 팔굽으로(브리치카 아사나)

모든 아사나의 왕이며 여왕이며
모든 아사나의 아버지이고 어머니인
거꾸로 서는 자세

이 단순하고도 담백한 이치를 지닌 아사나를
머리가 아닌 몸과 가슴으로
체득할지어다
그대들의 영혼과 육체에
피와 살이 될지니.

_ 최진태

31. 파스치모타나 아사나

파스치모타나 아사나, 앞으로 몸통 숙이기 자세는 많이 걷거나 오래 서 있는 사람, 부인과 질환과 노화 방지에 좋다. 많이 구부리기보다는 발가락을 당겨서 종아리를 펴는 게 중요하다.

_ 시연 김덕선

예로부터 인도에서는 아침에 뜨는 해를 바라보며 경배 드리는 습관이 전해 내려온다. 따라서 동쪽이란 태양을 향한 정면이란 뜻이며, 그 반대인 서쪽은 뒷면 등쪽을 의미한다. 따라서 정수리는 북쪽, 발은 남쪽을 가리킨다. 범어로 파스치마pascima는 서쪽, 신체의 뒷부분을, 우타나uttana는 강한 뻗음, 확장을 의미하며 '앞으로 몸통 숙이기 자세'라고 한다.

파스치모타나 아사나는 요가 수련 중에 가장 먼저 넘어야 할 자세로 손꼽힌다. 이 자세를 완성함으로써 앞쪽으로 자기 공간이 확대되고 이를 바탕으로 뒤로 젖히는 후굴 자세를 맘껏 펼칠 수 있기 때문이다. 가장 대표적인 앞으로 숙이기 자세이다.

이 자세는 숨을 마시고 내쉬면서 앞으로 구부리고 마시면서 일어난다. 괄약근을 조이고 참은 다음, 천천히 내쉬면서 더욱 구부리고 마시면서 일어난다. 완성된 자세에서 수련자는 숨을 멈추는 지식止息 호흡을 한다. 능숙한 수행자는 세 가지 반다를 해서 기氣를 끌어모은다.

엄지발가락을 당기며 허리를 앞으로 구부리고, 괄약근을 조이기 때문에 다리 쪽으로 하행하는 기氣를 끌어올리며 하초에 있는 정精이 상승한다. 따라서 하기下氣에서 오는 피로나 하수증에 좋으며, 심리적으로는 우울증 등에 좋다.

하체가 크고 아랫배가 나온 사람과 많이 걷거나 오래 서있는 사람에게 좋다. 특히 이 체위는 기를 끌어올리기 때문에, 아랫배에 어혈이 있는 냉증 등의 부인과 질환과 노화 방지에 좋다.

특히 엄지발가락 쪽으로 흐르는 비장·간장·신장과 충맥으로 흐르는 기를 끌어올리는 것이 목적이므로 많이 구부리기보다는 발가락을 당겨서 종아리를 펴는 게 중요하다. 그러나 기를 끌어올리기 때문에 초조·불안 등의 신경성 질환자는 지나치지 않게 하는 게 좋다고 이태영(하타요가/여래)은 강조하고 있다.

이 자세를 취한 후에는 두 다리를 뻗고 두 손을 허리 뒷편 바닥에 댄 후 몸통을 위로 한 채 들어 올리는 푸르보타나 아사나 등으로 몸을 상응相應시킬 필요가 있다. 세투반다 아사나·부장가 아사나·차크라 아사나 등과 같이 몸을 뒤쪽으로 구부리는 자세에 연이어서 하거나 또는 앞에 행하는 게 좋다.

성性 에너지를 제어해 브라마차리아 아사나라고도 불린다. 브라마차리아는 금욕·자기제어·절제를 의미하고 성적인 욕망을 제어할 수 있는 사람을 지칭한다.

이 자세가 숙달되면 손바닥으로 발바닥을 짚고 당기거나, 한쪽 손으로 반대쪽 손을 짚고 턱이 무릎에 닿도록 하여 구부리고 펴는 강도를 높여 나갈 수도 있다. 또한 몸통을 좌우로 돌리면서 실행할 수도 있고(파리브르타 파스치모타나 아사나), 등을 대고 누워서 이 자세를 취할 수도 있다(우르드바 파스치모타나 아사나).

아무리 공전과 자전을 거듭해도 달의 뒷면을 마주할 수 없는 것처럼 우리 스스로의 힘으로는 몸의 뒷면을 보기가 어렵다.

앞면인 앞모습은 사회적 커뮤니케이션과 관련되어 있어, 타인의 시선이나 거울 등을 통하여 수시로 점검할 수도 있고 인위적으로 모습을 연출하기도 한다.

그러나 각자의 '등'은 다 털어놓지 못한, 어쩌면 이제껏 살아오면서 오랫동안 감춰두고 억눌렸던 생에 대한 수많은 이야기를 지닌 채 우리들에게 들려주고 있는 듯하다. 그래서 '그 사람을 알려면 그 사람의 뒷모습을 보라'는 말을 하나 보다. '우리의 뒷모습, 우리의 등은 지금 어떤 표정을 짓고 있을까'를 생각하게도 하는 자세가 바로 이 파스치모타나 아사나이다.

이 자세를 취했을 때 수련자는 뒤쪽과 위쪽을 볼 수 없다. 이러한 상황의 수용은 체념과 인내를 생각케 하며 겸양도 낳게 된다. 우리가 바닥으로 몸을 낮추고 내려감은 삶의 끝이며 포기가 아니라, 오히려 새로운 삶의 시작이며 부활임을 일깨우는 자세이기도 하다. 더 나아가 최대한 낮추고 구부리는 일련의 과정에서 우리 속에 신성神性을 대면케도 한다.

그러나 모든 것은 과유불급이다. 조바심에 서두르거나 욕심을 내어 무리하게 동작을 취하지 말아야 한다. 떨어지는 물방울이 바위를 뚫는다는 적수천석滴水穿石의 단어를 잊지 말았으면 좋겠다. 완벽하게 완성된 자세만이 우리 몸에 최고치의 영향력을 발휘하는 게 아니라는 얘기다.

그러므로 요가 자세는 자기 몸 상태에 걸맞게 적절히 취하는 걸 원칙으로 한다. 이 기회에 필자는 요가 수련에서는 한때 '열심히'보다는 오히려 쉬엄쉬엄 '꾸준히'가 최고의 덕목이라고 추천하고 싶다. 굽은 나무가 선산先山을 지킨다는 말도 있듯이.

이 자세가 완성될 때까지 극복해야 하는 몸의 긴장과 한계에 대한 인식은 겸양을 일깨운다. 겸양이라면 조선시대 청백리의 상징이며 명재상으로 알려져있는 고불古佛 맹사성의 일화가 먼저 떠오른다.

맹사성은 젊디젊은 나이에 장원급제하여 경기도 파주 군수로 부임했다. 어느 날 선사禪師를 찾아가 선정善政을 어떻게 베풀지 자문을 구하였다. 선사에게서 "나쁜 일은 하지 말고 착한 일은 많이 하라"는 상식적인 자문을 듣고 시시하고 불쾌하여 황급히 자리에서 일어나 서둘러 문 밖으로 나오다가 문틀에 그만 이마를 부딪혔다. 이때 선사는 입가에 미소를 띠며 '고개를 숙이면 부딪칠 일이 없습니다'라고 한다. 맹사성은 이를 계기로 겸양과 배려의 마음을 깨우치고 평생 겸양지덕謙讓之德을 실천하는 삶을 살았다고 한다.

다음으로 왜군과의 해전에서 기적같이 40여 차례 전승을 이룬 이순신 장군의 리더십 제일 위쪽에 위치하는 덕목이 겸양이다. 전투에서는 투철하고도 헌신적 의지를 보여주며 승리를 이끌었으나 이 모두를 부하의 공으로 돌리거나 하늘이 도운 덕이라 말한다. 승전의 업적을 자신이 아닌 전투에 참여한 모두의 것으로 공을 돌렸다. 승전 보고서에는 부하 이름, 심지어 천한 종의 이름까지 올렸다고 전해진다.

채근담에도 "공명심이 강한 사람은 자칫하면 오만이 흐르게 되므로 남에게 질투를 받는 일이 많다. 그러므로 평소에 겸양의 미덕을 보이면 결코 남의 질투를 받는 일이 없을 것이다"라고 한다.

겸양에 대한 이야기는 계속된다. "스스로를 높이는 자를 신神은 낮추지만 스스로를 겸양하는 자를 신은 높이니라." 탈무드의 한 구절이다.

톨스토이는 "겸양하라. 진실로 겸양하라. 왜냐면 그대는 아직도 위대하지 못하기 때문이다. 진실로 겸양함은 자기완성의 토대이다"라고 말했다.

논어에서도 겸양의 리더십을 덕치德治라 하여 '가까이 있는 자는 기뻐하고, 먼 데 있는 자를 찾아오게 하는 것(근자열 원자래, 近者悅 遠者來)'이라 하였다. 즉 상대를 끌어당기는 힘은 자신을 낮추고 비움으로써 가능하다는 의미다.

또한 도가道家에서는 겸양을 만물을 길러주지만 공을 과시하지 않는 물에 비유하여 '상선약수上善若水'라고 하였다. 주역에서도 "군자는 겸양에서 인격의 꽃을 피운다. 군자의 마지막 공부이며 수행의 마지막 단계라 하겠다."고 역설한다.

미국의 성직자 윌리암 펜William Pen은 "너의 공로를 과대평가하지 말아야 하듯이, 과소평가하거나 은폐하지도 말라. 겸손은 미덕일지라도 가장한 겸손은 미덕이 아니기 때문이다"라고 한다.

영국의 소설가 제임스 베리의 "인생이란 겸손에 대한 오랜 수업이다Life is long lesson in humility"이란 말의 울림도 크다.

마지막으로 성경의 마태복음에서는 "그러므로 하늘나라에서 가장 위대한 사람은 이 어린아이처럼 자기를 낮추는 사람이다", "누구든지 이 어린아이처럼 자기를 낮추는 자 곧 그가 하늘의 왕국에서 가장 큰 자니라."라고 했다. 금과옥조로 삼을 구절이다. 자신을 낮추어야 높아지고, 남을 낮추면 자신이 가장 낮아지는 영원한 영적인 공동체 세계를 설파한다.

파스치모타나 아사나를 통하여 나를 낮추는 '겸양지심謙讓之心'의 경구 하나 가슴에 새겨보는 시간이 되었으면 좋겠다.

《 파스치모타나 아사나 》

인도에서는
매일 아침 태양을 마주보고
경배 드리는 몸통의 앞쪽을 동쪽이라 하고
몸통의 뒤·등은 서쪽이라 하는군
달마가 홀연히 떠난 쪽은 동쪽이라 하거늘

아무리 공전과 자전을 거듭해도
결코 대면할 수없는 달의 뒷면 닮은 나의 등
자신도 모르는 수많은 이야기들이
굽이굽이 서려있는 나의 등·나의 뒷모습은
지금 어떤 표정을 짓고 있을까?

그 뒷면의 이야기를
귀 기울여 들어보는 시간

다리를 펴고 앉아
몸통을 앞으로 숙일 때 오는 팽팽한 긴장감
끊어질 듯한 통증을 견디며
자신의 한계를 본다
때론 있는 그대로를 받아들이는
체념도 익힌다

오체투지 하듯
대지 깊숙이 온 몸을 낮춤으로써
닭벼슬같이 하찮은
세상사에 대한 교만심 내려놓으며
하심下心의 철학을 배운다
겸양의 미덕을 익힌다

자신을 낮추는 것은
곧 자신을 높힌다는 사실
자신을 낮추는 것은
곧 자신을 세운다는 사실

스스로를 높이는 자 아래로 밀어내고
스스로를 낮추는 자 부축해 올린단다

바다로 흘러가는 물은
바다가 낮은 곳에 있기 때문이다

끝도 시작도 없는
일원상一圓相처럼
위 아래·높고 낮음·미추美醜·존귀함과 미천함·빈貧하고 부富함

경계 없는 세상이치 돌아보게 한다

겸양은 진정으로 용기 있는 사람만이
할 수 있는 것

몸통 앞으로 숙이며 뻗은 두 다리의
엄지발가락 잡아당기며
조용히 외쳐본다

부디 낮은 자 되게 하소서!
부디 낮추는 자 되게 하소서!

_ 최진태

32. 가루다 아사나

가루다 아사나(독수리 자세)는 몸의 균형 감각을 높여주고 좌골신경통, 류머티즘을 완화한다. 두 날개를 활짝 편 채 날아오르는 모습이 아니라 오히려 몸을 앞으로 수그리고 모으는 자세는 독수리가 더 높이 날아 오르기 위해 힘을 집중한 채 웅크린 형상이다.

_ 시연 박은진

가루다 아사나는 독수리 자세라고 번역된다. 한 다리로 서서 날개를 접고 있는 독수리를 형상화한 것이다.

가루다는 독수리 형태를 띤 인도 신화의 새로, 새들의 왕이라는 의미를 가지고 있다. 유지와 보존의 신神 비슈누를 태워서 나르는 탈 것으로 등장하며, 독수리의 부리에 황금빛으로 빛나는 사람의 얼굴과 몸통을 가졌고, 붉은 색의 날개를 가진 이 새는 스스로 몸을 태워 재 속에서 다시 태어나는 불사조不死鳥로 따로 묘사되기도 하며, 한자어로 금시조金翅鳥라고 한다. 이름에서도 모양에서도 카리스마를 뿜어내고 있는 이 자세는 무언가 묵직한 안정감과 힘을 준다.

이 자세는 차렷 자세에서 다리를 약간 구부려 한 발로 반대쪽 다리를 감싼다. 두 팔은 꼰 채 양 손바닥을 마주댄 자세에서 시선은 손끝을 향한다. 팔굽을 붙인 채 최대한 힘을 주어 위로 들어 올린다. 반대쪽도 같은 요령으로 반복한다. 등 뒤쪽의 능형근을 당겨 견갑골에 자극이 가도록 한다.

몸의 균형 감각을 향상시키며 다리를 슬림하게 만들어 준다. 주의가 산만하고 집중력이 떨어지는 학생들에게 특히 유용한 동작이다. 좌골신경통, 류머티즘을 완화하는 작용도 하며 다리나 종아리 근육 경련에 효과적이다.

가루다 아사나를 취한 후 몸을 최대한 움츠렸다가 온 몸을 팽창시키는 비라바드라 아사나(T자 자세)를 번갈아 시행하면 몸의 균형을 잡는 데 더욱 효과적이 된다.

독수리는 하늘의 왕답게 용맹스러움, 지혜로움 그리고 하늘을 날아 다닌다는 공간의 초월성 등을 의미하기 때문에 세계 여러 나라에는 독수리와 관련된 많은 신화와 문화가 있다.

그리스인들은 천둥 번개를 관장하는 제우스의 새로 독수리를 선택했고, 잉카에서는 태양의 상징이자 수호령이었다. 오스트리아는 현대에도 머리 둘 달린 독수리를 문장紋章으로 이용한다. 미국의 상징 역시 독수리이다. 멕시코 군대가 보여주는 뱀을 감은 독수리도 그렇다. 동부 인도에서는 독수리가 천둥의 신 인드라의 사자였다. 앞에서 말했듯이 물론 비슈누 신의 탈 것이기도 하다. 이집트에서는 독수리가 태양을 상징했고 성스러운 새, 성조聖鳥로 취급되었다. 로마 그 자체로 인식된 로마제국의 상징도 독수리였으며 나치의 상징도 독수리였다.

국내에서도 독수리를 대학의 상징으로 삼고 있는 곳도 있다. 필자의 두 모교이기도 한 부산대와 연세대가 그렇다. 프로 스포츠 등에서도 팀의 마스코트로 많이 이용하고 있다는 사실도 흥미롭다.

'생사대사生死大事요 무상신속無常迅速'이란 말이 있듯이 이 세상에서 가장 큰 일 중의 하나가 죽는 일이다. 그래서 이집트에서는 미이라를, 인도에서는 화장火葬을, 한자 문화권에서는 매장埋葬 풍습이 있는 데 비해 티베트에서는 독수리에게 시체를 뜯어 먹도록 하는 조장鳥葬 또는 천장天葬의 풍습이 있다.

조장은 조로아스터교(拜火敎, 배화교)가 원조다. 살았을 때 남의 살(육식, 肉食)을 많이 먹었으니 이번에는 당사자가 독수리 밥이 될 차례라고 생각하는 것이다. 이 때 영혼은 독수리를 타고 승천하고, 독수리가 돌아올 때 영혼은 다시 지상으로 환생한다고 믿었다. 니체가 말한 영겁회귀永劫回歸에 해당된다고 할 수 있다.

하늘을 신성시하는 티베트인의 육체는 새에 의하여 하늘로 운반된다는 생각에 근거를 둔 것이라 할 수 있다. 그들은 새를 죽이지 않을 뿐만 아니라 심지어 닭이나 달걀도 거의 먹지 않는다고 하니 말이다.

그리스 신화에도 프로메테우스가 인간에게 금지된 불을 훔쳐다 준 죄로 바위에 묶여 영원히 독수리에게 간肝을 쪼이는 형벌을 받는 이야기가 있다. 또 올림푸스 신 제우스가 독수리로 변하여 별이 되어 여름날 동쪽하늘에 보이는 약간 흐트러진 십자 형태의 별자리인 독수리자리가 되었다는 이야기도 전해지고 있다.

부처님께서 6년간 머물면서 법화경을 설하신 곳인 라즈기르에 있는 영취산靈鷲山이 독수리에서 유래된 지명이다. 고대 인도 마가다국의 수도 북쪽에 위치하고 있는데 신령스러운 독수리산이라는 뜻을 지녔다. 독수리처럼 생긴 검은 바위들이 우뚝 우뚝 솟아 있어서라고도 하며 혹은 독수리가 많이 살았기 때문에 그렇게 불렀다고도 한다.

불교설화에서도 사자왕과 독수리왕의 일화를 통해 미혹한 중생을 깨치고 있다. 여기서 사자왕은 지금의 석존이요, 독수리는 사리불로 비유되고 있다.

성서 「이사야서」에도 "여호와를 바라는 이들은 새 힘을 얻으려니 독수리처럼 날개치며 올라가겠고 뛰어도 지치지 않으며 걸어도 피곤하지 않으리라"며 독수리가 등장한다. 예수의 열두 제자 가운데 한 사람인 요한복음을 집필한 요한의 상징도 독수리이다. 요한 복음서는 전기傳記 형식의 다른 복음서와는 달리 예수가 전한 궁극의 계명인 '사랑'을 가장 심도있게 집필한 복음이기에 복음사가史家로서의 활동을 가장 높이 나는 독수리에 빗대었다고 말하기도 한다.

삼국유사에도 수리가 등장한다. 수로왕이 탈해와 변신술 경쟁을 벌이는 이야기가 있는데 탈해가 매로 변하자 수로왕은 수리로 변하여 이겼다고 한다.

우리나라에서는 독수리·참수리·검독수리·흰꼬리수리 등이 천연기념물 제243호로 지정되었으며 멸종위기 야생동식물 2급으로도 지정되어 보호받고 있다.

독수리는 주로 동물 사체死體를 먹고 살며 가끔 살아있는 동물도 잡아 먹는다. 독수리가 썩은 동물 사체를 먹어도 병에 잘 안걸리고 장수하는 이유는 위장에 매우 특이한 산 성분이 있어 식중독을 없애는 작용을 하기 때문이다. 그래서 독수리는 구더기, 까마귀, 하이에나 등과 같은 포식자계系 중 최고의 청소부scavenger라고 일컬어지고 있다.

최근 철원·파주·연천·양구를 비롯한 비무장지대와 경남 고성·통영·거제·김해 등에 도래하고 있다. 하지만 농약 등에 의한 먹이의 오염, 개발에 의한 서식처 파괴 등으로 점차 그 개체 수가 감소되고 있다고 하니 사람들의 더 많은 관심이 촉구된다.

신화 속 이미지 때문에 어린이 동화책이나 에니메이션에도 독수리는 여전히 하늘의 제왕으로 묘사된다. 그러나 어린이들이 그런 환상과 호기심을 가지고 독수리 탐조활동을 갔을 때, 때로는 까치에게 쫓기기도 하고, 사람들을 무서워하기도 하며, 병아리 소리를 내는 독수리를 보고 당혹감을 느끼게 되는 것은 현재 독수리가 처한 위상 때문이다.

독수리에 관한 재미있는 관용구도 있다. '독수리는 모기를 잡아 먹지 않는다'는 것은 자신의 위치에 어울리지 않는 지나치게 세세한 일에는 신경을 쓰지 아니함을 비유적으로 이르는 말이며, '독수리는 파리를 못 잡는다'는 각자 능력에 맞는 일이 따로 있다는 뜻을 지니고 있다.

'독수리'하면 70년대를 풍미했던 유명한 팝송으로 사이먼과 가펑클이 노래한 「엘 콘도르 파사El condor pasa」를 떠올리게 된다. 스페인이 라틴 아메리카 지역을 강제 점령해 자원을 약탈하고 사람들을 학살할 때 해방 운동을 한 콘드르칸키란 사람을 추모하는 페루의 대표적인 민속음악이었던 것을, 폴 사이먼이 가사를 붙이고 1970년에 폴 사이먼과 아트 가펑클 듀오가 불러 세계적으로 유명해진 곡이다. 우리나라에서는 '철새는 날아가고'라는 제목으로 번안되어 여러 가수들이 불렀다.

영웅이 죽으면 콘도르가 된다는 전설이 깃든 노래이며, 부활의 꿈을 의미하기도 한다. 콘도르는 매의 일종으로, 총 길이 1.3m 이상으로 매과 중에서 가장 큰 종種으로 알려져 있다. 스페인에 멸망한 나라 잃은 잉카인들의 슬픈 꿈이 담겨있는 듯하면서도 우수에 찬 선율이 가슴을 적신다. 잉카인들이 스페인 군대를 피해 도망친 마지막 도시라는 마추픽추 위로, 안데스 산맥 너머로 유유히 큰 날개를 활짝 펼친 채 날아다니는 콘도르가 눈에 선하게 그려지는 그런 분위기의 곡이다.

콘도르는 무엇에도 얽매이지 않는 자유를 뜻한다. 루마니아 최고의 팬플리스트인 게오르그 잠피르가 팬플루트로 연주한 「엘 콘도르 파사」를 꼭 한번 들어 보시길 권한다. 루마니아를 비롯하여 남미권 사람들은 이 연주를 들으면서 때론 눈물까지 흘린다니 말이다. 오카리나 연주의 대가大家인 일본인 노무라 소지로의 오카리나 연주로 듣는 엘 콘도르 파사 역시 일품이다.

'독수리'하면 두 날개를 활짝 편 채 날아오르는 모습을 먼저 떠올린다. 그러나 이 가루다 아사나는 오히려 몸을 앞으로 수그리고 모으는 자세이다. 이보 전진을 위해 일보 후퇴하듯이 더 높이 날아 오르기 위해 힘을 집중한 채 웅크린 모습을 하고 있는 형상이다.

신체적 집중은 정신적 집중을 이끌어냄을 상기할 필요가 있다. 요가 수행자가 더 큰 역량을 발휘하기 위해 자신의 잠재적 에너지를 한곳으로 집중시키는 방법을 익히는 의미도 있다. 묵묵히 준비하고 때를 기다리고 있는 자에게 기회가 오듯이 말이다. 힘들고 위기일수록 에너지를 안으로 더 다지고 집중하여 미래를 대비하는 자세가 요구된다 할 것이다.

"이 자세는 요가 수행자가 스스로 손과 팔을 강하게 결박하였다가 풀어줌으로써 불사조처럼 새로이 거듭나는 것을 상징한다"고 하타요가 경전 중의 하나인 고락샤 사다카는 기술하고 있다.

 불사조처럼 거듭나는 의미를 내포하고 있는 이 가루다 아사나를 행하는 것은, 특히 근간에 역질로 인해 많은 사람들이 힘들어하고 있는 시기에,

 꿋꿋하게 다시 딛고 일어서자는 강한 결의를 다지는 자세로도 안성맞춤이다.

 베다의 해설서 「브라흐마」에는 "깨닫는 자에게는 날개가 있다"고 하였다. 우리 요기니들도 이번 기회에 독수리와 같은 멋진 날개 하나씩 달았으면 좋겠다.

 이 자세를 취하는 동안 경쾌한 행진곡 풍인 바그너의 '쌍두 독수리의 깃발 아래서 Under the double eagle march'의 웅장한 관현악곡이 함께 울려 퍼지면 더욱 좋겠다.

 생生에 대한 의지를 불태우며, 두 주먹이 불끈 쥐어지도록 말이다.

《 가루다(독수리) 》

불사조란다
영원히 죽지 않는,
기쁜 일일까?

난 죽은 너의
살과 골수를 먹고*
넌 승천하고

*조장(鳥葬)

인간에 대한
고귀한 희생 덕에
누리는 문명

나로 하여금
평생 그대 간肝 쪼는*
형벌이라니

*프로메테우스

말씀 듣는다
영취산* 자락에서
한국 속 인도

*양산 통도사가 위치한 산

독수리로다
그 중 제일은 '사랑'
집필한 요한

사체 치우는
포식자계系의 청소부*
위장만은 왕

*scavenger

사람 겁내고
까치에게 쫓기네
야, 모양 빠져

허상을 깨다
포장되었던 위용
슬픈 삐에로

마이웨이다
그릇에 따라 살자
(나도*)파린 못잡아

*독수리

엘 콘돌 파사
언제들어도 애잔
소환된 청춘

중고딩 시절
조회 때 울려퍼진
추억 속의 곡

'쌍두 독수리
깃발 아래서' 였군
아, 옛날이여

콘도르 닮은
비상과 자유로움
만인의 로망

버킷 리스트

마추픽추에 앉아
팬플룻 연주

다짐한다오
꿋꿋이 딛고 서자
의지 불태워

깨달음 돕는
날개 하나 있다면
기필코 단다

_ 최진태

33. 파르바티 아사나

파르바티 아사나는 양 손가락을 깍지 낀 채 머리 위로 들어 올리며 쭉 뻗으면서 가슴을 활짝 열고 횡격막을 늘려주는 자세다. 마치 자신이 큰 산이 된 듯하게 설산과의 교감을 마음속으로 그려보며 행한다.

_ 시연 황은주

인도신화에서 파르바티Parvati는 히말라야 산山들의 왕인 파르바타의 딸이라 일컬어진다. 약 5,000만 년 전에 생성된 히말라야는 범어로 히마hima는 눈雪, 알라야alama는 머무는 곳인 거처를 뜻하여 눈의 거처, 만년설의 집 즉 설산雪山이라고 한다. 그래서 파르바티 아사나는 히말라야 자세, 설산 자세라고도 부른다.

"아, 거대한 히말라야여! 눈의 왕관을 쓴 신령한 왕이여 내 마음 속에 너의 왕자가 쉬고 있다. 너의 고향이 내 안에 있다, 내 안에." 요가난다가 이렇게 읊조렸던 바로 그 히말라야다.

인도신화에 의하면 파르바티의 아버지 격인 파르바타 히마반 Himavan에게 딸 둘이 있었는데 둘째 딸이 바로 히말라야 산의 딸을 의미하는 파르바티이고 언니인 큰 딸은 강가Ganga 즉 갠지스강이라고 한다.

히말라야 산맥은 파키스탄 인도 중국 티벳 부탄 네팔에 걸쳐 있으며 8,000m가 넘는 봉우리 14좌를 보유한 동서 약 2,500km 길이에 남북 300km의 거대한 산맥이다. 이 중 8개의 봉우리를 보유한 네팔은 전체 히말라야의 삼분의 일을 차지하고 있어 보통 히말라야 하면 네팔 히말라야를 떠올린다. "이곳에 있는 것은 무엇이든지 그곳에 있으리라. 그곳에 있는 것은 이곳에 있으리라"라는 우파니샤드의 말을 실현하는 것처럼 히말라야는 동서남북으로 세상을 아우르며 펼쳐지고 있다.

문장가들은 '히말라야의 우뚝 솟은 봉우리들은 지혜의 솟아남이요, 심연의 골짜기는 깨달음의 깊이'라고도 묘사하고 있다. 생명체들의 순환 에너지가 깃들고 귀의하는 곳이 바로 산이라는 법화法華임을 알게 된다. 그래서 히말라야는 지금도 성자聖者와 신화를 끊임없이 탄생시키고 있나 보다.

먼저 연꽃 자세(파드마 아사나)로 앉은 후 가슴 앞에서 합장한다.

상체를 바르게 세워 합장한 손을 느릿하게 정수리 위로 올렸다가 더 높이 쭉 뻗어 올리며 그대로 자세를 얼마간 유지하다가 내린다. 자세를 바꿔 양 손가락을 깍지 낀 채 다시 머리 위로 들어 올리며 쭉 뻗으면서 가슴을 활짝 열고 횡격막을 맘껏 늘려준다. 눈을 지긋이 감고 자연스런 호흡을 유지한다. 목과 어깨의 긴장을 풀어주며 늑골과 흉부 근육을 펴줌으로써 호흡기 계통을 활성화시킨다. 류머티즘의 통증과 어깨 경직을 완화시키는 효과가 있다. 복부기관을 수축시키며 아나하타 차크라를 각성시킨다. 거대한 설산을 닮은 이 자세는 설산과의 교감을 마음속으로 그려보면서 행한다. 마치 자신이 큰 산이 된 듯하게.

시바는 첫 번째 아내 시타가 죽은 후 세속을 떠나 히말라야에서 깊은 명상에 몰입했다. 오랜 시간 지나는 동안 시바는 세속적인 욕망을 접고 고행에 고행을 거듭했다. 그동안 첫 번째 아내였던 사티는 파르바티라는 이름으로 환생하여 히말라야에서 명상 중인 시바를 보좌한다. 그러나 그는 무심하게도 눈길 한번 주지 않았다. 결국 시바는 사랑의 신 까마데바의 꽃과 사탕수수로 만들어진 사랑의 화살을 맞고 눈을 뜨게 된다. 그리하여 아름다운 파르바티와 사랑에 빠지게 된다는 인도신화가 사뭇 흥미롭다. 파르바티는 시바의 첫 번째 아내인 사티가 죽었다가 되살아난 것이었지만 사티보다 훨씬 더 유명한 존재가 되었다. 그 이유는 오랜 세월에 걸쳐 후세의 많은 시인들 특히 칼리다사 등이 '왕자의 탄생'에서 그녀의 아름다움을 화려하게 칭송했기 때문이다. 그리스 신화의 에로스와 매우 흡사하다.

이렇듯이 완벽한 여성미의 상징인 파르바티는 많은 별명을 가지고 있다. 소원을 잘 들어주는 타라, 차갑고 냉혹한 성격의 칼리, 따뜻한 성격의 빛나는 가우리, 먹거리를 제공하는 안나푸르나, 적을 공포로 몰아 응징하는 바이라비, 생식을 담당하는 안비카, 접근하기 어려운 두르가 등이다. 이처럼 파르바티는 세상의 모든 아름다움이 응축된 존재로 사람들의 마음속에 자리 잡게 되었다. 말하자면 파르바티는 인도의 비너스로서 확고한 지위를 얻었던 것이다.

 일반적으로 기마 유목민족이 믿는 신은 남성적인 성향이 강하지만, 농경민들의 신은 대지에 은혜를 가져다주는 생산과 번영의 신, 즉 지모신地母神의 성격이 강하다. 인도대륙이 바로 그 대표적인 경우라 할 수 있다. 여기에 사랑하는 시바의 명예를 위해 과감히 불 속에 몸을 던졌던 시타(사티의식)가 파르바티로 다시 태어나 시바와 재결합하는 이야기는 죽음을 초월하여 영원히 결합한다는 사랑의 또 다른 파노라마다.

 서산대사는 "천가지 생각, 만가지 갈등과 번뇌란, 사실 붉은 화로에 한 점 눈송이다(千計思量 紅爐一點雪 천계사량 홍로일점설)"라는 유명한 임종게를 남겼다. 이런 '숯이 불타는 시뻘건 화로' 못지않게 '빙설 뒤덮인 하얀 화로' 히말라야 역시 영적이며 더불어 만 가지 번뇌 또한 순식간에 제압한다고 산악인들은 역설하고 있다.

 산악인들에게 "목숨을 걸고 왜 산에 가느냐?"고 물으면 "산에 가면 행복하다. 삶이 무엇인지 일깨워 주는 스승을 만나는 것 같다"라는 답을 주저없이 한다. 한 발 한 발 내딛는 순간순간마다 자신의 운명이 결정되는 노정 속에서 오직 자기 자신에만 의존하는 발걸음 하나로 철저히 홀로 됨과 자유를 갈망하고 실천하는 사람들이 산악인이 아닐까 하는 생각이 든다. 히말라야는 말 그대로 죽음의 산이다. 그런데도 이런 위험천만함을 무릅쓰고 많은 산악인들이 고귀한 생명을 기꺼이 던진다. 이유는 단 하나, '산이 있기에 오르고 그리고 죽는다'라는 비장한 문장 말고는 달리 표현할 말이 잘 떠오르지 않는다.

 지구상에 존재하는 8,000m 이상의 고봉들인 히말라야 산맥과 카라코람 산맥의 14개 봉우리들을 일컬어 히말라야 14좌라 칭한다. 에베레스트, 케이투, 칸첸중가, 로체, 마칼루, 초오유, 다울라기리, 마나슬루, 낭가파르바트, 안나푸르나, 가셔브룸1, 브라드피크, 가셔브롬2, 시샤팡마가 그것이다. 이런 히말라야 14좌 정상 도전은 모든 산악인들의 꿈이자 희망이다. 지금까지 수많은 산악인들이 여기에 도전하여 극소수만이 정상 등극에 성공했다. 많은 대원들이 등반 도중 목숨을 잃은 안타까운 곳이기도 하다. 하지만 히말라야가 존재하는 한 이들의 도전은 어제도 오늘도 그리고 내일도 계속될 것이다. 히말라야 14좌를 모두 등정한 사람은 지금까지 세계적으로 20명뿐이다. 그중 엄홍길, 박영석, 한왕용, 오은선 여성대장 등 한국인이 4명이라니 가슴 뿌듯한 자부심이 든다.

영화 '히말라야'는 엄홍길 대장과 휴먼 원정대의 감동실화를 다루었다. 황정민, 정우 주연으로 2015년 12월에 개봉된 이석훈 감독의 작품성 빼어난 작품이다. 엄홍길 대장의 어록에서 "20~30cm의 보폭이 모여 8,000m가 된다", "1%의 희망만으로 99%의 절망을 극복할 수 있다는 것을 배웠다"는 주옥같은 말도 되새겨 본다.

또한 히말라야 하면 빼놓을 수 없는 산이 있다. 인간이 접할 수 있는 영적 세계 가운데 최고의 땅이라는 카일라스가 바로 그 산이다. 티베트 사람들이 존경심 가득찬 시선으로 합장하며 온몸 던지며 오체투지를 아끼지 않는, 강린포체라 불리는 카일라스는 눈雪으로 이루어진 순수한 보석이라는 뜻이다. 카일라스는 히말라야의 아버지라고도 불린다. 6,714m로 근원의 산이라는 의미를 띤다. 히말라야 최고봉인 초모룽마 즉 에베레스트 8848m에 비해 턱없이 낮지만 특히 불자佛者들에게는 수미산으로 존숭된다. 그들은 이 산의 제일 꼭대기에는 도리천이 있다고 믿고 있다. 그곳은 지구의 기氣가 응집되어 있다는 히말라야 골짜기이고 지구의 배꼽이다. 선도 수행자들은 성스런 이 바위산에서 강한 암기岩氣를 내뿜어 차크라를 각성시키는데, 소주천·대주천을 달성하는 데 도움이 된다고 일컬어지고 있다. 카일라스 산의 주변을 돌면서 순례하는 것을 코라Kora라고 한다. 카일라스 산을 신성시하는 사람들에게는 이 코라 순례가 일생일대의 과업이자 소망이라는 말이 예사롭지 않게 들린다.

그런 수미산(수메르산)은 실제의 산이자 형이상학적 산이기도 하다. 세계의 단전丹田에 해당되는 곳이 바로 수미산(수메르산)이다. 이 산은 히말라야를 넘어 힌두교, 불교, 자이나교에 이르기까지 신성한 산으로 여겨지고, 티베트의 토착종교, 불교 각파와 라마교 그리고 서역과 중국 오지에 이르기까지 마음 속의 산으로 남아 있다.

그러나 삶의 무대에서는 사람이 곧 히말라야가 된다. 사람의 깊이와 높이가 만년 설빙의 저 에베레스트보다, 저 카일라스보다 더하면 더했지 결코 그 이하는 아닐 듯하기 때문이다. 사람들의 최종 등정 무대는 오히려 히말라야 14좌보다 더 높디 높은 걸 어이하랴. 그러기에 우리가 매사에 자신을 낮추고 더욱 겸양해져야 되는 이유이기도 하다.

성자 루카램은 "자연에 가까워질수록 신에 가까워지는 것이다"라고 말한다. "해 지는 광경의 황홀함이나 산의 아름다움 앞에서 문득 발걸음을 멈추고 아! 감탄하는 사람은 벌써 신의 일에 참여하고 있는 사람이다"라고 우파니샤드에서도 읊조리고 있다. 오늘도 히말라야는 '자신이 스승이고 자신이 경전이고 자신이 교과서다. 그러므로 자연에서 신을 찾으라'고 말하고 있는 듯 여여如如하기만 하다.

사진으로, 영상으로나마 만나는, 물이 얼어붙고 설빙을 가진 저 히말라야 설산 봉우리들은 보면 볼수록 마치 위대한 요가 수행자의 모습을 닮았다. 수천만년간 그 자리에서 꼼짝 않는 저들의 꼿꼿함을 보면 때로는 바즈라 아사나로, 때로는 파드마 아사나로, 때로는 싯다 아사나로 앉아 깊은 삼매에 든 요가 수행자를 떠올리게 된다. 정중동靜中動이며 동중정動中靜이다. 적연부동寂然不動이다. 그렇다면 우리는 얼마나 가부좌를 틀고 앉아야 저 설산처럼 깊어질 수 있을 것이며, 얼마나 더 많이 욕망에 찌든 찌꺼기를 씻어내야 저 설산처럼 평온하고 깊은 눈빛을 가질 수 있을까? 마주할 수 있을까? 위대한 영혼을 가진 자만이 위대한 영혼을 알아볼 수 있다 하는데.

히말라야에선 걸음 하나하나가 명상이 되고 하타요가가 될 듯하다. 산을 걸어가며 내가 산이 되고 산이 내가 되었다가 종국엔 산마저 잊어버리는 그런 수행이 가능할 것만도 같다. 그 히말라야를 생각하면서 네팔 영화 '히말라야 ost'곡을 배경음악으로 이 파르바티 아사나를 실행해 보기를 권한다.

영산靈山 히말라야의 딸, 파르바티의 이름이 들어간 단순한 듯한 이 파르바티 아사나 한 동작이 오늘따라 조금은 새롭게 느껴지며, 때로는 우리의 몸과 영혼 속으로 그 기운들이 훅 파고 들어오는 행운도 맛볼 수 있었으면 좋겠다. "아침 햇살에 이슬이 사라지듯 히말라야를 바라봄으로써 인간의 죄는 그렇게 사라진다, 와서 보라"(임현담)고 손짓하는 히말라야. 꿈은 이루어진다 했다. 바가바드 기타에서는 "한없이 나를 사랑하는 사람은 누구든지, 나도 무한히 그를 사랑하리라. 그로부터 분리를 견딘다는 것은 불가능하며, 나는 그에게 나를 갖도록 한다. 이것이 나의 진실한 약속이다. 그대는 나에게로 오라"고 손짓하고 있다.

우리는 누구나 올라가고 싶은 산 하나쯤 마음속에 품고 산다. 하여 필자는 히말라야를, 카일라스 산자락을 걷는 모습을 늘 꿈꾸며 산다. 거실에 걸린 대형 카일라스 사진에 눈길 한번씩 주면서. 언젠가는 버킷리스트 중의 하나인 이 소망이 이루어질 날을 기약해 본다. '간절하면 이루어진다'는 부적같은 말 하나 가슴에 품고서.

《 히말라야 》

아, 만년 설산
장엄하고 웅대한
신령하기도

오, 파르바티
인도의 비너스라
히말라야 딸

오늘도 듣네
사랑의 진혼곡을
죽음 너머서

한 점 눈송이
붉은 화로에 핀
번뇌 녹이네

강린포체라
마음속 품은 영산靈山
지구의 단전丹田

자신이 스승
자신이 경전임을
설하고 있는

쏙 빼닮았다
위대한 요가 행자
설산 봉우리

_ 최진태

34. 벌소리 호흡법

벌소리 호흡법은 인지나 중지를 양 귓구멍에 넣어 코를 통해 들숨을 한 후, 숨을 내쉬면서 길고 부드럽게 벌이 윙윙거리는 것처럼 '음' 하는 콧소리를 내는 것이다. 스트레스와 뇌의 긴장을 덜어 주는 효과가 있다.

_ 시연 허수정

내면에서 울려 퍼지는 소리에 집중함으로써 마음을 정화시키고 고요하게 만드는 호흡법 중의 하나로 벌소리 호흡법이 있다. 벌의 윙윙거리는 소리에서 영감을 얻은 것이다. 검정 인도벌을 브라마리라고 부르는 데서 연유하여 '브라마리 프라나야마Bhramari pranayama'라고 부른다.

명상 자세로 앉아 인지나 중지를 양 귓구멍에 넣어서 코를 통해 들숨을 한 후, 숨을 내쉬면서 끊임없이 길고 부드럽게 감미로운 검은 벌의 소리처럼 윙윙거리는 '음' 하는 비음 콧소리humming sound를 낸다. 때로는 천상의 소리라는 '옴' 소리를 내어도 좋다. 그 소리가 두개골의 앞 부분에서 울려 퍼지도록 한다. 입술을 가볍게 닫고 이를 약간 떨어뜨린다.

이것은 소리의 떨림이 명료하게 뇌에서 더 잘 들리도록 하는 것이다. 자신의 내부로부터 흘러나오는 여러 가지 소리를 듣는 것이다. 그 소리가 두개골의 앞부분 송과체까지 울려 퍼지도록 한다. 소리를 내는 과정에서 만들어진 진동은 우리 몸과 마음에 여러 유익한 효과가 있는 것으로 알려졌다. 소리와 진동이라는 자극법이 집중을 유도하게 되는데 이것은 단순한 하나의 대상에 집중하면 그 대상 이외 모든 생각, 감정에서 벗어나게 되는 마음의 속성 때문인 것이다. 처음엔 5~10회 반복하다가 차츰 늘려 간다. 스트레스와 뇌의 긴장을 덜어 주고 화, 불안, 불면증 등을 경감시키며 혈압을 조절해 주기도 한다. 목 안의 질환 예방에도 효과적이다. 귓병이 심한 경우는 자제하며 심장질환이 있다면 호흡은 길게 멈추지 않는다.

"벌소리 호흡법은, 마시는 숨은 수벌의 날개에서 나는 소리처럼 빠르게 하고 내쉬는 숨은 암벌의 날개에서 나는 소리처럼 천천히 한다. 이 호흡수행을 하면 요가 행자의 마음은 말할 수 없이 황홀한 상태가 된다"라고 하타요가 프라디피카(2.68)는 기술하고 있으며 "꽃에서 꿀을 마시는 벌이 꽃의 향기에 마음을 두지 않는 것처럼, 내부의 미묘한 소리에 이끌린 마음은 그 밖의 대상을 구하지 않는다"라고 구체적으로 기술하고 있다.

'우주는 파동의 바다'라는 의미를 되새기게 한다. 인간에게는 의식의 내부에 외부 영향을 차단하는 고유의 능력을 가지고 있다. 하타 요가 경전에서는 이 수행을 거북이가 발을 껍질 안으로 끌어당겨 조종하는 것에 비유하기도 한다. 게오르그 호이에르슈타인은 "옛날 인도의 현자들은 감각적 느낌을 마음의 독이라 하였다. 왜냐하면 그것들은 꽃의 향기에 취한 나비처럼 마음의 평온을 깨고 마음이 감각대상을 쫓도록 부추기기 때문이다"라고 한다.

서사시 마하바라타에는 "참 자아atman는 결합되지 않고 이리저리 흩어진 감각들로는 인식할 수 없으며, 준비되지 않는 자의 감각기관으로는 자아를 제어할 수 없다"는 표현이 있다. 따라서 자아에 도달하기 위해서 요가행자는 부동의 자세로 앉아서 감각기관의 주인을 단단히 제어할 수 있을 때까지 마음을 한곳에 전념하여 집중해야만 한다.

아스탕가 요가에서 다섯 번째 단계는 감각의 제어, 오감의 통제 즉 '프라티야하라Pratyahara'이다. 이것은 내부로 집중하는 첫 번째 단계로 감각을 조절하는 요가의 원리이며, 우리의 의식이 외부로 향하려는 끊임없는 욕망을 극복하는 한 방편이다. 벌소리 호흡법이 그 중 하나이다. 바가바드기타의 한 귀절인 "평상심을 요가라 한다 Everness is called Yoga"는 말이 더 큰 울림이 되어 돌아온다.

"양지밭 과수원에 꿀벌이 잉잉거릴 때 나와 함께 그 새빨간 능금을 또옥 똑 따지 않으렵니까." 신석정 시인의 '당신은 그 먼나라를 알으십니까'의 마지막 구절이다.

벌은 곤충 가운데서 가장 큰 무리로서 세계에 10만 種種 이상이 알려져 있다. 몸 길이 1mm 이하의 좀벌에서 70mm가 넘는 대문벌까지 있다. 여왕벌, 일벌, 수벌의 세 계급으로 나누어진다. 벌은 생태계에서 중요한 역할을 하는 동물이다. 벌은 꿀을 얻으려고 여러 꽃 위를 날아다니는데 그 과정에서 꽃가루를 몸에 묻혀 다른 식물에 옮겨 열매를 맺게 한다. 이른바 꽃가루받이 즉 수분受粉활동이다.

이러한 벌의 의도치 않은 수분활동은 경제학의 중요한 개념 중의 하나인 '외부효과'를 설명할 때 자주 인용된다. 외부효과란 어떤 행동이 다른 이에게 영향을 미치지만 이에 대한 대가를 주거나 받지 않는 것을 뜻한다. 시장경제처럼 가격이 형성되지 않고, 시장 바깥에서 상호작용이 일어난다고 해서 그렇게 부른다.

벌은 벌목木과에 속하는 곤충으로 주로 여왕벌을 중심으로 사회생활을 하는 종種이 많으나 모든 벌이 사회를 이루어 생활하는 것은 아니다. 대체로 사회생활을 하는 벌들의 대부분을 차지하는 일벌은 생식능력이 없는 암컷이다. 생식기관은 독성을 가진 벌침으로 변화되어 주로 호신용, 방어용으로 쓰인다. 특히 꿀벌의 일벌은 자기 생명과 연관된 일회용 침을 가지고 있어 침을 쏜 후에는 자기도 죽게 된다. 수컷 벌들은 번식에 등장하며 일은 하지 않는다. 벌의 이러한 사회성을 이용하여 인간이 꿀이나 밀랍, 로열젤리, 프로폴리스 등을 얻기 위하여 꿀벌을 양봉하기도 한다. 자연 치료요법으로서 벌독과 벌침의 효능이 제3 의학의 한 분야로 중요 역할을 할 뿐 아니라, 인간 질병에 대한 치유능력으로서의 존재가치는 우리 인간에게 또 하나의 큰 선물이다. 필자 역시 봉침요법으로 많은 혜택을 입고 있기에 더욱 소중한 존재임을 실감하고 있다.

꿀벌은 8자 춤으로 거리 방향을 알리고, 냄새로 꽃물의 맛, 양을 전달해 주고 날갯소리로 동료를 부르는 신호를 한다. 계급에 따라 몸집, 크기, 모양이 다르며 여왕벌은 페르몬으로 수하의 벌을 다스린다. 따끔한 침만 있는 줄 알았던 꿀벌이 이렇게 정교한 언어를 갖고 있다니 놀라울 뿐이다.

양봉가이자 사진작가인 댄 윈터스가 한때 '세계 벌의 날(5월 20일)'을 기념하고자 촬영한, 몸에 페르몬을 바르고 벌을 유인하여 18분간 벌에 뒤덮이는 퍼포먼스를 하는 미국 배우 앤젤리나 졸리의 사진이 화제가 된 적이 있다. 꿀벌을 몸과 얼굴에 붙이고 정면을 응시하는 배우의 모습이 많은 사람의 관심을 끌었다. 벌의 소중함을 환기시키기 위한 행사였다.

인류가 꿀벌을 이용하게 된 것은 5,000년 전이나 그 이전에 있어서 이집트 왕의 인주에도 사용되었고, 왕의 무덤에서도 발견되었다. 아리스토텔레스의 저서나 성서에도 기록되었다. 한국에 양봉이 시작된 것은 약 2,000년 전 고구려 태조왕 때 중국에서 꿀벌을 가지고 와서 기르기 시작하면서부터라고 한다. 이미 삼국시대에 양봉이 보급되었으나, 양봉은 독일인 선교사가 이탈리안 종種을 들여오면서부터 시작되었다.

그리스 신화에 아리스타이오스는 양봉의 신이고, 제우스도 꿀을 먹고 자랐다고 기술하고 있다. 그리스인들은 꿀을 신들의 식량이라고 불렀다. 성서는 축복의 땅 가나안을 '젖과 꿀이 흐르는 땅'이라고 표현했다. 솔로몬은 "내 아들아 꿀을 먹어라, 이것이 네 입에 달고 건강에 좋다"라고 말했다. 이처럼 예로부터 인류는 꿀을 귀하게 여겼다.

선지자 세례 요한은 거친 낙타 털옷을 입고 메뚜기와 석청을 먹으며 살았다고 한다. 인도신화에 등장하는 크리슈나는 어릴 때 높은 다락에 있는 꿀을 잘도 찾아 먹는 천진스러운 장난꾸러기로 묘사되고 있다. 나폴레옹은 프랑스 황제에 오른 뒤 왕국을 상징하는 문장紋章으로 꿀벌을 택했다.

인류가 가장 먼저 즐긴 감미 음료는 자연에서 채취한 꿀을 물에 타서 마시는 꿀물이 아니었을까? 벌꿀은 꿀벌이 꽃의 밀선蜜腺에서 빨아내어 축적한 감미료이다. 꽃에서 꿀을 빨 때 섞인 침에 꽃물이 발효된다. 이것이 벌꿀이다. 단순히 꿀로 줄여 부르며 유의어로 봉밀, 석청, 석밀이 있다. 꿀은 벌의 종류에 따라서 토종벌과 양봉벌로 나누어진다. 유통되고 있는 것은 대부분 양봉이다. 석청은 깊은 산의 절벽이나 바위틈에 모아둔 꿀로서 일반 꿀에 비해 토코페롤, 미네랄, 비타민, 칼슘 등이 더 풍부하게 함유되어 있어서 산삼에 버금가는 건강식품으로 알려져 있다. 네팔이나 티베트에서 나는 히말라야 석청이 유명하다.

그리고 신비하게도 벌꿀 속에서는 박테리아가 살 수 없다고 한다. 신혼을 허니문Honey moon, 밀월蜜月이라고 하는데 스칸디나비아에서 신혼부부에게 한 달 동안 꿀로 만든 술을 마시게 하여 꿀같이 달콤하게 취하게 하였다는 데서 유래된 말이다.

벌은 총체적 미학이라고 할 수 있다. 부지런할 뿐만 아니라 침이 있지만 꽃에 상처를 주지 않는다. 그러면서도 과수나 열매를 맺게 하고, 인간에게는 다디단 꿀까지 선사하니 말이다. 인류의 소중한 식량원인 셈이다. 이는 벌을 왜 소 돼지에 이어 엄연히 축산법에 규정된 제3의 가축이라고 하는지 알게 한다. 하지만 가축 아닌 가축으로 푸대접 받고 있는 것도 현실이다. 꿀벌이 없으면 수분도 없다. 그리하여 결국 식물도 없고 동물도 없고 인간도 없게 된다. 꿀벌의 실종이 가져오는 나비효과이다. 인간이 지구 생태계를 인위적으로 조작하거나 아니면 생태계의 주인인 척 간섭을 하는 것에 대한 의식 전환이 필요하다.

식물은 다양한 방법에 의해 수분이 된다. 곤충에 의한 충매화蟲媒花, 물에 의한 수매화, 새에 의한 조매화 등이 있다. 곤충에 의해 수분되는 충매화는 지구에서 생성되는 작물의 3분의 1을 차지한다. 나비류, 나방류, 등에류도 화분 매개충 역할을 하지만 충매화의 80%를 수분시키는 건 역시 꿀벌이다. 꿀벌의 소중함은 이렇듯 상상을 초월한다. 꿀벌의 수분을 금액으로 환산하면 천문학적 숫자가 될 것으로 추정된다.

미국에서는 꿀벌이 처음으로 멸종위기종으로 지정됐다고 워싱턴 포스트지가 보도했다. 지구상의 동물 중 최후까지 살아남을 종이 곤충이라고 하는데 꿀벌이 벌써 멸종위기란다. 꿀벌 없는 지구, 꽃 없는 지구는 상상할 수 없다.

꿀벌의 개체수 감소는 지구를 학대한 인류가 자초한 벌이다. 꿀벌 없는 세상은 결실 없는 가을을 떠올리게 한다. 꿀벌이 없으면 인류는 4년 내 종말을 맞이할 것이라며 아인슈타인은 경고하고 있다.

꿀벌은 하루동안 자신의 몸무게에 해당하는 물을 마시고, 체중비율로 인간에 비해 거의 네 배 이상 많은 산소를 들이켜면서 근면함의 아이콘답게 열심히 일한다. 꿀 100그램을 얻기 위하여 무려 56만 송이의 꽃을 찾아 다니는 그야말로 강철같은 체력의 소유자인 것이다.

마야 룬데의 '벌들의 역사' 서문에 '벌과 곤충은 우리 삶의 터전인 지구의 건강을 측정할 수 있는 온도계와도 같다'는 말이 예사롭지 않게 들린다. 이렇듯 우리가 쏜 화살은 언제든 부메랑이 되어 돌아올 수 있다는 사실을 한시라도 잊어서는 안 되겠다. 자연환경을 무시한 채 인간들이 편의만 추구해 온 결과이다. 세계 환경단체인 어스워치Earth watch는 지구에 사는 생물 중 대체 불가능한 생물종種 다섯 가지로 균류, 플랑크톤, 박쥐, 유인원 그리고 벌을 꼽고 있다. 이처럼 생태계 질서의 중심에 있는 꿀벌의 가치를 잊지 말아야겠다.

역질의 창궐로 세계인의 숨통을 조으는 등 올해는 말벌의 독침이 살갗을 파고들 듯 유난히 힘든 시기였다는 생각이 든다. 이제 그 아픈 기억들은 조금씩 조심스레 내려놓아야 할 시점이다. 한 해가 기웃기웃 저물어가고 있다. 이럴 때일수록 "늘 그렇듯 세상은 우리가 마음먹기에 따라 조금씩 달라진다. 그러나 너무 무겁게 살지 말자. 행복한 순간을 놓치지 말고, 매 순간 삶의 기쁨을 음미하면서 살아

봄이 어떠한가"라는 원영스님의 물음에 고개가 끄덕여진다.

 벌소리 호흡을 통해 외부의 감각을 차단하고, 내부의 소리에 귀를 한 번 기울여 보자. 이는 우주적 영혼의 허공 속으로 몰입해가는 시도이기도 하다. 그리하여 들뜨고 번잡한 마음의 소용돌이를 잠시라도 차분히 가라앉힌 채 한 해를 마무리하고, 다가올 새해를 설계해보는 시간을 가져보는 것도 좋을 듯하다.

 '바쁜 벌은 슬퍼할 틈이 없다'고 했다. 다시 두 주먹 불끈 쥐고 부지런히 그리고 성실히 일상을 맞이한다면 또 다른 희망찬 미래가 전개되리라는 소망 한 점 띄워 본다. '술탄 황제 이야기'라는 오페라 2막에 등장하는 러시아 국적의 림스키 코르샤코프Rimsky-Korsakof의 '왕벌의 비행Flight of the Bumble Bee' 관현악 곡에 실어서.

 이 곡은 박해를 피해 외딴 섬으로 피신했던 왕자가 해변을 거닐다가 벌떼에게 공격받는 백조를 보고 구해주자 후일 백조는 감사의 보답으로 세 가지 선물을 준다. 그 하나는 보석으로 만들어진 열매를 따다 주는 다람쥐였고, 또 하나는 왕자와 그의 어머니인 왕비를 지켜줄 수 있는 무사들, 그리고 마지막은 백조가 공주로 변해 왕자의 신부가 되는 선물이다. 후일 왕자는 얽힌 오해를 풀고 복귀하여 해피엔딩으로 끝난다는 스토리이다. 여튼 짧으면서도 강렬한 곡인데, 짧은 시간 내에 담아낸 벌떼의 움직임에 대한 탁월한 묘사와 함께 경쾌한 박자를 감상하노라면 어느덧 마음껏 자유롭게 비행하는 벌떼들의 모습에 슬며시 미소짓게 될는지도 모르겠다. 그러다보면 혹 우리도 어디선가 '툭' 이런 선물 하나쯤 기꺼이 건네주는 행운의 여신을 만날 수도 있지 않을까.

《 벌소리 호흡 》

내면에 들려오는 벌들의 비행소리
송과체 두드리며 들뜬 마음 잠재우네
번잡한 세상사일랑 한 순간에 사라져

붕붕붕 바쁘게도 움직이던 나의 마음
한 순간 적막하다 일상이 멈춘 듯이
내 안에 나를 찾아서 떠나보는 여행길

내 속에 네가 있다 네가 곧 나인 것을
파동의 바다 속에 빠져본들 어떠하리
만사가 발아래여라 하늘자락 한 소식

_ 최진태

35. 비라바드라 아사나

영웅 자세인 '비라바드라 아사나'는 활력과 충만함, 자신의 능력에 대한 믿음, 용기와 결단을 불러일으키는 자세이다. 다리를 어깨너비의 두 배 이상 열고 서서 한쪽 무릎을 직각이 되게 구부린 후, 정면을 응시하며 가슴을 활짝 내밀고 천천히 합장한 후 양팔을 위로 치켜올린다.

_ 시연 박미희

인도 최고의 시인으로 추앙받는 칼리다사의 '전쟁 신의 탄생'에 나오는 영웅을 기리는 자세이다. 범어로 비라vira는 영웅, 전사, 무사를 의미하고, 바드라bhadra는 길한, 상서로운, 제왕을 뜻한다. 이 둘이 합쳐져 영웅 또는 전사, 무사를 뜻하는 비라바드라virabhadra가 되었다. 굳이 우리말로는 용감한 영웅 자세, 용맹한 무사 자세라고 할 수 있다. 편의상 영웅 자세라고 부른다.

이 자세는 힌두신화에서 악의 세력에 맞서 싸우는 신들의 우두머리 인드라Indra의 권위를 나타낸다고도 하고 다른 한편으로는 우주적 질서를 위하여 모든 부정적 요소들을 일소하는 시바의 강력한 힘을 상징하기도 한다. 시바의 아내인 시타가 죽은 후 그 죽음에 대한 응징을 위해 시바가 만든 초인적 생명체가 비라바드라이다. 여기에 얽힌 신화 속 이야기가 사뭇 흥미롭다.

시바와 그의 부인 시타는 부부로서 만년설 히말라야의 골짜기에서 행복하게 살고 있었다. 시타는 시바를 열렬히 사랑했지만 시타의 아버지 다크샤 왕은 괜스레 시바를 아주 못마땅하게 여겼다. 시타는 남편인 시바가 참을 수 없을 정도로 무시와 모욕을 당하는 데 분노한 끝에 다크샤가 주최하는 희생제의犧牲祭儀에서 스스로 산 제물이 되어 불에 뛰어들어 목숨을 끊었다. 뒤에 이것을 일러 사티의 식이라 칭했다. 이는 남편이 사망하면 부인이 함께 불에 뛰어들어 순사殉死하는 의식을 말한다. 시바는 자신의 머리카락에서 탄생시켰다는 비라바드라에게 복수를 명하게 되었고 결국은 다크샤 왕을 제압하여 굴복시킨다는 이야기이다.

이 비라바드라 아사나는 먼저 숨을 모으고 다리를 어깨너비의 두 배 이상을 열고 서서 먼저 왼쪽 무릎을 직각이 되게 구부린 후, 눈을 크게 뜬 채 정면을 응시하며 가슴을 활짝 내밀고 천천히 합장한 후 양팔을 위로 치켜올린다. 이는 다크샤의 제례의식 행사장에서 천장까지 비라바드라가 뚫고 올라감의 상징이다.(비라바드라 아사나1)

두 번째는 왕의 궁전에 쳐들어가서 양 팔을 길게 뻗고 손 끝으로 다크샤를 찾아내 강력히 적의를 표출한 후(비라바드라 아사나2) 마지막으로 앞으로 기울이며 정면을 향하여 합장한 채 제사장인 다크샤 왕에게 전속력으로 날아가 단칼에 다크샤의 머리를 베어 버린다는 의미와 상징을 띤 자세이다.

여기 등장하는 다크샤 왕과 다크샤 왕의 머리는 바로 우리 자신의 에고ego를 상징하고 왕을 자비롭게 용서하는 시바는 우리의 더 큰 자아大我 또는 초자아super ego를 상징하기도 한다. 작은 나, 작은 에고에 나를 바치면 작은 에고가 나를 지배하게 되고, 힘들고 약한 자를 위해 국가를 위하는 등 이타利他의 정신으로 나 자신을 초월한 더 큰 에고에 나를 바치게 되면 더 큰 에고가 나를 형성하게 되리라. 따라서 스스로의 결정에 의해 스스로의 정체성이 형성된다는 걸 상기시키는 자세이다.

제한된 자아에 갇히는 대신 더 높은 단계를 향해 나아가는 느낌으로 실행한다. 우주의 균형을 회복시키는 비라바드라처럼 요가행자는 이 자세를 취하며 내적 균형을 추구하게 된다. 특히 이 자세는 태양신경총과 연결되어 있는 마니푸라 차크라를 활성화 시키는 효과가 있다. 이 부위는 뜨거운 기운의 열에너지를 조절하는 곳인데 흔히 소화기관을 돕는 불로 상징되기도 한다.

활력과 충만함, 자신의 능력에 대한 믿음, 용기와 결단을 불러일으키는 자세이다. 그러나 때로는 앞 무릎을 구부리는 것은 교만하지 않고, 자신을 낮추는 겸허함을 잃지 않는 영웅·무사이기를 일깨우는 의미도 있다.

자세를 취하고 있는 내 몸을 강인하게 만들어 그 누구도 감히 나를 넘볼 수 없게 만든다는 마음으로 실행해 보자. 이 영웅 자세는 땅의 에너지를 바탕으로 하여 연결시켜 준다는 의미에서 발목과 종아리, 하체의 근력을 발달시키고 집중력과 균형감각, 인내력을 향상시켜 준다. 어깨와 등의 뻐근함도 제거시켜 주는 효과가 있다. 또한 척추 골반 및 엉덩이 둔근을 자극시켜 뒤태를 아름답게 해준다.

참고로 꿇어앉아서 양발을 옆으로 더 벌리고 엉덩이가 바닥에 떨어지게 앉는 자세를 비라 아사나(영웅 자세)라 부르기도 한다. 이 자세에서 천장을 보고 누운 자세를 숩타비라 아사나(누운 영웅 자세)라 부른다. 특히 이 누운 영웅 자세는 등산이나 행군 등 많이 걷거나 서 있은 후 다리의 피로를 빨리 풀어 주는 탁월한 효과가 있다. 요근력과 신장을 강화시킨다. 위장장애도 많이 덜어 주는 동작이다. 그러나 무릎관절이나 허리에 트러블이 있을 시, 이 자세는 자제하거나 가볍게 행하는 게 좋다.

영웅, 이는 지혜와 재능이 뛰어나고 용맹하여 보통 사람들이 해내기 어려운 일을 해내는 사람을 일컫는다. 난세에는 특히 영웅의 등장이 기다려진다. '시대가 영웅을 만들고 영웅이 시대를 만든다' 했던가?

오랜 기간 역질의 유행 등으로 답답한 현실을 겪으면서 불안과 불신을 해소시켜 줄 영웅의 등장을 열망하게 된다. 아무 희망도 보이지 않는 깜깜한 시기에 홀연히 나타나 "신臣에게는 열두 척의 배가 남아 있나이다" 외치며 300척이 넘는 왜선을 통쾌하게 격퇴시킨 이순신 장군 같은 영웅 말이다. 시대의 절망 앞에 당당히 맞섰던 그는 마침내 영웅이 되었다. 현실 앞에서 치열했던 그를 더욱 그리워하게 되는 이유이다.

영웅은 "하나의 강력한 인물이 수많은 죄 없는 꽃들을 짓밟을 수밖에 없다"는 헤겔의 말처럼 종종 당대의 법과 제도를 넘어서는 무법성을 보여주기도 한다. 하지만 영웅의 삶은 단순히 자기 시대와의 관계 속에서만이 아니라 그를 통해 실현되는 역사적 이념의 진보와 관련해서 평가되어야 한다는 것이 헤겔의 주장이다. 또한 영웅의 위대성은 영웅적 인물 자체의 위대함보다는 위대한 시대 혹은 시대의 위대성이 그에게 부여한 소명召命에서 비롯되는 것이라고 역사 철학자들은 말하고 있다.

"영웅은 초인적인 위대함의 소유자이며, 현실적인 제약이나 죽음 등과 같은 인간의 의지를 짓누르는 한계에 도전하거나 굴종과 무관심에 불복하고 자신이나 다른 사람들에게 초래된 결과에 개의치 않은 채, 자신의 의지를 행사하는 존재로 여겨졌다. 파멸의 운명에도 굴하지 않는 불굴의 의지는 영웅의 삶에 시간을 뛰어넘는 신성하고 거룩한 영광을 부여한다. 영웅은 고난에 처했을 때 가장 거룩하다. 그의 고난은 바로 그의 영웅적 사실을 입증하는 것이다"는 글을 어느 유명 인사의 칼럼에서 읽은 기억이 새롭다.

영웅이란 말은 시대나 나라에 따라 그 뜻이 반드시 일정한 것은 아니다. 서양 고전시대에는 신격화된 사자死者의 뜻으로 쓰인 적도 있다. 그러나 동서양의 영웅은 주로 혁혁한 무공을 세운 전쟁 지도자들을 가리켰으나, 그리스도 시대에는 순교자가 영웅 대접을 받았다. 한편 학문이나 예술 분야에서 걸출한 사람을 영웅이라고 생각하는 나라도 있다.

따라서 넓은 의미로 영웅은 어떤 사회의 이상적 가치를 실현하는 사람 또는 그 가치를 대표할 만한 사람이라고 생각하면 좀 더 이해의 폭이 넓어지리라 생각된다. 근대에 와서는 정치적 또는 대중매체에 의해 만들어지는 영웅 또는 스타에 대한 로맨틱한 존경이나 동경에 지나지 않는 경우도 많다고 볼 수 있다. 요즘 전 세계에 널리 국위를 선양하고 있는 BTS(방탄소년단) 등과 K-POP 가수들을 떠올려 본다.

원시 공동체 사회에서 고대로 이행하는 과도기적 영웅시대에 수많은 영웅 서사시들이 만들어졌다. 신화시대의 주인공이 신神들이었다면 영웅시대에는 탁월한 민족영웅들이 이야기의 중심에 서게 된다. 가장 오래된 영웅 이야기는 지금으로부터 4,000년 전 최초의 언어, 수메르어로 기록되어 있는 바빌로니아의 길가메시 서사시이다. 길가메시와 엔키투라는 두 영웅의 이야기로서 구약성서에 나타나는 대홍수 신화의 원천으로도 주목을 받았다.

그다음으로 그리스와 트로이 사이의 10년간의 전쟁 이야기를 배경으로 하고 있는 일리아드와 오디세이가 있다. 그 외에도 중세 유럽 사회에서 형성된 민족 영웅과 관련된 서사시들이 있다. 영국에는 베어울프나 아더왕 이야기, 프랑스의 롤랑의 노래, 독일의 니벨룽겐의 노래 등이 각 민족을 대표하는 영웅서사시로 손꼽힌다.

이 외에도 인도의 대표적인 고전 마하바라타와 라마야나를 영웅서사시로 들 수 있다. 인도의 마하바라타는 세계에서 세 번째로 긴 서사시로서 고대문학의 중요한 유산이며 인도인들에게는 종교적으로나 철학적으로 커다란 의미를 가진다. 위대한 바라타 왕조, 더 넓게는 위대한 인도의 역사로도 번역된다. 바라트는 인도 정부에서 사용하는 자국의 공식 명칭이기도 하다.

인도 사람들은 흔히 '세상의 모든 것이 마하바라타에 있고, 마하바라타에 없는 것은 세상에도 없다'고 할 정도이다. 인도에서 성선聖仙으로 통하는 저자인 비야사는 왕들과 영웅들의 이야기에 인도의 신화를 함께 넣었으며, 이야기의 전개를 통해 힌두의 기본교의(敎義·dogma)인 다르마dharma와 카르마karma, 아르타arta, 모크샤moksa의 의미를 설명하고 있다. 이로써 영웅 서사시의 변모와 함께 경전으로서의 지위를 갖추게 되었다.

앞서 언급한 호머의 일리아드에는 트로이의 헥토르와 스파르타의 아킬레우스가 대결하고, 삼국지의 관우와 수호지의 무송은 동양 소설 속의 영웅들이다. 소설가 이문열은 영웅시대에서 작은 영웅들의 비극적인 이야기를 다뤘다.

우공이산愚公移山이란 고사성어가 있다. 어리석다고 생각될 수도 있는 영감이 사리사욕일랑 내려놓고 언제 완성될 줄도 모르는 지극히 무모하기조차 한 첫 삽질로 산을 옮긴다는 뜻이다. '우선 먹기는 곶감이 달다'는 식의 단편적이고 말초적인 발걸음이 아닌, 긴 안목으로 주변과 나라의 먼 미래를 내다보며 백년대계를 설계하고자 하는 자신의 첫 삽질을 기꺼이 이러한 것에 바치며 실천에 옮기는 자, 조금은 어리석어 보이는 듯한 우공을 닮은 이런 영웅 하나 어디 없을까?

지금 우리는 절실하게 영웅이 필요한 시대에 살고 있는지도 모르겠다. 이는 참다운 영웅에 대한 시대적 갈망이다. 현재 이 땅에 참다운 지도자에 대한 간절한 부름과도 연결된다. "다시 천고의 뒤에 백마 타고 오는 초인超人이 있어 이 광야에서 목놓아 부르게 하리라"라는 이육사의 외침이 더 크게 울려 온다.

베토벤 심포니 NO3 영웅Eroica 곡이 울려 퍼진다. 애초에 보나파르트 나폴레옹에게 바칠 예정이었으나, 황제로 즉위하자 실망한 나머지 이 곡을 파기했다고 전해지는 곡, 베토벤의 개성이 처음으로 강렬하게 발휘된 교향곡, 베토벤의 걸작의 숲이라 불리는 제2기의 입구에서 작곡된 역작이다.

초임장교 시절 강원도 펀치볼 근처, 끝없이 펼쳐지는 철책선 GOP 근무 시에 유일한 문화혜택이었던 휴대용 전축에 찍찍 거리는 LP판 걸어 심포니 NO5, NO9과 더불어 수없이 들으며 꽃같은 청춘의 또 한 시기를 넘어왔던 특별한 의미의 곡이기도 하다. 교향곡을 작곡가의 인생음악으로 만든 사람이 바로 베토벤이었고, 바로 이 영웅교향곡이 그 시발점이라고 음악평론가들은 평가하고 있다.

비라바드라 아사나는 타오르는 분노와 슬픔 속에 탄생한 자세라 그런지 비장함이 느껴지는 자세이다. 외부의 적뿐만 아니라 바로 자기 내부에 자리 잡은 거짓과 태만, 무지와 탐욕 등 온갖 고통과 번민의 씨앗이 되는 이러한 것들을 과감하게 단칼에 일도양단一刀兩

斷 베어 버리는 결기마저 느껴지는 자세이며 그러한 마음으로 이 자세를 실행하는 게 좋다.

오늘 나는 내 속에 잔존하며 꿈틀거리고 있는 고통과 번민의 씨앗들 중 무엇을 베어 버려야 할까? 자신의 몸속에, 마음속에 영웅 무사의 명검 한 자루는 항상 품고 있어야 될 것 같다.

어쩐지 계획한 일이 마음먹은 대로 잘 안 풀릴 때, 삶이 무기력하게 느껴지고 좌절감을 맛볼 때, 어깨가 움츠러들고 소심해지고 용기가 안 생길 때 이 비라바드라 아사나를 권한다. 악당의 어깨를 밟고 서서 우주의 춤을 추는 그 누군가의 강력한 에너지와 난세를 구했던 성인군자들, 그리고 그 시대의 구원자이며 영웅이었던 지도자들과 역대의 숱한 영웅 전사들의 활기찬 에너지가 지금 내 안으로 들어올 수도 있지 않을까?

감히 외쳐본다. "나는 특별한 영웅이며 전사이며 무사이다. 나는 이들의 에너지를 받아 이제 더는 약하지 않다. 내가 바로 우주의 주인공이다. 나는 인생의 전쟁터에서 그 자체로 태어난, 그 자체로 홀로 우뚝 선, 그 자체로 우아하고 아름다운 영웅이며 전사이고 무사이다"라고.

"아자, 내가 뭐 어때서/ 나 건들지마/ 운명아 비켜라 이 몸께서 행차하신다/ 때로는 깃털처럼 휘날리며/ 때로는 먼지처럼 밟히며/ 아자, 하루를 살아냈네" 라는 가수 남진이 불러 히트한 '나야 나'라는 트로트 곡이라도 한 소절쯤 흥얼흥얼 읊조려 보면 더 좋을 듯하다. "아자, 괜찮아 나 정도면, 그래도 이만큼 잘 견뎌 왔고, 그럭저럭 잘 살아 왔잖아. 그러기에 난 이미 나 자신의 내 인생의 영웅이다" 라며.

나 자신만은 나를 인정하고 다독이며 위로해 줘도 좋지 않을까? 오늘만큼이라도. 비라바드라 아사나의 역동적인 모습과 딱 어울리는 프리드리히 니체의 "운명아 비켜라, 내가 간다"는 말도 곱씹으면서.

《 영웅 》

인생의 전쟁터에 우뚝선 그대 자태
그 자체로 우아하고 그 자체로 아름답다
무엇과 견주리오까 그대가 곧 영웅인걸

인생길 목로주점에 짐일랑 잠시 벗고
탁배기 한사발로 목일랑 추기시며
최희준의 하숙생가락 뽑으시게 걸쭉히

이만큼 잘 견디고 저만큼 잘 살았다
구비구비 인생길을 잘도 헤쳐 왔소이다
오늘만은 님이 님 자신 다독거려 주옵시라

_최진태

36. 호랑이 자세

비야그라 아사나vyaghra asana라고 하는 호랑이 자세는 쭉쭉 온몸을 늘리듯 기지개를 켜는 호랑이를 떠올리며 부드러우면서도 역동적인 느낌이 들게 행한다. 등 근육을 고르게 펴 주며 척추신경을 안정시키는 효과가 있다.

_ 시연 임은주

다사다난多事多難했던 한 해가 저물어가고 새해가 다가온다. 밝아오는 새해는 호랑이 띠의 해다. 호랑이는 백수百獸의 왕이라고 한다. 특히 한국인에게 호랑이는 단순한 동물 이상의 존재다. 호랑이는 아이의 울음도 멈추게 만드는 공포와 두려움의 상징인 동시에 악을 처벌하는 정의의 화신이었다. 호랑이는 벽사僻邪의 힘을 가진 존재로 상상되기도 했고 신수神獸로 숭배되기도 했다. 호랑이라는 말을 듣는 순간 한국인은 누구든 단군신화를 떠올린다.

우리나라는 예로부터 호랑이가 많이 살아서 중국의 옛 신화책인 산해경에는 '털이 아름다운 호랑이 두 마리를 곁에 두고 심부름 시키는 나라'라고 우리나라를 소개할 정도였다. 우리 민족은 호랑이가 무섭고 두려운 맹수이지만 우리 생활에 밀접한, 결코 미워할 수 없는 동물로 여겨 왔음을 알 수 있다. 비록 어리석고 의뭉스러울 망정 결코 간교하지는 않은, 오히려 우직함이 돋보이는 동물로 인식되었다.

호랑이는 '호랑이와 곶감'과 같이 한국의 옛이야기 속에 자주 등장해서 조선시대의 민화와 같은 회화 속에서도 쉽게 찾아볼 수 있다. 중국과 일본에도 이것과 비슷한 이야기가 전해 오고, 약 2,200년 전 완성된 인도의 교훈 설화집이며 동물 우화집인 판차 탄트라에도 이와 비슷한 이야기가 있다는 것이 신기하다.

연암 박지원은 '호랑이는 착하기도 성스럽고 문채롭고 싸움도 잘하고 인자하기도 효성스럽고 슬기롭고도 어질고 엉큼스럽고도 날래고 세차고도 사납기가 그야말로 천하에 대적할 자가 없다'고 열하일기 호질전의 서두를 이렇게 시작하고 있다.

잘 발달되고 균형 잡힌 신체 구조, 느리게 움직이다가도 목표물을 향할 때의 빠른 몸놀림, 빼어난 지혜와 늠름한 기품의 호랑이는 산군자山君子, 산신령, 산중영웅, 산중호걸로 불리었다.

호랑이의 예술적 성격을 띤 가장 오래된 역사적 유물로는 울주 반구대 암각화 속에 등장하는 호랑이가 아닐까? 선사시대부터 인간과 호랑이가 밀접하게 관계를 맺고 있었음을 알 수 있다. 고구려 고분벽화 중 우현리 종묘 현실 서벽에 백호도가 있다. 후백제의 군주로 맹장이었던 견훤이 어릴 적에 호랑이의 젖을 먹고 자랐다는 설화도 삼국사기에 전한다.

한반도의 모습을 호랑이처럼 보이도록 한 것은 육당 최남선이다. 맹호가 발을 들고 동아대륙을 향해 기세 좋게 으르렁대는 듯한 모양을 삽화와 함께 설명한 것은 한국의 근대적 종합잡지의 효시가 된 '소년지 창간호'(1908.12)에서였다. 일본인 지리학자 고토 분지로가 토끼 모양의 한반도를 그려 보인 것에 대해, 기개 넘치는 호랑이의 모습을 주장한 그림이었다.

최남선 이전에 동해안 영일만에는 예부터 전해 오는 이름이 '호랑이 꼬리'란 뜻이 담긴 '호미虎尾곶'이 있어 호랑이로서의 한반도 모양을 짐작해 볼 수 있게 한다. 중국의 용, 인도의 코끼리, 이집트의 사자, 로마의 이리처럼 한반도에선 호랑이를 상징적인 동물로 생각했던 것 같다.

호피虎皮를 깔고 앉는 것은 인도의 요가행자에서부터 티벳의 고관, 수도승에게 그들의 영적인 힘과 위의威儀를 드높이게 하는 것으로 여겨졌다. 삿된 것을 막고 숭고함을 표현하는 것으로 내실 벽에 걸기도 하였다.

조선시대 김홍도와 그의 스승 강세황이 함께 그렸다는 걸작품 송하맹호도松下猛虎圖는 극사실주의 기법으로 섬세하게 묘사된 호랑이의 위용이 눈이 부실 정도다. 금방이라도 어흥 하며 튀어나올 것 같은 생동감이 느껴진다. 김홍도가 그렸다는 그림 속 호랑이와 강세황이 그렸다는 소나무가 만들어내는 완벽한 조화는 우리에게 컬래버레이션collaboration의 의미를 새롭게 일깨워주고 있다.

교훈적이고 은유적인 풍자 예술의 멋이 함축되어 있는 호랑이를 주제로 한 예술품들은 우리가 발을 딛고 있는 삶 주변에서도 쉽게 찾아볼 수 있다. 까치와 호랑이 그림은 민화에서 가장 많이 다루어지는 해학적이고 풍자적이며 추상적인 표현과 다양한 채색으로 눈길을 끈다. 세시 풍속에서도 집안에 나쁜 잡귀나 질병을 막아주는 벽사용 그림으로 그려지기도 하고 호랑이의 발톱, 이빨 등이 부적으로 사용되기도 하였다.

비야그라 아사나vyaghra asana라고 하는 이 호랑이 자세는 무릎을 꿇은 채 양손을 바닥에 짚고서, 먼저 한쪽 다리를 구부려 엉덩이 아래로 내려왔다가 등을 아치 모양으로 올리며 머리는 아래로 숙인다. 오른 무릎을 바닥에서 띄운 채 무릎이 가슴에 닿을 정도로 끌어 올린 후 숨을 내쉬면서 몇 초 동안 눈을 무릎에 고정시킨다. 그런 뒤에 기지개 켜듯 가슴을 앞으로 내밀고 머리를 뒤로 젖히면서 오른 발을 서서히 뒤로 뻗으면서 발가락이 후두부에 닿는 느낌이 들도록 무릎을 구부린다. 몇 초간 숨을 멈춘다. 양발 교대로 수회 반복한다.

등 근육을 고르게 펴 주는 역할과 척추신경을 안정시킨다. 좌골신경통을 비롯한 골반과 관절 이상을 개선하고 복근의 강화로 복압이 높아져 소화와 혈액순환을 순조롭게 한다. 엉덩이의 군살 제거와 탄력 있는 뒤태를 만드는 데 효과적이다. 또한 거북목과 굳은 어깨 근육을 완화시켜 준다.

코어core를 자극하는 대표적인 요가 자세다. 몸에 긴장을 풀고 편안하고 부드러운 느낌으로 실행한다. 한여름날 느긋하게 오수午睡를 즐긴 후 쭉쭉 온몸을 늘리는 듯하면서 기지개를 켜는 호랑이를 떠올리며 부드러운 가운데 역동적인 느낌이 들게 행한다.

삼국유사에 나오는 단군신화에는 곰과 호랑이가 사람이 되도록 빌어 곰은 쑥과 마늘을 먹고 신의 계율을 지켜 인간이 되었으나, 호랑이는 그러하지 못하였다고 기록되어 있다. 이는 아무리 힘이 세고 강해도 극기심과 인내력이 부족하면 안 되고, 그리고 야성적인 자연의 힘보다는 자신을 다스리는 절제된 정신력이 없으면 문자 그대로, 식물학자 린네Carl von Linne가 처음으로 분류한 '지혜가 있는 사람'이라는 뜻의 '인간Homo sapience'이 될 수 없다는 교훈일 것이다.

'인간'이 된다는 것, '인간'으로서 존재한다는 것, '인간'임을 상징하고 드러냄은 어떤 것일까? 무슨 직책의 누구, 무슨 가문의 누구, 무슨 학문 분야의 누구, 무슨 예술 분야의 누구, 무슨 정치지도자의 누구, 무슨 종교지도자의 누구에 앞서 '먼저 인간이 되어라'는 소리로 들린다.

요가 경전인 요가수트라에 나오는 아스탕가 요가(8단계의 요가)의 수행체계에서 맨 처음 거론되는 것이 야마Yama 즉 금하는 계율인 금계禁戒로서 아힘사(비폭력·불살생), 사티야(정직), 브라마차리야(성적에너지의 절제) 등이다. 두 번째가 니야마Niyama 즉 권하는 계율인 권계勸戒로서 사우차(정화), 산토샤(자기만족), 타파스(고행) 등을 들고 있다.

이 두 단계는 요가행자들이 본격적으로 다양한 아사나 및 호흡법 수행, 나아가 명상 수행의 단계에 들기 전에 선결과제로 먼저 '인간'으로서 기본을 갖춘, '인간'으로서의 됨됨이를 강조하며, 먼저 '인간'이 될 것을 명시하고 있는 것이다.

자칫 요가 수행이 몸짓·몸동작 위주의 기능인으로 전락하는 것을 경고하는 엄청난 불호령이며 준엄한 요구인지도 모르겠다. 시중엔 요가를 모방하여, 요가란 명칭을 사용하며 그럴듯하게 포장한 형태도 많음을 어이하랴. 상업주의가 낳은 또 하나의 진화라고 봐야 될까.

특히 요가 지도자는 이 경고를 더욱더 새겨들어야 될 것이다. 자칫 아상(我相·아함까라)만 키울 수 있기 때문이다. 그러기에 몸 수행과 마음·영혼의 수행, 이 두 마리의 토끼를 모두 잡는 제대로 된 요가 수행이 얼마나 힘든 일인가도 깨닫게 된다. 원래 요가란 말뜻이 이 둘의 결합을 의미한 것처럼 말이다.

다른 한편으로는 문명화에 실패한 호랑이는 정말 패배자에 불과한 것일까? 젊은 세대들 표현에 의하면 과연 루저loser일까 하는 의문도 든다. 마늘과 쑥을 먹고 시련을 이겨내고 의례를 통과하여 인간이 된 곰이지만 그렇다고 우리 한국인이 그 곰을 정신적 조상이며 생명의 뿌리라고 생각하고 있을까?

역설적으로는 비록 인간이 되는 통과의례에는 실패했지만, 제도권에 순응하지 않고 문명화를 거부한 자유로운 영혼이라고 생각되어질 수도 있지 않을까? 문명 이전의 아득한 야성적 생명의 몸짓 같은 향수에 대한 동경이 남아 있다면 말이다. 심리학적으로는 방어기제(防禦機制·defense mechanism) 중 하나인 투사(投射·projection)라는 용어가 여기에 걸맞을 것 같다. 어쩌면 그것이 한국인이 지닌 유연하면서도 강건하고, 부드러우면서도 독하고, 장작불꽃처럼 화닥거리는 것 같아도 숯불처럼 은은하고 끈질긴 그 오묘한 생명력의 뿌리가 아닐까도 생각된다.

어떤 위기에도 쉽게 포기하지 않고 눈앞에 닥친 도전에 맞서 완강하고도 강인한 응전으로 위기와 난국을 헤쳐나온 것은 호랑이를 닮은 기상이라고 얘기할 수 있다. 숱한 외침外侵 속에서 끈질긴 생명력과 지칠 줄 모르는 야성미를 발휘해 온 오천년 역사를 돌이켜 보면 더욱 그런 생각이 든다.

호랑이와 연관된 속담과 사자성어를 되새겨 본다. 중국 고대 유가 儒家의 경전인 예기禮記에는 '가혹한 정치는 호랑이보다 더 무섭다'는 말이 있다. 궤변詭辯과 독설毒舌, 사설邪舌과 요설(妖說·饒舌)이 난무하는 세상에서는 더욱 그렇다.

'호시우보虎視牛步'란 말도 있다. 모름지기 호랑이같이 예리하게 사물을 관찰할 것이고, 소같이 신중하게 행동하라는 뜻이다. 호랑이띠 새해에는 좀 더 사물을 정확하게 통찰하고 꿰뚫어 보는 호랑이 닮은 혜안慧眼을 갖게 되길 희망해 본다.

'호랑이는 굶어도 풀이나 죽은 고기는 먹지 않는다'는 속담도 있다. 늠름한 호랑이 앞이마의 무늬가 임금 왕王자를 닮았다 하여 중국이나 우리나라에서는 임금을 나타내는 상징으로 썼다고 하지 않는가? 임금의 품격까지는 못 되더라도 최소한의 인간의 자존심과 도리 그리고 양심을 잃지 않기를 다짐해 본다.

'호사유피虎死留皮요 인사유명人死留名'이라 했다. '호랑이는 죽어서 가죽을 남기고 사람은 죽어서 이름을 남긴다' 했거늘 나는 과연 오늘까지 무엇을 남겨 놓고 있을까? 좀 더 뜻 깊고 가치있는 무언가에 발걸음을 내디뎌야겠다.

다가오는 새해에는 상서로운 호랑이 기운을 듬뿍 받아 이름 석 자 부끄럽지 않게 살아가기를, 후안무치厚顔無恥한 모습을 떠올리지 않기를 기원해 본다.

'불입호혈不入虎穴 부득호자不得虎者'라는 말도 있다. 호랑이 굴에 들어가지 않고는 호랑이를 잡을 수 없다. 모름지기 모험을 해야 큰 일을 이룰 수 있으니 도전을 두려워 말라는 의미로도 해석된다.

"고지가 바로 저긴데 예서 말 수는 없다. 넘어지고 깨어지고라도"라는 노산 이은상 시인의 시조 한 귀절이 오버랩된다.

영화의 주인공 실베스터 스텔론이 각본을 쓰고 감독한 「록키 Rocky3」(1982)에 나오는 주제곡 「호랑이의 눈Eye of tiger-Survivor」

은 빠른 템포의 경쾌함으로 인해 몸을 들썩이게 하며 에너지가 살아나는 듯한 곡이다. 생의 의욕이 솟아나며 주먹이 불끈 쥐어지는 역동적 리듬에 맞춰 이 호랑이 자세(비야그라 아사나)를 취해 보길 권한다. 끝까지 포기하지 않고 해내고야 말겠다는 강한 의지를 표현하고 있는 도전적인 노랫말도 멋있다. 한번쯤 음미해 보면 좋을 듯하다.

"일어나 그리고 정상으로 올라가/ 배짱이 있어야 영광을 누릴 수 있어/ 먼길을 헤쳐 왔어. 그리고 난 이제 정상에 섰어/ 살아남아야겠다는 의지를 가진 한 남자로서/ 바로 호랑이의 눈으로."

"Risin'up straight to the top/ Had the guts, got the glory/ Went the distance./ Now I'm not gonna stop/ Just a man and his will to survive/ It's the eye of the tiger."

양산 통도사 응진전에는 백호白虎 그림이 있다. 어려운 시기에는 백호를 모시면서 희망의 날을 손꼽으며, 위엄과 자애로움을 동시에 갖춘 백호의 상서로운 기운으로 가득찬 세상이, 파사현정破邪顯正의 정의로운 세상이 오기를 기원했으리라. 백호의 옹골찬 기상과 영험한 기운으로 부디 사특함이 우리와 함께 호흡하는 이 공간에 더는 이웃하지 못하길 기원해 본다.

끝으로 간청하오니 "용맹스런 백수의 왕이시여! 장기간에 걸쳐 온 국민들의 목을 조여오고 있는, 안하무인 종횡무진 온 세상을 휘젓고 돌아다니며 분탕질을 치고 있는 저 흉악무도한 역질의 무리들을, 태산을 진동시킬 '어흥' 하는 포효 소리와 함께 그대의 날카로운 발톱과 강건한 이빨로 콱 움켜잡아 짓이겨 퇴치하여 주시면, 내 그대에게 찰떡 하나 주지롱".

《 호랑이 》

위엄과 자비로움 동시에 갖춘 그대
옹골찬 기상에다 영통하기 까지하네
삿되고 부정스런 것 날려다오 일시에

님보다 더 무서운 곶감도 있다지만
뉘감히 범접하리 서기어린 저 눈빛을
한반도 그댈 닮았지 어느 누가 넘볼까

어흐흥 포효소리 천지가 진동한다
허튼 일은 몰아내고 역병일랑 막아주는
그 기운 천지에 가득 평안무탈 해 되길

_ 최진태

37. 다리 자세

세투반다 아사나setubandha asana라고 하는 다리 자세는 목과 어깨의 긴장을 풀어 주며 가슴 목 척추를 이완시킨다.

_ 시연 배수진

다리는 우마차가 다니는 길을 뜻하는 교橋와 사람이 다니는 길을 뜻하는 량梁이 합쳐져 만들어진 말이다. 하천 계곡 호소湖沼, 도로 및 철도 등을 횡단하는 통로를 떠받치기 위하여 축조하는 구조물의 총칭이다.

우리의 일상은 목조다리부터 한강다리 영도대교 남항대교 통영대교 이순신대교 남해대교 거가대교 선암사 무지개다리 샌프란시스코 금문교 등등 그간 참 많은 다리를 건너왔고 건너 다니며 살고 있다.

길이 끊긴 곳에는 다리가 있다. 다리는 연결이며 소통이다. 험한 세상일수록 다리는 더욱 긴요하다. 그리고 누구든지 스스로가 다리가 될 수 있다.

다리 자세는 범어로 세투반다 아사나setubandha asana라고 한다. 등을 바닥에 대고 누워 무릎을 구부려 세우고 발을 어깨너비 정도로 벌린다. 두 발이 엉덩이 가까이에 오도록 최대한 양쪽으로 당긴 후 두 손으로 발목을 잡거나 바닥에 놓는다. 엉덩이를 최대한 높이 들어 올리며 가슴을 활짝 연다.

두 번째로는 양발을 교차하여 꼰 채 동일한 방법으로 실행할 수도 있다. 마지막으로 엉덩이를 들고 얼굴이 바닥에 닿을 정도로 머리를 뒤로 젖힌다. 이때 팔짱을 가슴 앞에서 낄 수도 있다. 목의 한쪽 끝은 후두부로, 다른 쪽 끝은 양 발바닥으로 자세를 지탱한다. 이때 목이 다치지 않도록 조심스럽게 행하는 것이 좋다. 특히 목디스크 등 트러블이 있을 시는 자제한다.

이 자세들은 목과 어깨의 긴장을 풀어 주며, 가슴 목 척추를 이완시킨다. 척추의 탄력성과 근력을 강화시키며 엉덩이를 탄력 있게 하는 데 도움이 된다. 특히 두 번째 자세는 요실금 예방에도 효과적이다.

몸과 마음을 확장시켜 주는 다리 자세를 수련하면서 그대와 나, 섬과 섬, 바다와 육지, 하늘과 땅, 바다와 강, 무의미한 사물과 사물, 메말라 가는 가슴과 가슴 사이에 정성껏 다리를 놓는 마음으로 나의 중심점인 복부를 들어 올려 보자. 깊은 호흡을 실어 저 깊은 곳에 자리 잡은 본연의 소리 들리는 내면의 한 점을 응시해 보길 권한다.

다리의 사전적 의미로는 강·개천·보·골짜기 등을 건널 수 있도록 가로질러 놓은 시설물, 중간에 거쳐야 할 과정이나 단계, 중간에서 두 대상을 소개하거나 관련시켜 주는 일로 설명하고 있다.

우리나라에서 다리가 만들어진 기원은 삼국시대부터이다. 조선시대 대표적 다리로는 서울 장충단 공원 입구 개천 위에 놓인 세종 때 건설된 수표교水標橋가 있다. 물론 단순한 다리가 아니라 청계천의 수량을 측정하며 홍수에 대비하던 다리였다.

다리는 구조 형식에 따라 형교, 아치교(홍예교), 현수교, 라멘교와 삼각형 뼈대의 안정성을 갖춘 트러스트교도 있다. 산봉우리와 봉우리를 잇는 다리는 계곡을 가로질러 허공에 걸쳐 건설하였기에 '구름다리'라는 명칭이 붙었다. 이 '구름다리'가 전문용어로 현수교이다. 2015년에 개통된 '울산대교'가 우리나라 현수교의 대표 주자이다.

다리의 꽃이라 불리는 '진도대교'와 같은 방식의 사장교斜張橋에 이어 최근에는 전남 무안과 영암을 잇는 '무영대교'처럼 엑스트라 도즈드교 같은 방식까지 발달했다.

몇 년 전 내한했던 로마 교황의 정식 명칭은 '최고의 주교' 즉 '폰티펙스 막시무스Pontifex Maximus'인데 이 폰티펙스라는 것은 '다리를 놓는 사람'이라는 뜻이다. 교황은 하느님과 사람을 잇는 최고의 연결자 또는 중개자·대리자라는 의미를 내포하고 있다. 고대 로마에서 중요한 위치를 차지하였던 다리를 놓는 사람의 명칭이 국가 수장의 명칭이 되고 교황도 그 칭호를 사용하게 된 것으로, 다리를 지상에서 천국에 이르는 길로 보았다.

'다리밟기 놀이'는 정월 대보름에 하는 대표적인 민속놀이로 자기 나이만큼 개울가 다리를 밟으면 다리에 병이 나지 않고, 모든 재앙을 물리칠 뿐만 아니라 복도 불러들인다는 신앙적인 풍속에서 나왔다. 다리밟기를 하면 다릿병을 앓지 않는다는 관념은 인체 다리脚와 구조물 다리橋의 발음이 같은 데서 생긴 민간신앙이다. 언어의 유희성이 작용한 결과로 보인다. 다리밟기는 답교踏橋 놀이라고도 하며 강릉지방에서는 '다리 빼앗기'라고도 한다.

고려시대 가요로 신라에 처용이 지은 향가를 발전시킨 노래로 "서울 밝은 달에 밤들이 노니다가/ 들어와 잠자리를 보니/ 다리가 넷이로다/ 둘은 나의 것이었고/ 둘은 누구의 것인가/ 본디 내것이지마는/ 빼앗긴 것을 어찌하리오"라는 처용가가 있다. 49대 헌강왕 때 처용이 역신疫神 즉 천연두를 물리치고 쫓기 위해 지어 부른 노래이다. 삼국유사에 실려 전하고 있다. 처용의 모습을 그려 붙여 사기邪氣를 물리치고 경사스러움을 받아들였다. 유행하는 몹쓸 전염병이나 바이러스를 퇴출시킬 수 있다면 오늘 처용 모습이라도 그려 대문 앞에 걸어두고 싶다.

인도의 고전이면서 2대 서사시 중의 하나인 라마야나는 다분히 흥미진진한 서사시를 넘어서 삶의 교훈과 깊은 상징성을 보여준다. 이 서사시에서 라마와 항상 함께하는 동생 락슈마나는 일념·집중력(에카그라타·ekagrata)이다.

인간의 몸을 상징하는 랑카섬까지 '다리'를 놓아 악마 라바나에 잡혀간 라마의 왕비 시타를 구출하는 데 일등 공신인 헌신적인 원숭이 하누만은 바람의 아들로 생명에너지 즉 프라나를 의미한다. 라마왕과 시타왕비는 비유적으로 브라만梵과 아트만我 사이에 어떻게 다리를 놓을지를 생각게 하는 상징성을 띠고 있다.

  요즘은 그리 흔치는 않지만 아직도 개울이나 강가에 놓여 있는 징검다리 위에 서면 왠지 동심으로 돌아가고 싶어진다. 황순원의 단편 소나기에 등장하는 윤초시네 증손녀와 소년이 금방이라도 뛰어나올 것 같아서 말이다.

  다리의 속성상 이음과 매개라는 관점에서 보면 우리가 한 생을 살아간다는 것은 어쩌면 징검다리의 돌 하나씩 놓아가는 과정이 아닐까 하는 생각도 든다.

  섶다리는 수심이 얕고 주변에서 나무를 쉽게 구할 수 있는 곳에 놓인다. 원시적인 생활 편의시설인 섶다리는 자연에 순응하는 친환경 다리다. 순전히 나무와 흙으로 만들어진다. 섶다리는 우마차를 위한 다리가 아니라 맨몸 또는 가벼운 행장으로 걷는 다리이다. 단종의 넋을 기리는 영월 주천강 앞 쌍섶다리가 유명하다.

  충북 진천에는 천년의 비밀을 간직한 '농籠다리'라 불리는 '돌다리'가 있다. 신라말이나 고려초에 놓여진 것으로 추정되는데, 큰 지네가 엉금엉금 기어가는 듯한 형상을 닮았다. 30~40cm의 돌을 들여 쌓아서 위에서 내려다보면 물고기 비늘이 잇닿아 있는 듯하게 보인다. 막돌을 쌓아 만든 다리가 천년 넘게 버티고 있다는 사실이 참으로 경외롭다.

  불가佛家에서 다리 놓기는 중생들에게 해 줄 수 있는 가장 큰 혜택 중 하나로 보았다. 곧 다리를 놓는 일은 현세에서 쌓을 수 있는 최고의 공덕으로 여겼다. '무지개 다리'가 사찰 입구에 많은 이유다. 무지개를 타고 속세를 벗어나 불국토에 들어선다는 상징적인 의미도 내포되어 있다. 불국사의 청운교, 백운교, 칠보교, 연화교 등이 대표적이다. 무지개 다리는 그 자체로 수려한 경관을 연출하여 주변 풍경과도 안성맞춤이다. 유려한 곡선은 마음을 편안케 하며 안정감이 깃들게 하는 매력이 있다. 특히 순천 선암사 승선교 무지개 다리가 일품이다.

'한강다리' 역시 6·25전쟁 발발 당시 폭파되어 끊어졌던 아픔을 담고 있는 다리다. 혜은이가 부른 '제3 한강교'는 지금의 '한남대교' 인데 '한남대교'는 현재의 강남권과 강북지역을 연결하는 최초의 '한강다리'다. 그러고 보니 주현미의 '비 내리는 영동교'도 있다. 다리에 얽힌 가요가 적잖음에 놀라게 된다.

'영도다리'는 '영도대교'라 하여 1934년 11월 23일 준공되었다. 최초 개통 당시는 '부산대교'였다. 일제시대 전쟁의 수탈과 애환 그리고 이산과 실향의 역사가 담겨 있는 다리다.

부산 최초로 개설된 연륙교로 한국 최초의 도개교 형식의 다리이다. 개통 당시에는 다리가 하늘로 치솟는 신기한 모습을 보려고 부산을 비롯한 인근 지역에서 6만 가까운 인파가 운집했다. 한국전쟁 당시 피난민들의 애환을 달래주었던 대중가요 '굳세어라 금순아'의 시대적 배경을 담아 건립된 '현인 노래비' 등이 있어 지나는 사람들로 하여금 아련히 옛 추억에 젖게 한다. 영화 '국제시장'에서도 '굳세어라 금순아' 곡이 울려 퍼진다.

영주시에 있는 무섬마을에 들어선 '외나무 다리'도 유명세를 탄다. 무섬 외나무다리는 폭 30cm 내외의 상판 위를 조신하게 걸어야 하는 다리다. 외나무 다리는 배려와 양보의 다리다. 마주 오는 사람이 있으면 한쪽에서 먼저 기다려 주어야 하는 다리다.

최무룡과 김지미가 출연한 영화 '외나무 다리'에서 최무룡이 주제 곡으로 불러서 히트한 곡이 "복사꽃 능금꽃이 피는 내고향/ 만나면 즐거웠던 외나무 다리"로 시작되는 반야월 작사, 이인권 작곡의 '외나무 다리'(1962)이다. 연배 지긋한 분들에게 마냥 향수를 자아내게 하는 곡이기도 하다.

벌써 제목만으로 뭉클한 느낌을 주는 「험한 세상의 다리가 되어 Bridge of troubled water」곡은 폴 사이먼이 작사 작곡하여 1970년도 사이먼과 가펑클이 불러 히트가 되면서 1위 밀리언 셀러를 기록했다. 상대에게 의지할 곳을 제시하는 포근한 가사는 학창시절, 군대시절, 적막했던 순간들을 맞이하면 모두가 어울림 되어 화음을 이뤄냈던 곡이었다. 뿐만 아니라, 부모가 자식에게 혹은 사랑하는 연인들을 위해 들려주거나 불러줄 수 있는, 이 험한 세상에서 위안을 선사해 줄 수 있는 곡이라는 정평이다.

살다 보면 어느 순간부터는 자기 자신이 아닌 다른 이를 위한 삶을 살게 되는 때도 온다. 특히 가장으로서 부모로서의 역할이 주어지는 시점 등에서부터.

험하다면 험한 세상이기에 어느 누군가의 다리가 될 수 있다면 그게 곧 또 다른 삶의 행복일지도 모를 일이다. 현대의 가스펠 송이라 할 수 있을 만큼 명곡 중에 명곡이다. "험한 물결을 건널 수 있게 하는 다리처럼, 내가 다리가 되어서, 당신이 건널 수 있도록 해줄게요, 내가 다리가 되어서, 당신이 이 험한 세상을, 헤쳐 나갈 수 있게 해줄게요"의 뜻을 내포하고 있다.

마치 거친 풍랑 속에서도 버텨내는 다리처럼 내 몸을 눕혀서 세상 풍파 위에 놓인 다리가 되겠다고 다짐하는 내용의 가사는 그 자체로 절창 시詩이다. 그러한 것이 바로 세상을 행복으로 변화시킬 힘이 될 수 있을 것이라고 호소하는 듯하다. 우리 모두는 어쩌면 서로가 서로의 어깨를 두드리며 의지하고 함께 나아가야만 하는 본태적 숙명을 띠고 태어났는지도 모를 일이다.

'돌아오지 않는 다리'는 판문점 공동 경비구역(JSA) 영화로 잘 알려진 곳이다. 민족 분쟁의 비극을 상징적으로 나타내는 다리이며 경기도 파주시 진서면 판문점에 있다.

'효 불효의 다리'도 있다. 경북 경주시 인왕동에는 '칠성다리' 또는 '효 불효 다리', '쑥떡어미다리' 라고 부르는 옛 다리가 있다. 이 다리에는 행실이 나쁜 모친을 위해 다리까지 놓아 준 칠형제의 갸륵한 이야기가 전해온다.

'메디슨 카운티의 다리'도 빼놓을 수 없다. 클린트 이스트우드 감독 겸 주연의 영화로 할리우드 명배우 메릴 스트립과 함께, 감성과 책임 사이에서 고뇌하는 인간을 아름답게 그려내고 있는 걸작이다.

"미라보 다리 아래 세느강은 흐르고/ 우리들의 사랑도 흘러내린다/ 괴로움에 이어서 맞을 보람을/ 나는 또 꿈꾸며 기다리고 있다/ 밤이여 오라 종아 울리렴/ 세월은 가고 나는 남는다".

20세기 초의 시대 정신을 가장 충실하게 구현한 예술가로 일컬어지는 프랑스의 시인이자 비평가인 아폴리네르의 시 '미라보 다리'를 빼놓을 수 없다. 이 다리에는 파리의 보헤미안이라고 불리었던 아폴리네르가 피카소 등 입체파, 야수파 화가들과 사귀었던 추억이 남아 있을 게다. 세느강을 바라보며 첫사랑이었던 영국의 연인 마리 로랑생과의 실연을 아쉬워했을지도 모른다. 마리 로랑생의 시 「잊혀진 여인」의 한 구절인 "죽은 여인보다/ 더 불쌍한 여인은/ 잊혀진 여인입니다"가 떠오른다.

세느강에서 가장 오래된 '퐁네프 다리'도 레오 마라스 감독의 영화 『퐁네프의 연인』들 덕분에 새로운 생명력을 얻게 되었다.

윌리암 홀덴 주역의 『콰이강의 다리』는 1958년 30회 아카데미 시상식에서 작품상을 비롯해 7개 부분을 수상했다. 2차 대전을 배경으로 하는 대표적인 영화이면서 1943년 메클롱강 위에 다리를 세웠던 실화를 바탕으로한 피에르 불의 소설이 원작이다. 포로의 신분으로 자신들의 자긍심을 위해 완벽한 다리를 건설하려는 영국군 장교 니콜슨 대령의 모습은 전쟁을 초월한 삶의 의미와 가치를 추구하는 숭고한 인간애를 느끼게 한다.

 창원시 마산 합포구 앞바다에는 저도 섬까지 연결하는 다리가 있는데 그 다리 이름도 일명 '콰이강의 다리'란다. 부산대학교 박물관 앞에도 철로 만들어진 길지 않은 다리가 있는데 필자의 학창시절에는 '콰이강의 다리'라고 불렀다. 연인이 손을 잡고 이 다리를 건너다가 다리가 흔들리면 그 사람들은 운명이라는 재미있는 이야기도 전해 내려오는 곳이기도 하다. 아직도 여전히 그 모습 그대로 보존되어 있다는 게 그렇게 반갑고 고마웠다.

 청순하고 가련하면서도 슬픈 여주인공의 모습을 보여주면서 우수에 찬 미인, 고뇌하는 미인의 이미지를 선보였던 비비안 리가 열연한 영화 『애수』는 아직도 많은 사람들이 가장 슬프고 가슴 아픈 '비련의 러브스토리 10'에 꼽을 정도로 사람들 가슴 속에 간직되고 있는 영화다. 지금도 많은 사람들이, 세상에서 가장 우아한 미인으로 찬사를 받았던 고혹적인 매력을 지닌 비비안 리가 '워털루 다리'에서 돌진해 오는 트럭을 향해 달려가면서 자살하는 마지막 장면을 최고로 가슴 아픈 명장면으로 꼽고 있다. 이 영화 속의 주제곡이 연말이면 어김없이 울려 퍼지는 그 유명한 「올드랭 사인」이다

 이브 몽땅이 묵직하면서도 달콤하고 부드러우면서도 속삭이는 듯한 목소리로 부른 「파리의 다리 밑」 샹송도 빠질 수 없다. 파리의 다리 밑을 오가는 사람들과 가난한 연인들의 모습을 그린 왈츠 풍의 샹송으로, 언제 들어도 이국적인 노스탤지어를 자아내게 하는 곡이다.

 "역사에서 수많은 고난과 난관에 부딪히곤 했다. 찬란한 역사도 물론 있었다. 앞으로도 그럴 것이다. 역사의 길은 늘 어떤 선택을 강요한다. 우리 세대는 후대가 그들의 길로 온전하게 나아갈 수 있는 '징검다리'여야 한다. 이를 가늠하는 잣대가 바로 이어짐과 매개가 될 것이다. 역사를 지켜내고 이어짐을 담보해내는 역할이다. 이

때 다리는 세대와 역사의 연속성을 가늠하게 하는 도구, 곧 가교架橋이다."(이영천「다시, 오래된 다리를 거닐다」에서)

아무쪼록 후손들에게 그 누구도 감히 넘볼 수 없고, 감히 범접할 수 없고, 감히 흔들 수 없는 금강석같은 '튼실한 다리'를 놓아 주어 세세만년歲歲萬年 번영을 누리게 할 일이다. 그러기 위해서는 "너희는 허리띠를 띠고 등불을 켜놓고 깨어 있어라"(눅12:35) 말씀을 가슴속에 담아본다.

우리가 오늘 건너고 있고 또 짓고 있는 다리는 튼실한 기초 아래 차근차근 다져지면서 지어지는 다리일까? 아니면 성수대교와 같은 졸속과 부실의 다리인가? 자칫 한순간에 와르르 무너질 수도 있는 위태위태한, 모래사장 위에 떠받치고 서 있는, 우선 먹기는 곶감이 달다는 식의 '허상의 다리'는 아닌지 곰곰이 되돌아볼 일이다.

우리는 오늘도 사람과 사람 사이에 놓인 '징검다리'를 밟고 어느 곳인가를 향해 나아가고 있는 존재들이다. 제 등을 아무렇지도 않게 남녀노소, 빈천을 가리지 않고 흔쾌히 내어주는 고귀한 희생정신을 다리에서 배울 일이다.

돌아보면 주변에는 충실히 튼튼한 다리의 역할을 묵묵히 수행하고 있는 사람들도 많다. 곳곳에서 드러내지 않고 카르마요가를 몸소 실천하는 사람들도 많음은 아직도 살 만한 세상이지 않는가? 나로 인하여 나로 하여금 어느 누군가가 무탈하게, 조금이라도 마음 편히 지나갈 수 있는 다리가 되어 준다는 것!

어쩜 가깝게는 가족으로 시작하여 사회와 국가 나아가 인류를 위하는 일이 되는 것임을, 그것이 바로 거창하게는 나의 존재 이유이며, 그러한 다리의 건설을 위해 뚜벅뚜벅 한 걸음씩 나아가는 그 자체가 소소한 행복의 지름길이라고도 생각해 본다. '험한 세상의 다리가 되어' 곡이 만트라의 챈팅처럼 울려 퍼지는 가운데 '다리 자세

(세투반다 아사나)'를 취해 본다.

《 다리 》

세상에서 가장 먼 거리는?
가슴과 머리 사이라 한다지요
그럼 세상에서 가장 먼거리의 다리는?
가장 건너기 힘든 다리는?

외나무다리? 섶다리? 징검다리?
무지개다리? 구름다리? 골든 브릿지?

네티(neti 아니다)
네티(neti 아니다)

보이지도 않고
만질 수도 없는
들리지도 않고
냄새도 없는
빛 색깔도 없고
형태도 없는
깊고도 얕고
무겁고도 가벼운
부드럽고도 강철같고
햇빛이다가 비 구름인
요상하고도 신비로운
아리쏭 그 자체

백년을 캐어봐도

천년을 들여다봐도
알 듯 모를 듯
때론 누군가는
홀연히 한순간에
알아버리기도
도달하기도 한다는

사람과 사람 사이에 놓인
가장 가깝고도 가장 먼,
화엄세계 만년 설산 히말라야를 닮은
이름하여
마음의 다리

그것도 나와 님 사이에 놓인
마음의 다리보다
나我와 진아(眞我 atman)사이에 놓인
천근 무게 지닌
마음의 다리라지요.

 _ 최진태

38. 반려견 자세

반려견 자세 '스바나 아사나'는 낮잠에서 깨어난 반려견이 기지개를 쭉 쭉 켜며 몸을 추스르는 모습을 떠올리게 한다. 무기력과 피로감을 제거하고 전신에 활력을 불어넣어 준다.

_ 시연 배수진

현대 사회에서는 인간이 갈수록 고립되면서 개는 가족의 반열에 올랐고, 사람과 같은 급으로 대접받게 되었다. 개만큼 사람과 지근 거리에서 오래도록 사랑받아 온 동물도 드물 것이다. 개는 붙임성이 좋고 한번 맺은 관계에서 헌신적이고, 흐린 데 없이 맑고 명랑한 동물임에 틀림없다.

'침입종 인간'의 저자는 "인간이 개를 가축화한 건 도구의 발명과 맞먹는 도약"이라고 강조한다. 소설가 김훈은 "눈 귀 코 입 혀 수염 발바닥 주둥이 꼬리 머리통을 쉴 새 없이 굴리고 돌려가면서 냄새 맡고 보고 듣고 노리고 물고 뜯고 씹고 핥고 빨고 헤치고 덮치고 쑤시고 뒹굴고 구르고 달리고 쫓고 쫓기고 엎어지고 일어나면서 이 세상을 몸으로 받아내는 방법을 익히는 것이 '개의 공부'다"라고 한다.

실로 개는 둥그스름한 원통의 바퀴처럼 움직이고, 몸뚱이로 부딪치고 뒹굴면서 활기와 생기로 충만한 동물이다. 사람과 개가 교감할 때면 옥시토신이라는 호르몬이 솟는다고 한다. 아기를 낳거나 아기에게 젖을 먹일 때 특히 많이 나오는 '사랑 호르몬'이다. 사람과 개가 사랑스러운 감정을 나누는 본질은 부모와 자식 사이의 감정과 같다는 얘기이다.

어린 시절 TV에서 방영된 만화영화 『플란다스의 개』를 보며 눈물 흘렸던 추억을 간직한 이들도 많을 것이다. 부모님이 생일 선물로 사주셨던 동화책 『플란다스의 개』의 책장에도 감동과 애달픔의 눈물방울이 떨어져 있었으리라.

화가의 꿈을 꾸던 우유 배달 소년 네로와 버려진 개 파트라슈의 우정을 그린 이 동화책과 애니메이션은, 성당에 걸려 있는 화가 루벤스의 2점의 그림 아래에서 허기와 추위에 지쳐 네로가 파트라슈를 꼭 껴안고 얼어 죽어 있는 것을 발견하는 것으로 끝을 맺고 있다.

이 장면은 전 세계 많은 독자와 시청자들에게 큰 슬픔과 충격을 안겨 주었다. 이러한 사랑스런 개에 대한 기억의 소환은 아리고도 풋풋했던 청소년기를 아련하게 반추시켜 주는 힘을 가지고 있다.

인도의 대서사시 마하바라타의 끝부분에 나오는 이야기로 36년 간 태평성대로 이끌며 왕국을 다스리던 유디스티라 왕은 나이가 들어 왕위를 물려주고, 형제자매와 충성스런 부하 몇 명을 데리고 히말라야로 산야사 생활을 위한 길을 떠난다. 가는 도중에 하나씩 일행을 잃게 되고 마지막까지 따라오며 남아 있는 것은 결국 평생 동반자인 개 한 마리였다. 왕은 천상의 자리가 마련되어 있으니 혼자만 올라오라는 하늘의 소리를 듣지만 한사코 옆을 지키고 있는 개를 두고 혼자만 천상에 올라가기를 거부한다.

현명한 왕은 평생 자신을 지켜주었던 인생 여정의 동반자인 개와의 신의를 지키려 했다. 이때 홀연히 하늘에서 "네 옆의 개가 바로 너의 아버지 '다르마dharma'이니라"라는 소리가 울려 나온다. 동반자는 바로 개의 형상을 한 다르마였다. 그리하여 마침내 왕과 동반자인 개 모두가 천상으로 올라가게 된다는 얘기이다.

여기에 등장하는 개는 살아가면서 선택하고 받아들인 자신의 확고한 가치관과 신념을 상징한다고 볼 수 있다. 그것은 사물에 대한 현명한 종합 판단력과 인지력, 그리고 지독한 편견과 무조건적인 맹신의 늪에 빠지지 않는 날카롭고도 지혜로운 통찰력일 수도 있다.

"유화부인이 다섯 되 크기의 알을 낳았는데 금와 왕이 개와 돼지에게 주어도 먹지 않았다." 기원전 58년 부여에서 일어난 사건을 서술하는 『삼국사기』 고구려 본기의 이 글은 우리나라에서 개를 사육했다는 최초의 기록이다. 고구려 덕흥리 무용총 벽화에서부터 신라 토우, 김홍도의 풍속화 「점심」에 등장할 만큼 친근한 존재였던 개는 우리 전통문화에서 충성심과 의리가 강한 충복忠僕과 지체가 낮은 비천卑賤의 이미지를 함께 지녔다.

무속에선 이승과 저승을 연결해 주는 안내자가 개였다. 시각이 발달해서 웬만해선 길을 잃지 않고 잘 찾아간다는 데서 유래했다. 개는 인간의 오랜 친구였다. 지구상에 있는 4,000여 종의 포유류와 1만여 종의 새 가운데 인간이 길들이는 데 성공한 것은 개를 포함해 10여 종에 불과하다.

인류학자 펫 시프먼은 최근 국내에 번역 출간된 「침입종 인간」에서 현생 인류인 호모사피엔스가 네안데르탈인의 먹이 경쟁에서 승리하고 살아남을 수 있었던 건 늑대의 가축화에 성공했기 때문이라고 분석했다. 침입종인 현생 인류가 살아 있는 사냥도구인 개와의 협업에 성공한 덕분에 토착종인 네안데르탈인을 넘어설 수 있었다는 것이다.

인간이 개를 바라보면 개도 인간을 바라보고 눈을 맞춘다. 이것은 단순히 반려 동물과 감정을 나누는 행동이 아니라 오늘날의 인류를 만든 중요한 사건의 하나라는 주장이 최근 제기되고 있다. 개만 가지고 있는 장점이 있는데 그게 바로 감수성이다. 춥고 힘들었던 시절 고립감을 견디게 해준 것도 개였다는 것이다.

인간을 제외한 동물들 중 지능은 침팬지가 높지만 감성지수(EQ)는 개가 더 높다. 특히 개는 사람처럼 눈을 마주치는 습성이 있어 인간의 감성을 위로해줄 수 있었다. 그야말로 개의 치명적인 유혹이 인간의 역사를 바꾸었다 할 것이다.

이렇게 길들여진 개는 오랜 세월 충직함의 대명사였다. 고대 그리스의 서사시 「오디세이」에서 긴 여정을 마치고 돌아온 오디세우스를 아무도 알아보지 못할 때 그를 반긴 유일한 존재가 늙은 개 아르고스였다. 트로이 전쟁에 출정한 오디세우스는 20년 만에 귀향한다. 거지 행색인 초췌한 그를 아무도 알아보지 못했으나, 한때 속력과 용맹에서 따라올 개가 없었던 아르고스만이 그를 대번에 알아보고 꼬리를 치지만 다가갈 힘조차 없을 만큼 노쇠해 주인을 다시 본 순간 숨을 거둔다.

이런 아르고스는 수천 년 동안 충견의 상징이었다. 서양에서 '개는 사람에게 최고의 친구Man's best friend'라고 한다. 요샛말로 '베프'라는 말을 낳게 한 것이 이른바 반려견이 원조일 줄이야.

오래된 개 그림도 적지 않다. 고구려 덕흥리 고분 벽화의 '견우와 직녀'에서 직녀는 개를 데리고 서 있다. 무용총과 각저총에도 충직해 보이는 개 그림이 있다. 신라 토우의 개는 외관이 아주 다채롭다.

개는 늑대의 후손이며 농경의 시작과 함께 사람들에게 길들여졌다는 게 통설이었다. 하지만 최근엔 3만 년 전의 개 유골이나 두개골이 발견돼 농경 시작 이전에 이미 개가 등장했다는 설이 설득력을 얻고 있다.

한반도에서 가장 오래된 개 유적으로는 신석기 시대인 6,000년 전에 연평도 패총에서 개를 사육한 흔적이 발굴된 바 있다. 인간세계로 들어온 개는 인간의 생로병사를 지켜봤다. 죽어서도 함께였다. 개무덤이 그 증거다. 경남 사천시 늑도의 2,000년 전 유적에서는 인간과 개가 함께 묻힌 공동묘지가 발굴됐다.

제사를 위해 희생된 개도 있다. 강원도 강릉시 강문동에서는 2,000년 전 사람들이 제사를 지내던 저습지가 발굴되었는데 특이하게도 가마니 같은 것에 쌓여 버려진 개의 흔적이 발견되었다.

개는 충실하고 의리가 있는 동물로 우리나라에서는 충견·의견 설화가 많다. 의견비, 개무덤, 개방죽, 개고개 같은 유적으로도 남아 있어 흥미를 끈다. 한번쯤은 들었을 법한 얘기로 전북 임실군 오수

마을에 전해오는 견공 이야기는 유명하다. 만취한 주인이 산불이 났는데도 풀밭에 곯아떨어져 있자 키우던 개가 털에 물을 적셔 불을 끄고 주인을 구한 뒤, 자신은 기력이 다하여 죽었다는 내용이다.

경북 선산군에 있는 의구총과 의구비, 평양 선교리의 의구총, 충남 부여군 홍산면 북촌리의 개탑 등은 화재로부터 주인을 구하고 죽은 개의 충직한 의리를 전하고 있다. 주인이 죽자 그 묘 앞에서 시묘살이 3년을 채운 개도 있다. 포대기에 싸여 버려진 아기를 몸으로 품어 눈 속에서 살려낸 개도 있다.

연일 고을 수령의 관아에 찾아오는 개 한 마리가 기이해 뒤를 따르니 한 부인이 죽어 있었다. 정조 곧은 과부를 겁탈하려다 반항하자 그녀를 죽인 범인도 그 개가 찾아내 엄벌하고, 일가친척 없던 그녀를 장사 지내 주었다는 얘기도 김약련의 「의구전」에 전해 온다.

몇 해 전 길에 쓰러진 한 남자를 그가 키우던 강아지 12마리가 구급차가 올 동안 엄호하듯 감싸고 있는 사진이 화제가 되었다. 두 살 난 수컷 몰티즈 '둥이'는 부산 모라동 한 아파트에서 화재가 나자 주인 할머니를 깨워 가족 목숨을 구했다.

119소방본부 소속 연갈색 골든 레트리버 암컷 '번개'는 양산 염수봉을 등산하다 부상으로 조난당한 80대 노인을 사흘 만에 찾아내 구조하는 데 혁혁한 공을 세웠다.

외국에서도 충견·의견 이야기는 이어진다. 중국 사천성 성도시에서는 집에서 키우던 개가 건물 옥상에서 투신자살을 시도하던 소녀의 옷을 물고 늘어져 생명을 구한 바 있다. 2005년 미국에선 한 잡종개가 '내셔널 히어로 독 어워드'라는 상까지 받은 적이 있다. 한 농부가 밭을 갈다가 트랙터에 깔려 도움을 요청했으나 인적이 뜸해 아무도 알아채지 못했다. 몇 시간 동안 방치돼 있을 때 집에 있던 농부의 개가 요란하게 울부짖어 아내가 목줄을 풀자 사고 현장으로 바로 달려가 목숨을 구했다. 일본에서는 대지진 후 3주 동안 건물 잔해를 타고 바다에서 표류하던 개 한 마리가 발견되어 일본 사람들이 환호했다는 뉴스도 있었다.

터키에서는 구급차로 병원에 실려 가는 주인을 쫓아가 퇴원할 때까지 6일 동안 병원 입구를 지킨 반려견이 화제가 됐다. '본쿡(구슬)'이라는 이름의 이 개는 휠체어를 타고 퇴원하는 주인을 보더니 온몸을 비벼대며 기쁨을 표현해 감동을 자아냈다. '개가 사람보다 낫다'는 말이 괜히 나온 것은 아닌 듯하다.

한국 토종개로는 진돗개, 삽살개, 경주개 동경이, 풍산개 등이 있다. 주인을 향한 진돗개의 충성심은 널리 알려져 있다. 전남 진도에서 대전으로 팔려 갔다가 7개월 만에 뼈와 가죽만 앙상히 남은 채 고향 주인에게 돌아왔다는 백구 이야기는 너무도 유명한 일화이다. "10년이면 주인을 닮고, 100년이면 산야를 닮는다"는 진돗개는 천년 역사의 토종개다. 대담 용맹하며 절제력이 뛰어나다. 장기 출장을 다녀올 때 한꺼번에 사료와 물을 두고 가면 그때그때 필요한 만큼만 먹는다 하니 말이다. 천연기념물 제53호로 지정되어 있다.

각국을 대표할 만한 개로, 영국개 불도그는 집요한 영국 사람을 닮았고 감정이 예민한 푸들은 프랑스 사람과 비슷하다. 독일에는 이지적이고 엄격한 셰퍼드가 있고, 중국에는 좀체 자신의 본성을 드러내지 않는 차우차우가 있다. 한때 중국에서 부의 상징으로 통했던 짱아오(일명 사자견)는 원래 티베트 일대의 양치기 개였다. 티베트에서는 수호신이 되지 못한 승려들이 본 품종으로 환생한다는 전설이 있어 매우 신성한 동물로 여겨진다.

경북 선산이 고향인 삽살개는 대한민국 천연기념물 제368호로 지정돼 있다. 예로부터 민간에서 '귀신을 보는 개'라고 일컬어 왔는데 삽살개라는 이름도 '삽(쫓는다)'과 '살(액운)'에서 유래했다.
지난 2012년 천연기념물 제540호에 이름을 올린 경주개는 동경이, 댕견, 동경개라고도 불린다. 동경은 옛 경주를 일컫는 지명이다.

풍산개는 토종개 중 가장 몸집이 크다. 함경남도 풍산군 태생인데 북한 천연기념물 제368호로 지정되어 있다. 개마고원 일대에서 나타난 견종이다. 영하의 기온에서도 잠을 잘 수 있어 사냥개나 군견으로 활용된다. 2018년 남북 정상회담에서 북측으로부터 선물 받은 것도 풍산개였다.

군에서 힘준한 지형을 넘나들며 수색, 추적, 경계, 탐지 임무를 수행하는 군견軍犬이 있다. 우리나라 군견의 역사는 1954년 미 공군으로부터 군견 10마리를 인수하면서 시작됐다. 1968년 무장공비 청와대 기습사건 당시 공을 세웠던 '린틴'과 강원도 양구제 4땅굴 수색 당시 투입된 '헌트'는 무장훈장을 탔다. 지뢰를 밟고 폭사하면서 장병들 목숨을 구한 헌트는 사상 처음 소위 계급장을 달았다. 2011년 버락 오바마 대통령이 오사마 빈 라덴 사살 직전에 투입된 군견을 직접 격려할 만큼 미국에는 군견 예우 문화가 정착돼 있다.

불가佛家에서도 개와 관련된 일화가 많이 전해진다. 백중날은 우리 전통 속에서 머슴의 생일이자 두레의 '호미씻이'날이기도 하지만, 부처님의 제자 목련존자가 죽어서 아귀도의 고통을 받고 개로 태어난 어머니의 모습을 보고 기도로써 어머니를 극락정토에 사람으로 환생시켰다고 전해지는 날을 기리는 날이기도 하다.

그래서 불자들은 특히 개고기 식食문화를 터부시한다. 인간에게 먹을 수 있는 것과 그렇지 못한 것과의 경계는 어디쯤일까? 1988년 올림픽 때 야만적인 식문화 습속이라며 격렬하게 항의하던 프랑스 여배우 브리지트 바르도를 떠올리게 된다. '장구피皮'는 개 가죽을 으뜸으로 친다던데, 프랑스 사람들이 감격해 마지않는 사물놀이패의 악기 중의 하나가 그 장구라는 걸 안다면 어떤 표정을 지을까?

또한 개는 환생과 연관되어 있기에 눈이 세 개 달린 개 삼목구三目狗 이야기는 팔만대장경 불사 조성의 내력과 얽혀 있다. '세 개의 눈을 가진 개가 짖어 삼재三災를 쫓는다'라는 글과 함께 전해지는 그림 당삼목구唐三目狗는 눈이 세 개 달린 개가 두 마리의 매 사이에서 짖고 있는 모습으로 그려져 국립박물관에 소장되어 있다.

'개에게도 불성佛性이 있는가, 없는가'라는 구자무불성拘子無佛性 화두話頭가 있다. 당나라 때 한 수행승과 조주 선사의 선문답 중에 나온다. 불교의 1,600여 가지 화두 중 이 화두를 깨쳐서 견성한 사람이 가장 많다고 한다.

오래전 얘기지만 축음기 '빅터' 광고에도 개가 등장한다. 연배 있으신 분들은 개가 축음기 나팔관 앞에서 흘러나오는 음악 소리에 귀를 기울이고 있는 장면을 본 기억이 있을 듯하다. 마치 사람처럼 음악을 감상하는 신기한 모습의 개의 이름은 니퍼다. 니퍼는 세계에서 가장 유명한 개 중 하나로 특히 음악 애호가들에게 인기가 많다.

영국의 화가 프랜시스 버로드는 형이 세상을 떠나자 형이 키우던 반려견 니퍼를 데리고 와서 돌봐 주다 니퍼가 늙어서 죽자, 죽은 형과 충직한 니퍼를 애도하는 이 그림을 그렸다. '주인의 목소리'라는 제목으로 축음기와 음반 로고로 사용되면서 전 세계에서 가장 유명한 상표 중 하나가 되었다. 주인에 대한 충성심이 강했던 니퍼는 음악의 상징으로 대중의 기억 속에서 오래도록 남아 있다.

최근에는 개 특유의 뛰어난 후각을 이용해 병을 진단하는 의사 역할을 맡고 있는 개도 있다. 사람보다 최대 10만 배 이상 뛰어난 '개코'를 이용하면 의사가 진단하지 못하는 초기 암세포까지 찾아낼 수도 있다고 한다. 안내견·탐지견에 이어 의사견이 등장했으니 개만큼 인간에게 각별한 동물도 없을 듯하다. 영국 '의료 진단견' 공동 설립자인 클레어 게스트 박사는 1조당 몇 개 정도의 비율로 섞인 물질을 냄새로 탐지할 수도 있다며 이는 올림픽 규격 수영장 2배를 합친 곳에 떨어진 피 한 방울을 감지해 내는 수준이라고 말한다. "개는 코로 세상을 인식한다"는 말이 그냥 나온 말은 아닌 듯하다.

또 한편으로는 개는 비천함의 상징으로도 인식되는 양면성을 갖고 있다. 개의 그런 이미지는 격 떨어진 상황이나 행동에 '개' 자를 붙이는 언어 행위에 잘 나타난다.

개망나니, 개차반, 개새끼, 개뼈다귀, 개나발, 개소리부터 '개가 웃을 일이다', '미친개에겐 몽둥이가 약이다', '오뉴월 개 패듯 한다', '제 버릇 개주랴', '빛 좋은 개살구', '개 눈에는 똥만 보인다', '개꼬리 삼 년 두어도 황모 못 된다', '개 팔자가 상팔자' 등의 속담을 사례로 들 수 있다. 우리 일상에 자주 쓰이는 사자성어 중 '진흙탕에서 싸우는 개'라는 뜻의 '이전투구泥田鬪狗'도 있다.

자식이나 손주를 '우리 강아지'로 호칭할 만큼 귀엽고 친밀한 이미지를 가진 개는 격의 없는 속성과 주인에게 무조건 아부하고 복종하는 모습 때문에 비루하고 미천한 이미지도 함께 생겨났을 것으로 여겨진다. 인간에게 가장 충직한 동물인 개가 이렇게 조롱과 멸시의 대상이 되었으니 말 못하는 개는 얼마나 억울할까?

그러나 세태가 바뀌어 근래엔 강아지 요가도 한다. 도그와 요가를 합쳐 도가Doga라고 부른다. 반려견이 직접 요가 동작을 하도록 시키기보다는, 반려인이 요가 동작을 취하면서 반려견과의 스킨십과 교감을 돕는 방식이다. 낯을 가리거나 겁이 많아 심리적으로 위축된 반려견을 위해서도 좋다.

도가는 만병의 근원인 스트레스를 완화하고 없애는 데 좋은 운동법이다. 일각에서는 도가를 부모들이 아기들과 함께하는 유아 요가와 비슷한 측면이 많다고 얘기한다. 근육 키우는 강아지 헬스장도 북적거린다.

 반려동물과의 이별을 돕는 애니멀 호스피스, 장례지도사, 장묘업체 등도 계속 늘어나는 추세이다. 호텔업계에서는 펫팸족(반려동물을 가족으로 여기는)을 유치하기 위한 뷔페, 놀이공간, 펫 케어 등 다양한 특화 서비스도 확장하고 있다. 반려동물과 보호자 고객의 응대법을 별도로 직원들에게 교육시키는 곳도 늘고 있다.

 강원도에서 채록한 이야기 중에서 견공오륜犬公五倫이 등장한다. 사람에게 삼강오륜三綱五倫이 있듯이 개에게도 다섯 가지 도덕 강목이 있다는 말일 터.

 앞서 불길에서 자신을 희생하며 주인을 구한 오수견의 사례에서와 같이 군신유의(君臣有義·임금과 신하의 도리엔 의리가 있고), 암컷이 임신하면 수컷이 정성을 다하는 부부유별(夫婦有別·부부 사이에는 서로 존중해 주는 인륜이 있으며), 새끼가 어미를 절대로 물지 않는 부자유친(父子有親·아버지와 아들 사이에는 친애가 있으며), 한 개가 짖으면 동네 모든 개가 따라 짖는 붕우유신(朋友有信·벗의 도리는 믿음에 있고), 작은 개가 큰 개에게 대들지 않는 장유유서(長幼有序·어른과 어린이 사이에는 차례와 질서가 있어야 하며)는 때론 사람보다 낫다고 볼 수 있다. 개가 지켜야 할 도리라기보다 오히려 사람이 지켜야 할 것들이다.

 이는 "견공犬公들도 이렇게 윤리와 도덕을 알고 지키며, 신의와 헌신과 충직함을 실천하는데 하물며 인간 그대들은 무엇 하냐"고 묻고 있는 듯하고, "인간들이시여 비속어 쓸 때 애먼 나를 들먹이지 말고, 나만큼만 할 도리를 다하라"고 비양하는 듯도 하다.

 반려견 자세(스바나 아사나)를 실행해 보기로 하자. 먼저 두 손을 어깨너비로 한 채 앞의 바닥을 짚고 엉덩이는 위로 들어올린다. 가능한 한 두 발을 모은 채 발뒤꿈치는 바닥에서 들리지 않게 하며, 팔꿈치와 무릎을 편 상태에서 이마가 바닥에 닿을 수 있도록 가슴 부위를 아래쪽으로 낮춘다. 이것은 개가 '아래로 머리를 숙인 자세', '아도 무카 스바나 아사나'라고 한다. 그 반대로 이 상태에서 머리를 천장을 보게 하며 상체를 위로 치켜올리면서 엉덩이는 낮추고 무릎은 바닥에 닿지 않게 하는 자세를 '개가 머리를 든 자세', '우르드바 무카 스바나 아사나'라고 칭한다.

통칭하여 반려견 자세, 개 자세, 견공 자세, 강아지 자세, 스바나 아사나라고 한다. 여름날 오후에 낮잠에서 깨어난 반려견이 기지개를 쭉쭉 켜며 몸을 추스르는 모습을 연상케 하는 자세이다. 무기력과 피로감을 제거하고 전신에 새로운 활력을 불어넣어 준다. 심장에 무리를 주지 않으면서 혈액을 하체로 흘려보내 머리를 맑게 한다.

일명 소주천小宙天 효과로 인해 생기를 샘솟게 하는 자세이다. 발뒤꿈치 통증이나 경직을 해소하고 발목을 강화시켜 준다. 척추와 어깨근육을 부드럽게 해 주며, 흉곽을 넓혀 주어서 심호흡을 돕는다. 허벅지 뒤쪽의 햄스트링 부분을 자극하여 다리의 피로를 풀어 주는 효과가 있다.

이 아사나는 몸을 쭉 뻗게도, 웅크리게도, 비틀게도, 뒤로 젖히게도, 들어 올리게도 할 수 있는 전신 복합 동작을 가능케 하여 허벅지, 복부, 엉덩이 근육, 종아리, 뒤꿈치까지 자극시키게 되는 만능의 자세이다. 더구나 허벅지 후면 근육의 자극으로 겨울철 보행 시 낙상사고 예방에도 도움이 된다. 본격적인 아사나 수련 전에 준비행법으로도 적격이다.

역질로 인해 점점 비대면의 일상 속으로 빠져들게 되고, 점점 더 속마음을 털어놓을 상대를 찾는 것이 힘들어질 때, 서로 간에 공감과 소통과 유대감은 점점 힘들어질 때, 인간과 인간과의 관계의 끈이 너무도 허술해지는 듯하게 느껴질 때, 가슴과 가슴을 통해 전달되는 따뜻함이 자꾸 고갈되어 간다고 느껴질 때, 상황의 유불리有不

체에 따라 신뢰와 의리를 헌신짝처럼 저버리며 배신과 변절이 난무하는 세태를 보게 될 때, 묵직하고 끈끈한 곰탕 진국 같은 우정과 사랑의 교감이 그리워질 때, 눈을 들어 반려견의 표정을 한번 보라.

때론 저들도 사람만큼 표정이 다채롭고 풍부함에 놀랄 것이다. 먹이를 줄 땐 침을 흘리면서 꼬리를 달랑거리며 다가와 환하게 기쁨을 표시하고, 혼자 두고 외출할 때에는 금방 두 귀가 처지며 시무룩해지는 표정을 짓는 걸 한번 보시길. 사람과 반려견과의 정서적 유대감도 이런 감정의 소통과 공유의 결과물이 아닐까.

AI 로봇 등이 인간의 자리를 메꾸어 가고 있다고는 하지만 인간의 감성지수를 만족시키고 따라가기에는 아직은 역부족일 듯하다. 그러한 빈자리를 채워주고 있는 것이 바로 반려견이다.

"개는 가장 오래된 가축으로 길러져 주인을 잘 따르는 충직한 반려동물이다. 나아가 개는 이제 애정의 대용물이 되어 인간을 고독으로부터 방어한다"라고 이어령은 말하고 있다.

어느 한 시인은 한 사람이 내게 온다는 것은 온 우주가 들어오는 것이라 비유했다. 그렇다면 한 반려견이 내게 온다는 것은 온 우주가 들어온다고 말할 수 있지 않을까? 개를 우리의 삶에 들이기로 했다는 것은 '요람에서 무덤까지' 책임지기로 한 것이라 여겨진다. '검은 머리 파뿌리가 되도록'으로 시작하는 결혼 서약처럼, 건강하고 사랑스럽고 예쁠 때만이 아니고, 늙고 병들고 초췌해져도 끝까지 책임진다는 자세 역시 반려동물에 대한 최소한의 의무이고 도리일 터.

애완동물은 주인의 펫pet에 머물지만, 반려동물은 같은 집에 사는 사람의 반려자이며 동료이고 동반자일 뿐만 아니라 사회공동체를 구성하는 다른 사람들에게도 똑같은 위치가 될 수 있어야 한다는 뜻이다. 이제 그에 걸맞은 대접을 해줄 때가 되었다.

개의 학명이 '카니스 루푸스 파밀리아스canis lupus familiaris'인 것처럼 개 특유의 친화력은 어느 동물도 따라오지 못한다. 학명에 '가족, 파밀리아스familiaris'라는 의미가 들어 있는 동물은 개밖에 없다는 사실이다.

세계적인 개 행동심리학자인 마크 베코프Marc Bekoff는 "사람들은 개에 대해 너무 모른다"고 일갈한다. "개와 함께 산다는 것은 늘 수많은 협상이 이루어지는 평생 동안의 헌신"이라는 그의 말을 새겨들을 필요가 있다. 이제 "잘 키운 반려견 한 마리 열 친구, 열 이웃 안 부럽다"는 말이 나올 법도 하다.

오늘 전신을 쭉쭉 늘리며 기지개 켜듯이 반려견 자세(스바나 아사나)를 취하면서 다짐해 본다. 긴긴 세월 소통과 공감으로 인간의 곁에서 큰 힘이 되어 주었던 그지없이 순수하고 맑은 어린아이의 눈매를 닮은 저 반려견처럼만 되고지고라고.

저 반려견만큼만 만나는 사람, 연인들, 이웃들, 벗님네들과 바람처럼 새털처럼 가볍고 의미 없는 교류와 소통이 아닌, 신의롭고 정겹고 따뜻함을 주고받으며 한결같이 훈훈한 관계가 이어지고 번져 나가길 소망해 본다.

끝으로 조시 빌링스의 "개는 당신이 당신을 사랑하는 것보다 더 당신을 사랑해 주는 유일한 존재다"라는 말을 들려 드린다.

몸과 마음을 여는 인문학 오디세이

39. 무릎을 귀에 붙인 자세

'무릎을 귀에 붙인 자세'는 카르나피다 아사나karnapida asana라고 한다. 할라 아사나(쟁기 자세)에서 숨을 내쉬며 무릎을 굽히고 양 무릎을 양쪽 귀에 붙인다. 양손은 허리에 대거나 허벅지를 잡거나 등 뒤쪽 바닥에 닿게 한다.

_ 시연 배수진

귀는 소리를 분별하고 균형을 유지하는 데 필요한 청각 및 평형감각을 담당하는 기관이다. 눈을 '마음의 창'이라고 하지만, 귀 역시 마음이 움직여야 들을 수 있으니, 귀 또한 '마음의 창'이라 불러도 손색이 없을 듯하다. 아무리 심금을 울리는 음악이라 할지라도 마음이 개입되지 않으면 잘 들리지 않을 뿐더러, 오히려 시끄러운 소음으로 작용되지 않던가.

귀 하면 '소통'을 빼놓을 수 없다. 일상생활에서 의사소통이란 잘 듣고 잘 반응하는 과정이다. 사람의 의사소통을 분석해 보면 듣기, 말하기, 읽기, 쓰기인데 여기서 듣기의 비율이 절반 가까이 차지한다고 한다.

만약 누군가의 이야기를 단 한마디도 하지 않고 한 시간 이상 경청할 수 있다면 둘 중의 하나다. 딴 생각을 하며 듣는 척했거나 아니면 경청에 있어서 최고의 경지에 오른 것이리라.

그러므로 경청은 대단한 에너지를 필요로 하는 높은 수준의 커뮤니케이션 기술인 것은 틀림없다. 그러기에 "말하는 것은 지식의 영역이고, 듣는 것은 지혜의 영역이다"라는 말이 있을 정도다. '코미디언을 죽이는 방법은 하품 한 번이면 족하다'는 말이 있다. 그만큼 듣는 자세가 중요함을 일깨워 주는 말이 아닐 수 없다.

핵가족화 되고 빨라진 사회적 변화로 인해 현대인들은 정서적으로 메말라 가고 인간관계는 점점 단절되어 가고 있다. 예전에는 한 동네에 많은 공동체를 이루고 살았지만, 지금은 옆집에 누가 사는지조차 모르는 일이 다반사다. 사람들은 점점 자기중심적인 생각으로 살아가고 있다.

그러다 보니 너도 나도 나의 이야기를 누군가에게 하고 싶고, 들려주고 싶고, 털어놓고 싶다. 나의 이야길 들어 봐, 나를 좀 봐 줘, 나를 좀 알아줘, 나는 너무 힘들어, 나는 너무 외로워, 나는 너무 고독해, 나는 너무 슬퍼, 나는 너무 기뻐, 나는 너무 즐거워, 나 대단하지 않아, 내 아들 이번에 대기업 입사했어, 내 손주 녀석 너무 예쁘지, 나 고급 아파트로 이사했어, 나 이 정도로 대단해, 나는 이만큼 잘 견뎌 왔어, 나는 불안해, 나 어떡해 등등 감정의 찌꺼기들을 상대에게 배출시키고 싶다는 강력한 욕망의 산을 쌓아 놓고 사는지도 모른다.

　동료·친구·친척 결혼식장에 축하하러 가서 기념사진을 찍고, 훗날 집들이 갔을 때 내놓는 사진첩을 보면서 그 사진 속에서 누굴 제일 먼저 찾게 될까? 친구? 동료? 신랑 신부일까? 아니다. 제일 먼저 본능적으로 자기 얼굴부터 찾게 된다. 눈을 감았다는 둥, 옆 사람이 내 얼굴을 가렸다는 둥 하다가 그다음에야 당사자들을 보게 되는 게 인지상정이다. 이런 걸로 미루어보아 사람들은 상대의 웬만한 말보다는 자기의 말을 먼저 하고 싶다는 욕구가 꿈틀거림을 어이하랴.

　그걸 인정하고, 말하고 싶고 털어놓고 싶은 나를 억제하고 상대의 말에 귀를 먼저 기울인다는 그 자체가 대단한 내공과 수양과 훈련을 요구하게 된다.

　어떤 상대는 자리에 앉자마자 자기 이야기로 시작하여 자기 이야기로 끝나는 경우도 경험한다. 특히 명성이 높다거나 감투나 관직을 쓰고 있는 사람들일 경우 더욱 그러한 경향이 짙다. 습관적으로 자기 본위로 대화를 주도하고 이끌어 간다. 몇 시간 동안 있어도 상대에 대한 관심조차 안 보이는, 오직 자기 본위의 대화를 듣고 온 후론 점차 그 상대나 그 모임에는 발길이 뜸해졌던 경험들이 있을 것이다.

　많은 걸 듣고 배우고 들은 것 같으나 뭔가 허전하고 찜찜하고 목까지 차오르는 답답함 같은 게 남아 있던 경험들. 이는 대화가 일방통행이었기 때문이다. 인간관계는 소통에서 시작되고 소통에서 끝난다고 할 수 있다. 소통은 쌍방통행이 되어야 하는 게 원칙인데 말이다.

그래서 '대화를 잘하는 사람은 혀가 아니라 귀를 먼저 내미는 사람'이라고 말한다. 내가 아무리 상대방에게 어떤 달콤한 말을 한다고 할지라도 상대방 입장에서는 자기가 말하고 싶어하는 이야기의 절반만큼도 흥미가 없기 때문이다.

"말을 배우는 데는 2년이 걸리나, 경청傾聽을 배우는 데는 60년이 걸린다"는 말이 있다. 공자는 육십이 되어서야 비로소 '이순耳順'의 경지에 도달했다고 한다. 이순耳順은 남의 이야기가 귀에 거슬리지 아니하는 경지요, 무슨 이야기를 들어도 깊이 이해하는 경지다. 너그러운 마음으로 모든 걸 관용하는 경지다. 아직도 들으면서 귀에 거슬린다는 건 수양이 부족한 때문이라는 것이다.

우리는 듣고 싶은 것만 들으려 하는 경우가 많다. 달콤한 말, 아부, 아첨, 칭찬, 아양 등 등 그러나 나무람, 쓴소리, 비판, 비평의 소리, 질책의 소리, 건의, 조언 등은 본능적으로 멀리하려는 경향이 있다.

문맹文盲은 글을 못 보고, 색맹色盲은 빛깔을 분간하지 못하듯, 청맹聽盲은 상대의 깊은 마음속 소리를 듣지 못하는 것을 말한다.

흔히 '말하는 것은 자발적이고 적극적 경청이고, 듣는 것은 수동적이고 소극적 경청'이라고 오해하는 사람들이 많다. 하지만 실제로는 듣는 것은 말하는 것 못지않게 적극적인 소통의 과정이라고 말할 수 있다. 듣는 사람은 상대의 말을 정확히 파악해야 하고, 동시에 내가 열심히 듣고 있다는 것을 표정이나 행동 등으로 보여 줘야 하기 때문이다. 경청은 상대방에게 호감을 얻는 요인이기도 하지만 말하는 사람으로 하여금 스스로를 돌아볼 수 있게 도와주기도 한다.

진정한 소통이란 입에서 나오는 소리를 듣는 것이 아니라 마음에서 나오는 소리를 마음으로 듣는 것을 의미한다. 상대의 마음을 읽지 못하면 늘 자기 방식을 고집하게 된다. 즉 상대의 마음에 공감하고자 하는 경청 자세가 중요하다. 그것이 적극적 경청active listening이고 공감적 경청empathetic listening이다.

한 열성적인 신자가 매일같이 간절하게 기도했더니 드디어 신이 나타났다. 그리고 신이 말했다. "매일 너의 애기만 하지 말고 먼저 내 말을 경청하라. 그러면 기도할 필요조차 없을 것이다." 오래된 우화 한 토막이다.

경청은 커뮤니케이션에 있어 상호 신뢰를 쌓고 설득하기 위해서는 최고의 방법이다. 우리는 내 애기를 정성을 다해 경청하는 사람을 대할 때 내 감정이 인정받았다는 부분에서 자존감과 함께 확신을 갖게 된다. 그러니 경청은 대단한 에너지를 필요로 하는 높은 수준의 커뮤니케이션 스킬인 것이 확실하다.

삼성 이병철 회장이 경영권을 물려주면서 내린 휘호에도 '경청'이 있었다고 한다. 말이 너무 많다고 비난하는 일은 있어도, 너무 잘 듣는다고 비난하는 사람은 없다. 경청의 능력은 근육과 같아서 훈련을 통해 얼마든지 배양될 수 있다.

입은 하나인데 눈이 둘, 귀도 둘인 이유를 '많이 보고, 많이 듣고, 적게 말하라'는 뜻이라고 제논이란 그리스 철학자가 설파했다.

청聽이라는 한자를 풀이해 보면 귀 이耳 자 아래에 임금 왕王 자가 있고, 눈 목目 자 위에 열 십十 자, 그리고 마음 심心 자 위에 한 일一 자가 있다. 이는 왕의 귀를 갖고 열 개의 눈을 가지고 한마음으로 듣는 것이다. 백성들의 소리에 귀를 세우고 듣는 왕의 귀, 열 개의 눈이란 머리에서 발끝까지 어느 하나도 소홀히 하지 않고 찬찬히 살피며 듣는 것, 하나의 마음이란 마음을 여러 곳으로 분산시키지 않고 한곳에 집중하여 듣는다는 뜻이다.

 단순히 말소리를 들었다 해서 상대의 말을 이해했다고 생각하면 큰 착각. 진정한 듣기는 말하는 상대의 생각과 마음을 읽어 주는 것이다. 요즘만큼 궤변詭辯과 요설妖說·饒舌 독설 욕설 거짓 비난 험담 사설邪說이 난무하던 시대가 또 있었을까? 그리하여 귀를 닫고 싶을 때가 또한 한두 번이었을까 마는 그래도 상대의 말을 경청하는 행위 그 자체만은 상대방에게 인정받는다는 느낌을 주어 긍정적인 에너지를 샘솟게 할 수 있을 것이다.

 요가 수행자들이 행하는 적극적 경청, 공감적 경청 그 자체가 곧 카르마요가Karma yoga를 실천하는 것이라 생각된다. 일명 경청 보시傾聽布施, 듣기 보시라고 해두자.

 독일 작가 미하엘 엔데의 소설 『모모』에 나오는 주인공 '모모'는 버려진 원형극장에서 혼자 살고 있고 여덟 살 여자아이다. 이 소설은 시간을 훔치는 도둑과 그 도둑이 훔쳐간 시간을 찾아주는 한 소녀에 대한 이상한 이야기라고 명시되어 있다. 모모는 어린아이였지만, 그냥 평범한 어린아이가 아니었다. 그녀를 찾아오는 수많은 사람들의 얘기를 들어주고 그들의 말에 귀를 기울여주는 아이였다.

 사람들은 시시때때로 여덟 살의 모모를 찾아왔다. 힘들거나 괴로운 일이 있거나, 기쁠 때도 물론이지만 특히나 슬픈 일이 있을 때면 모모에게 한껏 마음을 털어놓았다. 도대체 모모에게는 어떤 비결이 있었을까? 어린아이가 상담 공부를 한 것도 아닐 테고, 인생살이에 대한 해박한 전문지식이 있는 것도 아니었을 텐데 말이다. 그런데도 사람들은 모모를 찾아왔고, 돌아갈 때쯤이면 환한 표정을 지으며 후련해져서 홀가분하게 발길을 돌리는 자체가 신기하다. 모모에겐 무슨 특별한 비법이 있었던 걸까?

 단순하다. 모모는 상대의 얘기를 들어줄 뿐이었다. 그러나 대화

도중 왜 그랬냐고 힐책한다던지 따지지 않았다. 그저 작고 초롱초롱한 눈동자를 반짝거리며 고개를 끄떡거리면서 진심으로 상대에게 다가가 들어줄 뿐이었다. 참으로 놀라운 태생적 상담가였다.

『리드 아웃Lead out』이라는 책 속에 글귀 하나가 눈에 띈다. "케네디 대통령은 당신에게 질문을 던진 뒤 놀라운 집중력으로 당신의 답에 귀 기울임으로써 당신이 생각하지 않을 수 없게 만든다. 그 순간만큼은 그가 던진 질문에 답하는 것 외에 아무 생각도 할 수 없게 된다." 이 정도로 귀 기울여 상대방의 말을 들어야 한다고 생각된다.

성인聖人은 듣고 나서 입을 연다. 입을 열기 전 귀耳를 먼저 연다. 성聖은 인간이 도달할 수 있는 최고의 경지다. 악성樂聖, 시성詩聖, 서성書聖, 기성棋聖을 붙인다. 성聖 자를 보면 참으로 뜻이 깊다. 이耳·구口·왕王 자의 3요소가 합해진 글자다.

성인은 먼저 남 얘기와 역사의 소리와 진리의 소리를 조용히 듣는다. 모두 듣고 난 후에 입을 열어 말씀을 한다. 듣고 말하는 가장 뛰어난 존재가 성인이다. 듣는 것이 먼저고 말을 하는 것은 나중의 일이다. 이耳 자를 먼저 쓰고 구口 자를 나중에 쓰는 것은 결코 우연한 일이 아니다.

'생명의 전화 센터'로 전화가 걸려 온다. 너무 힘들고 괴로워서 그냥 자살하려고 한다는 말과 함께. 이때 상담자가 설득하려 들면 전화는 바로 끊기기 쉽다. 일단 왜 힘들고 괴로운지 그 이유나 잠시 들려줄 수 없겠느냐고 말하여 본인이 하소연하고 털어놓기 시작하면 1분이 3분 되고, 5분 되고 10분 되고, 30분 되고 1시간 되면 그 사람은 다시 마음을 돌릴 확률이 아주 높아진다는 얘기는 시사하는 바가 크다.

전문가들이 얘기하는 바람직한 경청의 기법 몇 가지를 소개해 본다.

　첫째. 상대의 뒤나 옆에 위치하면서 '듣고 있으니 말해봐'라는 김 빠지는 태도가 아닌, 먼저 마주 보고 앉아 상대방 앞으로 약간 몸을 기울인다. 진지하게 경청하고 있음을 전달하는 자세이다.

　둘째. 상대와 시선을 마주쳐(아이 투 아이 컨택트·eye to eye contact) 상대가 편안함을 느끼도록 한다. 부드러운 시선으로 상대방을 바라보며 이야기를 경청한다.

　셋째. TV 끄기, 읽던 책이나 잡지 내려놓기, 서류나 컴퓨터 등을 한쪽으로 치워서 적극적으로 대화에 집중하고 있음을 알린다.

　넷째. 고개를 끄덕인다던가 눈을 크게 뜬다던지 하는 몸짓 외에 맞장구를 치며 듣는다. 아! 와우! 아하! 우와! 그렇군요, 그럼요, 옳은 말씀입니다, 어머머, 대단하네요, 흐 어떻게 해, 그래서요, 그리고는요, 저 같아도 속상할 것 같아요, 맞아요 정말 그래요 등등 그때그때 적절한 추임새를 곁들인다면 금상첨화. 맞장구를 치면 상대방은 말하는 것이 신바람이 나서 자신을 인정해 주는 듣는 자에게 더욱 호감과 친근감을 갖게 될 것이다. 상대의 말에 동의하는 것이 아니라 그 상황에서 느꼈을 감정을 공감하는 것이 필요하다. 동감은 머리로 하나 공감은 가슴으로 하는 걸 기억하면 좋겠다.

　다섯째. 내가 하고 싶은 말은 잠시 내려놓고 상대의 이야기에 집중한다. 내 뜻을 전달하기 위한 대화가 아니라 상대의 이야기를 듣기 위한 대화라는 점을 간과해서는 안 된다. 자신의 주장이나 경험 등 하고 싶은 이야기를 떨쳐버리고 상대방의 말에 몰입하는 것이다.

　여섯째. 상대방이 완전히 이야기를 끝날 때까지 찬성·반대나 자신의 견해에 대해 말하기를 자제한다.

일곱째. 중간에 답답하고 지루하더라도 대화의 흐름을 끊지 말고 끝까지 듣는다. 인내심이 필요하다.

여덟째. 상대방이 주저할 때 혹은 한 말을 다한 뒤 요지를 확실히 하기 위해 질문을 던진다.

아홉째. 상대방의 이야기를 요약하고 그리고 맞는지 확인한다.

열 번째. 온몸으로 듣는 것이다. 그러나 형식적인 미소를 띠거나 습관적으로 고개를 끄떡이면 역효과가 난다. 요가 수업 중 강사가 시의적절한 멘트를 했을 때, 눈빛으로, 표정으로, 또한 고개까지 끄떡이는 수강생이 한둘이라도 있을 때 그 요가수업은 한층 더 고조된 분위기가 됨을 경험한다. 요가 강사 역시 평범한 사람이다.

덧붙인다면 상대방을 인정하는 예yes로 시작하여 일단 상대의 말을 긍정해주고 나서, 그다음에 그러나but로 시작하는 본인의 이야기를 시작하는 '예 그러나 화법'도 권장한다. 교류분석(T/A)에서 중요하게 강조하는 '나 전달법I message'도 함께 곁들이면 더욱 좋을 듯하다.

판소리를 즐겨 듣는 사람들 가운데 단순한 애호가 수준을 넘어 소리에 대한 정확한 이해와 지식을 바탕으로 소리를 제대로 감상할 줄 아는 사람을 '귀명창'이라 한다. 귀가 명창名唱이라는 의미인데 즉 판소리를 할 줄은 모르더라도 듣고 감상하는 수준이 '판소리 명창'의 경지에 이른 사람이라는 뜻이다. '귀명창이 좋은 소리꾼을 낳는다'라는 말이다. 귀명창 있는 곳에 명창이 있다. 그렇다면 '우수한 경청 능력자가 있는 곳에 행복한 상담자가 있다' 할 수 있다.

대자대비大慈大悲한 부처님께서 중생과 고통소리를 본다는 관세음觀世音에 이르러서는 설명할 방법이 없지만 줄여서 관음觀音이라고도 한다. 세상의 모든 소리에 귀 기울이고 보라는 의미가 내포되어 있을 것이며, 보고 듣는 시청각 기능의 중요성을 생각게 한다.

세계적 경영 컨설턴트인 톰 피터스는 경청과 관련해 "타인을 만족시키는 가장 탁월한 방법은 그들의 말을 경청하는 것이다. 말하고 명령하는 것이 지난 세기의 방법이었다면 귀 기울여 경청하는 것은 21세기 방법이다"라고 충고한다.

남의 글, 지인의 글을 읽고, 수고했다는, 잘 읽었다는, 힘들었겠다는 피드백 말 한마디 해줄 수 있는 관계, 해줄 줄 아는 센스를 가지는 것 역시 적극적 경청이며 공감적 경청의 하나라고 여겨진다.

꼭 대화를 주고받는 것만이 경청이 아니라 문장을 통한 대화 역시 중요한 경청의 일부분이라 여겨진다. 글 역시 곧 그 사람을 대변하고 그 사람의 분신이기 때문이다. 댓글 한 줄, 좋아요 이모티콘 하나, 문자 한 통, 전화 한 통화로 상대를 춤추게도 할 수 있다.

가까운 가족들은 가족이라 예사로 여기고, 오래된 지인들은 당연한 듯 무덤덤한 세태, 오락 위주나 흥미 본위의 동영상 한 편, 사진한 장 올릴 때는 와! 하고 피드백을 잘도 하던 부류들이면서도 진작몇 날 몇 밤을 꼬박 새우며 온몸으로 정성 들여 쓴 글을 보고서도피드백에는 인색한 세태. 그것이 곧 소통이고 교감인데도 말이다.

가슴이 싸해오는 시간들이다. 연륜이 깊어질수록 상단전上丹田 궁합이 잘 맞아야 그 관계가 오래 끈끈하게 지속될 텐데 말이다. 우리는 상대방을 인정하는 데 너무 인색한 게 아닐까? 자신부터 반성해본다. 이러한 일련의 행위 자체가 적극적 경청이라 생각되기 때문이다.

'무릎을 귀에 붙인 자세'는 카르나피다 아사나karnapida asana라고하며 여기서 범어로 카르나karna는 귀, 피다pida는 아픔·억압·불쾌함을 뜻한다. 할라 아사나(쟁기 자세)의 변형된 형태이다. 먼저 할라 아사나(쟁기 자세)에서 숨을 내쉬며 무릎을 굽히고, 양 무릎을 양쪽 귀에 붙인다. 양손은 허리에 대거나 허벅지를 잡거나 등 뒤쪽 바닥에 닿게 한다. 무릎을 귀 옆에 가까이 붙여 압박한 상태로 정지한 후 눈을 감고 내면의 소리에 귀를 기울인다.

 몸통 신장 다리의 피로를 풀어 주며, 척추를 이완시키고 허리 주변의 혈액순환을 원활하게 해 준다. 비슈디 차크라를 개발시키며, 갑상선 기능을 활성화시킨다. 복부의 가스를 제거시켜 준다. 목에 부담이 갈 수 있으므로 무리한 실행은 자제한다. 이 자세 후에는 마시야 아사나(물고기 자세) 등으로 목의 긴장을 충분히 풀어 준다.

 아름다운 음악소리를 즐겨 찾아 듣는 일에는 열광했지만, 정작 사람들의 마음에서 울려 나오는 소리를 제대로 듣는 일에는 무심했던 게 아닌지? 귀가 있다고 다 들리는 것은 아니다. 들을 줄 아는 귀를 갖고 있어야 들린다. 상대의 말에 귀를 기울이겠다고 마음을 먹는 것은 우리의 가장 중요한 시간을 그 사람에게 내주기로 결정한다는 뜻이다. 이러한 적극적 환영의 메시지가 결국 상대의 마음을 여는 열쇠가 되기 때문이다.

 이청득심以聽得心 즉 '귀 기울여 들으면 사람의 마음을 얻을 수 있다'는 말이다. 몸의 근육을 키우는 것은 물론이지만, 마음의 근육을 키우고 영혼의 내공을 쌓는다는 건 적극적인 경청에서부터라는 걸 항상 마음에 새기고 실천에 옮겨야겠다. 그렇다면 이러한 경청이 저절로 이루어질까? 아니다 경청은 노력해야 한다. 훈련되어야 한다. 마음만 먹는다고 그냥 쉽게 되지 않는다. 이를 악물고 내 말을 하고 싶은 걸 참고 견디며 상대의 말을 경청하고자 하는 노력이 따라야 된다는 것이다.

 요즘 세상이 어떤 시대인가? 모두들 자기 말만 하기에도 바쁜 세상, 한마디라도 더 하려고 소리치는 세상, 그런 시대이고 그런 세상이다. 상대의 말을 듣기에 인색한 사람들이 점점 더 늘어가고 많아지는 세태 속에서 적극적 경청은 더 의미 있고 가치 있는 일이다.

"사랑하는 형제자매 여러분, 여러분은 이것을 알아 두십시오. 누구든지 듣기는 빨리 하고 말하기는 더디 하고 노하기도 더디 하십시오." 야고보 사도 말씀(야고보1-19)이다.

 암癌이란 한자어를 풀어 보면 입이 세 개나 필요할 정도로 하고 싶은 말이 많은데 그걸 산 속에 가두어 놓고 막아 버렸다는 뜻이다. 그래서 우리는 상대로 하여금 하고 싶은 말을 다 하게 하고 들어주는 것만으로도 암의 기운을 조금이라도 빗겨 가게 하는 데 일조하는 역할을 한다고 말할 수 있다. 불가佛家에서 말하는 재물 없이도 베풀 수 있는 7가지 보시布施 즉 무재칠시無財七施와 같이 경청 보시를 통해서도 돈 안들이고 큰 공덕을 짓게 되는 일이 되리라.

 양 무릎을 바짝 양 귀에 붙인 채 '카르나피다 아사나'를 행하며 가능한 한 내 말을 먼저 말하는 자가 아닌 되도록 상대의 이야기를 먼저 들어 주는 자세, 그것도 한 나라에서 일어나는 소리들을 다 듣는 임금의 귀를 가지고, 그리고 열 개의 눈으로 널리 또 멀리 보면서 집중하여 들어야겠다. 바다의 소리에 귀를 기울이는 프랑스 시인 장 꼭또의 '소라 귀'처럼 최대한 귀를 크게 하여 쫑긋거리면서 상대에게 적극적으로 다가가 들어야겠다고 다짐해 본다. 거기에 진정성은 덤이다.

《 경청 》

피사의 사탑처럼 내 몸을 님께 숙여
한 마디 한 마디에 집중하여 들으리다
향하오 내 맘의 중심 그대 향한 축으로

한개 혀 두개의 귀 신이 주신 이유일랑
깨닫고 실천하라 철학가 제논 말씀
님의 말씀 귀가 아니라 마음으로 들을터

그대의 속마음을 바닥부터 알려하오
눈과 눈 마주치며 온 몸으로 응답하리
경청공덕 지으려는건 아니지만 말이요

얼마나 속 끓이며 힘들게 버티셨소
오늘만은 속시원히 그 짐을 털어내오
내비록 문제해결은 못해준다 할지라도

감정의 찌꺼길랑 쏟아내는 그 자체가
조금은 후련하리 요만큼은 시원하리
맛보소 카타르시스 나를 통해 기꺼이

모든 귀 열어두고 그대에게 다가가니
우주를 관통하는 어떤 말도 좋소이다
한 송이 꽃을 피울 수 있다면야 내 기꺼이

사람뿐 아니라오 나의 귀 하늘과도
알알이 열려있어 천지기운 받자옵고
내면의 소리까지도 환하게 알아채길.

_ 최진태

40. 발을 귀 쪽으로 당기는 활쏘기 자세

'발을 귀 쪽으로 당기는 활쏘기 자세'는 활을 쏘는 모습과 유사해서 붙여진 이름이다. 다리 근육을 유연하게 해 주며 복부 근육의 수축과 장 운동을 돕는다.

_ 시연 임은주

귀는 뇌부터 발끝까지 모든 기관과 연결되어 있고, 신체기관 중 혈관이 가장 많이 모인 곳이다. 양쪽 귀에 들리는 시간 차를 통해 우리는 소리의 방향을 감지할 수 있다.

신체기관 중 귀와 가장 밀접한 관계가 있는 것은 바로 신장(腎臟·콩팥)이다. 신장의 기능이 나빠지면서 노화가 오면 귀가 가장 먼저 반응한다. 얼굴 중에서 혈액순환 작용이 가장 잘 나타나는 부위이기도 하다. 술을 마셨을 때 귀가 제일 먼저 붉어지는 것도 그 때문이다. 서양의학에서 신장은 혈액의 찌꺼기를 걸러 오줌을 만드는 게 주된 기능이지만 한의학에서는 우리 몸의 원초적 생명력인 선천지기先天之氣를 관장하는 장부로 여긴다.

동의보감에서는 귀를 통한 양생법養生法으로는 귓밥을 자주 만지기를 권한다. 귓불 늘리기는 집중력을 높여주고, 귀 꾸기기는 혈액순환을 돕고, 귀의 아래·위·중간 부위를 잡아당기는 것은 알레르기나 편도에 효과적이고, 귀를 손톱으로 꾹꾹 누르기는 식후 더부룩한 기분이 들 때 하면 좋다. 특히 검지나 중지에 귓바퀴를 끼운 채 아래위로 마찰시켜 주면 몸의 활기, 무기력증, 짜증날 때 효과적이다.

귓불을 아래로 잡아당기며 치아를 부딪치게 하는 고치법叩齒法은 치아 건강에도 좋다. 귓구멍도 마사지 해준다. 귀는 태아가 거꾸로 서 있는 모습에 비유되며, 귀 아래쪽은 머리 부분, 중간은 복부, 귀 위쪽은 하초 부분의 반사체라 여긴다. 금연 침, 비만 침의 시술도 이러한 귀 부위의 경혈에서 이루어진다.

양손으로 귀를 감싸 누르고 머리 뒤쪽, 후두부 뇌호혈腦戶穴 부위를 손가락으로 튕겨 치는 것을 명천고鳴天鼓라 하는데, 뇌 중추 기관을 자극해 인체의 노화를 지연시키는 효과가 있다. 입을 오므리며 '취-' 하고 강하게 소리를 내며 숨을 내쉬는 호흡도 곁들이면 귀와 제일 관련이 많은 신장 기능을 돕게 된다.

사람의 청각 세포가 느낄 수 있는 소리의 진동은 20~2만 헤르츠이며 이를 가청可聽주파수라 한다. 이 주파수 영역 밖이나 이하의 소리를 잘 듣지 못하는 게 일반적이다. 인간의 최적 가청주파수는 1000헤르츠인데, TV·라디오 등에서 시간을 알려주는 경보음이 그것이다.

지하철 안이나 길거리 등에서 음악의 볼륨을 아주 높인 상태로 이어폰을 꽂고 다니는 사람들을 볼 수 있다. 장시간 큰소리와 소음에 노출되면 청각신경을 손상시킬 수 있다는 점에서 귀도 눈과 마찬가지로 중간중간 휴식도 취하게 해야 한다. 귀를 너무 혹사시키고 있지나 않은지 돌아볼 일이다. 그래서인지 난청환자 등 귀에 관련된 질환자가 자꾸 증가한다고 한다. 청력이 저하되면 자칫 뇌의 노화도 빨라질 수 있다니 주의를 요한다.

귀와 밀접하게 연관된 이문혈耳門穴, 청궁혈聽宮穴, 청회혈聽會穴 등의 지압 및 마사지도 귀 건강에 좋은데, 특히 귀에서 매미 소리 같은 엉뚱한 소리가 들리는 이명耳鳴 현상에 좋다. 이명 현상의 원인은 다양하지만 대다수는 우리 몸을 충실하게 채워야 할 기혈氣血이 부족할 때 나타난다.

귀와 관련된 질환도 많다. 그중 어지러움이나 두통이 있다. 어지럼증 원인의 80% 정도는 귀라 한다. 몸의 회전과 평형을 주관하는 전정기관과 세반고리관이 귀에 있기 때문이다. 목과 허리 척추 부근이 쑤시거나 아플 수도 있고, 소화가 잘 안되거나 턱이 아플 수도 있다. 시력이 저하되고 쉽게 눈이 충혈되는 현상 등도 있다. 아연이 풍부한 음식 등이 귀의 건강을 돕는다 하며, 호두 밤 잣 땅콩 섭취도 권장되고 있다.

아인슈타인에게 죽음이란 어떤 의미냐고 어느 기자가 질문하자, "나에게 죽음이란 모차르트를 못 듣는 것이다"라고 이야기했다고 한다. 멋진 답이다. 그러기 위해서라도 우리는 귀를 잘 보호하고 보존해야겠다. 듣고 싶어도 듣지 못하는 것이 아니라, 듣고 싶을 때 언제든지 음악을 들을 수 있도록 말이다.

많이 들었던 이야기로 신라 48대 경문왕의 귀에 얽힌 여이설화驢耳說話가 삼국유사에 전해 내려온다. 경문왕은 임금 자리에 오른 뒤 갑자기 귀가 길어져서 나귀의 귀처럼 되었다. 아무도 그 사실을 몰랐으나 그 곁을 지키던 신하만은 알고 있었다. 그는 평생 그 사실을 감히 발설하지 못하다가 죽을 때에 이르러서야 도림사라는 절의 대밭에 들어가 대나무를 향하여 "우리 임금님 귀는 나귀 귀처럼 생겼다"라고 소리쳤다. 그 뒤로는 바람이 불면 그 대밭에서 "우리 임금님 귀는 나귀 귀처럼 생겼다"라는 소리가 났다고 한다.

이러한 이야기는 설화성이 매우 풍부하여 우리나라뿐 아니라 전세계적으로 내용은 약간씩 달리하여 널리 구전되어 내려오고 있어, 국내외 학자들의 연굿거리가 되어 왔다. 이는 진실은 아무리 감추려고 해도 덮으려고 해도, 잠시 손바닥으로 하늘을 가릴 수는 있어도 언젠가는 알려지게 되어 있다는 것을 교훈적으로 말하고 있다. 위정자들이 새겨들을 말이다.

특히 최고 지도자는 큰 귀를 가지고 충언忠言, 고언苦言, 간언諫言 등의 말을 충분히 듣고 받아들여 열린 정치와 선정善政을 베풀라는 뜻이 내포되어 있다고 본다.

"대숲에서 소리치면/ 온나라에 알려진다던가?/ '임금님 귀는 당나귀 귀'라고..// 누구에게나/ 소리치고 싶은 말들이 있다./ 소리치고 싶은 날들이 있다..// 부평초처럼 머물 수 없던 시절/ 삶의 여정에서 부대낀/ 가슴 끓는 사랑은 더욱 그랬다." 황동규 시인의 '조그만 사랑 노래'가 이 신화에 오버랩 된다.

허유세이許由洗耳, '귀를 씻는 허유'라는 말이 있다. 중국 요임금 시절 소부와 허유의 기산영수箕山潁水의 고사를 표현한 것이다. 요임금이 구주를 맡아 달라고 청해 왔다. 허유는 이를 거절하고 안 듣는 것만 못한 말을 들었다고 하여 자기의 귀를 영수강물에 씻었는데, 이때 작은 망아지를 몰고 오던 소부가 이를 보고, 그 사람이 씻은 물을 망아지에게 먹일 수 없다며 영수강물을 거슬러 올라가 물을 먹였다는 청백리, 두 은둔자의 절개와 지조를 드러낸 고사이다.

이익에 따라 간에 붙었다 쓸개에 붙었다 하며 지조를 헌신짝처럼 내팽개치는 하수상한 시절엔 더욱더 절실하게 이러한 '남산골 딸깍발이 선비'들이 그리워진다. 물론 이익사회(게젤샤프트·Gesellschaft)와 공동사회(게마인샤프트·Gemeinschaft)가 적절하게 섞이며 공존한 채 조화를 이루어야 함을 전제로 하는 말이지만.

"산을 지나가다가 잠깐/ 물가에 앉아 귀를 씻는다/ 그 아래 엎드려 물을 마시니/ 입에서 산山 향기가 난다." 이성선 시인의 '귀를 씻다'라는 시로써 필자도 귀를 씻어 본다.

악성樂聖 베토벤은 스물여덟 살 되던 해에 난청이 시작되어 말년에는 완전히 귀머거리가 되어 오직 필담으로만 의사소통이 가능했던 시절, 1824년 5월 7일 자신의 최고 걸작인 제9번 합창 교향곡을 지휘하였을 때, 자신에게 퍼붓는 만장의 갈채를 전혀 듣지 못하고 우두커니 지휘자석에 서 있었다는 일화가 있다.

베토벤에 있어 청력의 악화는 오히려 예술의 혼을 승화시킨 창조의 불이었는지도 모른다.

귀의 아름다움을 보완하는 것으로서 귀걸이는 세계 모든 곳에서 볼 수 있다. 이집트의 미라, 고대 마야족 조상의 귀의 구멍은 모두 귀걸이가 있었다는 것을 나타내고 있으며, 고대 인도의 신들과 브라만교의 크리슈나, 시바 등은 무거워 보이는 큰 귀걸이를 달고 있으며, 불교의 여래나 석가들도 예외는 아니다. 당시에는 일반 남녀 사이에 널리 이런 습속이 있었다.

귀걸이는 귓불에 끼는 장식품으로 이식耳飾 또는 이환耳環으로도 불린다. 귀걸이는 장식용뿐만 아니라 호신 부적으로도 이용되었다. 귀걸이는 삼국시대 고분에서 많이 출토되었는데, 신라시대 귀걸이는 지위와 남녀의 구별 없이 크게 유행되었던 것으로 보인다. 신라의 귀걸이는 그 제작 기술 및 미적 효과에 있어서 타의 추종을 불허할 만큼 더없이 정교하게 만들어졌다.

일본 교토京都 시에서는 귀무덤, 이총耳塚 미미즈카가 있다. 임진왜란·정유재란 때 도요토미 히데요시 등은 무장武將들에게 전공戰功을 증명하기 위해 조선인들의 목 대신 귀와 코를 베어 전리품으로 본국에 보내게 하였는데, 그곳에 조선인들의 귀와 코를 묻었다.

두 번 다시 되풀이되지 않아야 할 비극적인 역사의 한이 맺혀 있는 현장이다. 자주국방自主國防, 부국강병富國强兵을 다시 한번 외쳐본다.

경남 사천시 선진리 왜성 앞에는 조명군총朝明軍塚이 있다. 왜군과 결전을 벌이다 전사한 조선과 명나라 연합군의 집단 무덤으로 왜군은 앞서 얘기한 대로 전공戰功을 알리려 죽은 군사들의 귀와 코를 베어 일본으로 보내었고, 조선인들은 귀와 코 목이 베어진 전사자들을 수습하여 한데 모아 무덤을 만들었다.

귀와 관련하여 빈센트 반 고흐(1853-1890)의 명작, '파이프를 물고 귀에 붕대를 한 자화상'이 떠오른다. 고갱과의 성격 충돌로 인해 그 격분을 못 이겨 자신의 왼쪽 귀를 면도칼로 잘라 버렸던 천재 화가의 광기를 읽는다.

귀밝이술을 이명주耳明酒라고 하는데 음력 정월 대보름날 아침 식사를 하기 전에 귀가 밝아지라고 마시는 술이다. 『동국세시기』에는 정월 대보름날 데우지 않은 청주 한 잔을 마시면 귀가 밝아지고 그 해 일 년 동안 즐거운 소식을 듣는다고 하여 남녀노소 모두 '귀 밝아라 눈 밝아라'는 덕담을 하면서 마셨다고 기록되어 있다.

'발을 귀 쪽으로 당기는 활쏘기 자세' 즉 '아카르나 다누라 아사나 Akarna Dhanura Asana'라고 하는 이 자세는 궁사가 활을 쏘는 모습과 유사해서 붙여진 이름이다. 여기서 범어로 카르나karna는 귀를 뜻하며, 접두어 아(a)는 '~로 향하여', 다누라dhanura는 활을 의미한다.

먼저 다리를 뻗고 앉은 후 오른손 엄지, 검지, 중지로 오른발 엄지발가락을, 왼손은 왼발 엄지발가락을 잡은 채, 왼발을 들어 올리며 발바닥이 귀 옆으로 향하게 잡아당기면서 팔꿈치를 45도 정도 세워서 활 쏘듯이 팽팽한 긴장감을 유지한다. 이때 양손은 양 발가락을 놓치지 않아야 한다. 시선은 쭉 뻗은 왼발의 발가락을 본다. 양발 교대로 향한다. 이때 목표물에 시선과 의식을 고정시킨다는 자세로 집중한다.

다리 근육을 유연하게 해 주며, 복부 근육의 수축과 장운동을 돕는다. 고관절이 유연해지고 등 쪽의 잔잔한 근육을, 특히 광배근을 자극하는 효과가 있다. 손아귀로 무엇을 쥐는 힘인 악력握力을 키워 준다. 집중력 향상에도 좋다. 악력이 강할수록 고혈압, 당뇨, 심장병 등의 질환에 위험도가 낮아지는 것으로 알려져 있다. 엄지발가락을 자극하는 것은 뇌 건강을 활성화시키는 효과도 있다.

황동규 시인은 그의 시 「풍장27」에서 "내 세상 뜰 때/ (중략) / 때 늦게 오는 저 밤비 소리에/ 기울이고 있는 귀는 두고 가리/ 소리만 듣고도 비맞는 가을 나무의 이름을 알아 맞히는/ 귀 그냥 두고가리"라고 읊었다.

세상을 떠날 때 다른 것은 다 가지고 가지만 귀만은 두고 가겠다고 한다. 귀만 두고 가겠다는 마음은 무엇일까? 아마도 이 세상을 귀로 읽어 보려는, 귀로 들어 보려는 관세음觀世音, 즉 관음觀音의 자세가 아닐까. 천수천안千手千眼의 모습으로 온 세상 중생들의 희로 애락을 다 보고 들어주는 자비로운 관세음보살의 마음이리라. 힘들고 외로운 자들의 눈물을 닦아 주는 성모님의 손길이리라. 힘든 자들이여 다 내게로 오라는 님의 손짓이어라.

소리만 들어도 비 맞는 가을 나무들의 이름을 알아맞힐 정도로 명민하게 듣는 귀가 그리워진다. 듣는 것의 소중함을 일깨워준다.

태초의 인류에게 경전이란 무릇 소리를 타고 전파되는 신神의 메시지였다. 이 소리에 귀를 기울이면 신이 자신 안으로 들어온다고 현자들은 말하고 있다.

'아카르나 다누라 아사나Akarna Dhanura Asana'를 통해 귀 건강의 소중함은 물론 적극적 경청active listening·공감적 경청empathic listening의 자세와 자신의 내면에서 울려 퍼지는 태초의 소리, 본연의 소리를 듣는 귀를 갖게 되기를 간절히 염원해 본다.

《 귀 》

뇌부터 발끝까지 내 안에 다 있수다
콩과 팥 닮았다는 신장은 나의 분신
날봐라 튼실한지를 건강의 척도일세

만지고 눌러주고 비비고 당기기도
날 통해 그대 활기 찾으려 하신다면
이정도 헌신 쯤이야 기꺼이 바치리라

이어폰 볼륨일랑 적절히 맞추소서
소음에 많은시간 노출일랑 피하소서

눈眼처럼 때론 휴식을 나 역시도 원하오

살다보면 귀 씻을 일 한두번 였을까만
나 역시 상대방의 귀를 씻게 한적 없나
사유와 성찰의 시간 가져본들 어떠하리

자신의 내면안에 들려오는 저 소리들
가만히 숨고르며 적요속에 들어보라
태초의 본연의 소리 듣는자여 복되소서

_ 최진태

41. 토끼 자세

'토끼 자세'(사상카 아사나)는 고요하고 평화로운 모습을 상징한다. 승모근의 경직을 이완시켜 주며 뒷목이나 어깨 결림에 효과적이다.

_ 시연 박은진

토끼 자세는 범어로 사상카 아사나shashanka asana라고 한다. 사상카는 인도 고대로부터 내려온 전승 설화의 달 속 토끼를 의미한다.

인도인들은 보름달이 뜰 때 달에 겹쳐진 토끼 모양을 닮은 검은 부분을 보았다. 달은 부드럽고 평온한 파동을 내뿜는 평화로움과 고요를 상징한다. 인도인들은 달을 사신sasin 즉 회토懷兎라 한다. 중국에서는 옥토玉兎라 하고, 한국에서는 옥토끼라 부르는데 이것이 모두 달이 토끼를 안고 있다는 회토사상懷兎思想에서 유래된 말이다. 산모가 임신을 한 것을 회임懷妊했다고 하듯이 말이다.

한국인들에게 가장 일반적인 토끼의 이미지는 귀엽고 사랑스러움이다. 이를 잘 드러내 주는 것이 '여우 같은 마누라와 토끼 같은 자식'이라는 어구가 아닐까? 이렇듯 매우 사랑스럽고 계속 보살펴 주어야 될 것만 같은 귀여운 존재가 바로 토끼이다.

우리나라 역사 기록에 토끼가 처음 등장한 것은 고구려 6대 태조왕 25년이다. 그해 10년 부여국에서 온 사신이 뿔 세 개가 있는 흰 사슴과 꼬리가 긴 토끼를 바쳤고, 고구려 왕은 이들이 상서로운 짐승이라 하여 죄수들을 풀어 주는 사면령을 내렸다는 기록이 있다.

토끼는 초식동물로, 보통 귀가 길고 앞발은 짧고 뒷발은 길어 깡충깡충 뛰어다니는 동물로 묘사된다. 만화영화의 소재가 될 정도로 친숙한 동물이기도 하다. 고기와 털을 얻기 위한 가축으로 키우는 것이 집토끼다. 굴을 파서 생활하는 야생토끼인 굴토끼를 집에서 키우기 시작한 것이다. 외관이 귀여운 편이기 때문에 일부에서는 애완동물로 키우기도 한다.

어린이에게 토끼는 귀엽고 다정하고 복스러운 동물로 비춰지는데, 그것은 토끼의 긴 귀 때문이 아닐까하는 생각이 든다. 토끼는 살갗의 땀구멍이 발달하지 않은 탓에 체온을 조절하는 데 긴 귀가 필요했으며 호신의 무기라고는 남보다 빨리 듣는 것 말고는 없었다. 귀 자체가 호신의 무기인 셈이고 그래서 귀가 크고 길어질 수밖에 없었다는 얘기이다.

경계심이 많아 먹이를 먹고 있는 중에도 기다란 귀를 쫑긋 세우고 주위를 살피는 특성이 있다. 인간의 귀는 마음대로 근육을 움직일 수 있는 수의근隨意筋이 아닌 불수의근不隨意筋이다. 가끔은 자기의 귀를 움직이게 하는 특별한 사람들도 있지만, 그러나 토끼는 제 귀를 마음대로 움직일 수 있다.

특히 멧토끼는 눈을 뜨고 잔다고 알려졌지만, 사실은 언제나 쫓기는 처지이므로 거의 잠을 자지 않는다. 밝은 귀로 경계하는 멧토끼는 하루에 30분 정도밖에 잠을 자지 않는다고 한다.

흔히 빨갛게 충혈된 눈을 일컬어 토끼눈이라 하는데, 이는 알비노 albino 유전자 때문에 그렇다. 흰쥐나 백사·흰 까마귀에게도 나타난다. 백색증이라 하여 색소가 없어서 혈관에 핏빛이 비쳐 보이기 때문이다.

"산토끼 토끼야 어디로 가느냐"로 시작되는 동요 『산토끼』는 어린아이들이 유치원에서 아마 제일 처음 배우는 노래일 듯하다. 1928년 창녕군 이방면 안리 이방초등학교에 재직 중이던 이일래(1903-1970) 선생이 학교 뒷산인 고장산에 올라가 자유로이 뛰노는 산토끼를 보며 만든 노래다. 나라를 잃은 우리 민족이 자유를 되찾길 바라는 간절한 마음이 담겨 있다. 이곳 이방면에는 나지막한 산자락을 배경으로 '산토끼 노래 동산'이 있다.

"푸른 하늘 은하수/ 하얀 쪽배엔/ 계수나무 한 나무/ 토끼 한 마리"로 시작되는 이 동요를 한국인이라면 거의 모르는 사람이 없을 듯하다. 동요작곡가 윤극영이 1924년 스물한 살 때 작곡한 '반달'이다. 이 노래를 부르며 달을 보면 마치 토끼가 계수나무 아래서 떡방아를 찧는 것 같은 음영이 어렴풋이 비치는 것 같다. 어릴 때는 정말 토끼가 달 속에서 떡방아를 찧는다고 생각했다.

우리 설화에는 약자인 토끼를 지혜 있는 동물로 묘사한다. 어리석은 호랑이를 골탕 먹이는 이야기가 수없이 많다. 전래동화 속에서도 토끼가 강자에 대항하는 이야기가 많이 나온다.

'새마을 운동' 시기에 정부에서 농가 소득 증대와 구휼을 위한 토끼 키우기를 권장하며, 각 집마다 토끼를 길러서 푸줏간에 내다 팔아 용돈으로 만들기도 했다. 이 시기에는 학교에서도 토끼 키우기를 권장해서 각 반마다 토끼집 당번까지 있었을 정도였다. 아버지 세대들의 아련한 추억담이다. 오늘날은 식용만이 아니라 가죽의 이용, 의학 실험 등의 목적으로도 키운다.

토끼는 360도를 볼 수 있는 눈 때문에 도망치면 잡기가 힘들다. 그리고 몇 년 전까지만 해도 토끼의 수명은 3세 정도로 알려져 있었지만, 최근 토끼의 수명은 8~10세이며 장수하면 13세까지 산다. 앞발이 짧아서 오르막을 잘 오르기 때문에 토끼 꿈은 승진을 의미한다.

옛 사람들은 달을 늘 이상향理想鄕으로 그렸고, 그 이상향에는 계수나무와 함께 토끼가 방아를 찧고 있다고 했다. 재미있는 것은 달과 여성과 토끼의 연관 관계이다.

달의 다른 명칭은 토월兎月인데 달 속의 토끼가 떡방아를 찧고 있는 형상을 하고 있다. 달의 이지러짐과 만월의 주기는 여성의 생리 현상과 동일하다. 달의 차가움이 음陰과의 관계 등으로 연상되어 토끼는 여성 원리에 속하는 동물로 간주된다. 우리의 전통 민속화에서 해는 곧 발이 셋 달린 까마귀 삼족오三足烏로, 달은 토끼로 표현된다. 토끼는 달 없이는 못산다. 그래서 암토끼는 수컷이 없어도 달과 교합하여 새끼를 낳을 수 있다고 생각했다.

토끼가 어두운 밤, 달나라에서 방아 찧을 수 있는 것은 눈이 그만큼 밝기 때문이다. 그래서 토끼 눈을 명시明視라 하였다. 동양의학에서는 간肝이 나쁘다면 시력이 떨어진다고 한다. 즉 토끼가 밤눈이 밝은 것은 바꾸어 말해서 간이 좋다는 것을 의미한다. 그래서 용왕은 간질환을 앓고 있는 자신의 딸을 구하고자 토끼의 간을 찾았던 게 아닌지 하는 재미있는 상상도 가능하다.

구토설화龜兎說話의 근원인 삼국사기에 김유신 열전을 보면, 김춘추가 백제에 복수하려고 고구려로 청병을 요청 갔다가 오히려 고구려의 옛 땅을 반환해 달라는 요구를 받고 붙잡힌 몸이 되었다. 김춘추는 고구려를 탈출하기 위해 고구려 신하인 선도해에게 술대접을 해주었다. 구토설화는 그때 술 취한 선도해가 김춘추에게 들려준 '토끼와 거북이'였다. 김춘추는 거기서 토끼의 지혜를 얻어 고구려를 탈출해 나왔다. 구토지설은 그 후 토끼전, 별주부전 등의 제목을 달고 세상으로 퍼진다. 판소리에서는 수궁가로 불린다.

생태적으로 보면 토끼는 호랑이의 밥이다. 그러나 민담에서 호랑이는 오히려 토끼 밥이 될 때가 많다. 토끼는 지략으로서 곰도 속이고 사람까지 골탕 먹이는 암팡스러운 존재로 나온다. 그러면서도 우리 조상들은 토끼가 주는 순결함과 평화로움 때문에 일찍이 토끼를 이상향에 사는 동물로 만들어 놓았다. 평화를 상징하는 하늘의 동물이 비둘기라면 평화를 상징하는 지상의 동물은 토끼다.

불교의 신장 탱화에서 까마귀(해)와 토끼(달)를 머리에 이거나 손에 들고 있는 일월성신도日月星神圖도 있고, 거북이 등에 실려 용궁으로 향하는 토끼 모습을 그린 양산 통도사와 수원 팔달사 등의 사찰벽화도 있다. 효자문, 열녀문, 삼신각 등 옛 건축에는 기둥과 서까래 사이에 거북이를 타고 있는 토끼를 조각했는데 이는 그 건물이 불이 나지 않기를 바라는 의미이다.

땀구멍이 없어 체온 조절을 못하는 토끼가 달려가면서 열을 내보내는 공랭식 라디에이터가 곧 토끼의 큰 귀다. 그런데 2008년에는 귀네비어guinevere라는 토끼가 등장한다. 이것은 벨기에 토끼로 몸집이 큰 사육 토끼이다. 귀네비어는 아서왕의 전설에 나오는 아서왕의 왕비 이름이다. 애완 토끼이지만 무려 시속 50킬로미터의 속도에 1미터까지 점프가 가능하기에 토끼계의 그레이하운드로 불린다.

이렇게 빠른 토끼도 있기에 현대인들이 자주 쓰는 말에는 토끼의 재빠름이 함축된 표현들이 많다. '토끼 도망가듯 한다'는 사자성어로 탈토지세脫兎之勢인데, 어떤 상황에서 빠르게 발을 빼는 모습을 비꼬는 말이다. '두 마리의 토끼를 한꺼번에 잡을 수 없다'는 한꺼번에 두 가지 일을 해내긴 힘드니 하나를 선택하고 집중하라는 뜻을 지니고 있다.

이 밖에도 토끼와 관련된 사자성어로는 토사구팽兎死狗烹 즉 토끼를 다 잡으면 냉큼 사냥개를 삶는다는 것이다. 필요할 때 요긴하게 써 먹고 쓸모가 없어지면 가혹하게 버린다는 뜻이다. 음습한 정치세계 등에서 회자膾炙되는 말이다. 토사호비兎死狐悲도 있다. 이는 토끼가 죽으니 여우가 슬퍼한다는 뜻인데 악어의 눈물이 아닌 여우의 눈물에 빗대었다.

'산토끼 잡으려다 집토끼 놓친다', '뛰는 토끼 잡으려다 잡은 토끼 놓친다'는 속담 등도 연인들 사이에서 자주 회자되는 경구처럼 들린다.

또 '토낀다'는 비속어도 있다. 토끼가 아예 동사형이 되어 도주하는 행위의 별칭이 되어 버린 것이다. 퇴계退溪 이황의 아호가 그의 출생지인 토계兎溪마을의 이름과 무관치 않다. 일생 동안 벼슬길에 나서기보다 퇴거하여 자리를 잡았다 하여 퇴계라고 바꾼 후 자신의 호를 정한 것이라고 한다.

세계 여러 나라에서도 토끼가 등장한다. 『이상한 나라의 앨리스』에서는 토끼가 신사로 나온다. 독일에서는 부활절이 되면 부활절 토끼가 부활절 달걀을 나눠주는 민간 설화도 전한다. 이솝우화의 토끼와 거북이 우화도 있다.

나라야나가 저자인 인도의 고전 문학서 히또빠데샤hitopadesa는 유익한 가르침이라는 뜻으로 우화의 형식을 빌려 생활과 처세에 관하여 유익하고도 지혜로 번뜩이는 교훈들을 풍부하게 담고 있다. 인도 산스크리트 문학의 고전으로서 가장 대표적인 작품 가운데 하나다. 세계적으로 가장 대중적인 고전으로 알려져 있다. 여기에도 약자가 지략으로 강자를 물리친다는 '사자와 토끼' 얘기와, 힘없는 자일지라도 힘 있는 자 가까이 있으면 그 덕을 입는다는 '코끼리와 토끼' 얘기도 등장한다.

토끼는 소설·만화 등의 작품세계에서도 인기가 있고 친근한 소재다. 인터넷 플래시 애니메이션으로 탄생한 엽기 토끼 마시마로는 이제 오프라인에서도 그 모습이 낯설지 않은 인기 캐릭터다.

마시멜로marshmallow의 어린아이식 발음이라는 엽기 토끼 마시마로는 매번 처한 문제를 굉장히 엉뚱하고 괴팍하게 풀어가면서 현대인의 속내에 후련한 대리만족과 유쾌한 웃음을 선사한다. 다소 과장되기는 했어도 토끼의 귀여운 이미지 속에 가려진 엉뚱하고 황당한 면을 마시마로가 잘 대변해 준다고 얘기한다.

또 만화 속에 등장하는 센타로도 빼놓을 수 없다. 한때는 『당근 있어요?』란 제목으로 알려졌던 일본 만화 『센타로의 일기』는 어느 만화작가가 우연히 기르게 된 애완 토끼를 다룬 이야기로 선풍적인 인기를 얻었다.

요 근래 개봉되는 영화 '피그Pig'가 떠오른다. 니콜라스 케이지(58) 주연의 영화인데, 전설적 주방장인 주인공 '로빈'이 아내를 여

의고 은퇴를 결심한 뒤 숲속에서 은거 중일 때, 욕실도 전화기도 없는 오두막에 함께 기거하는 돼지가 유일한 벗이고 삶의 낙으로 표출되는 내용으로 전개되는 스토리이다. 동물과 인간과의 교감을 다룬 재미있는 발상의 영화다. 앞으로 토끼를 소재를 한 영화도 기대된다.

인도 불교경전인 자타카Jataka에 전해지며 본생경本生經, 본생담本生譚이라 번역된다. 여기에도 토끼가 등장한다. 본생경은 부처가 석가족의 왕자로 태어나기 전에 삶에서 쌓은 공덕을 모은 설화집으로, 이 이야기에 나오는 토끼는 석가모니의 전생 중 하나이며 수백 가지의 전생 이야기가 수록되어 있다.

원숭이·여우·토끼 세 마리가 산속에서 쓰러져 있는 추레한 노인과 만난다. 세 마리 동물은 각기 노인을 구하려고 원숭이는 나무 열매를 모으고, 여우는 강에서 물고기를 잡아서 노인에게 공양했다. 그러나 토끼는 아무리 노력해도 아무것도 얻지 못해 결국은 불을 피우고 스스로 불속에 몸을 던져 자신을 공양한다. 그 모습을 본 노인이 정체를 드러냈는데 그 노인은 바로 제석천帝釋天이었다. 제석천은 토끼의 자기희생을 후세까지 전하고자 토끼를 달로 올려보냈다. 달에 보이는 토끼 모습 주위에 연기 모양의 그림자가 있는 건 토끼가 자기 자신을 불에 태울 때의 연기라고 전해진다.

불교에서는 불교의 중심사상인 공空을 표현할 때 토끼뿔이라는 말을 쓰고 있다. 토끼는 귀가 클 뿐 뿔이 없기 때문이다. 그래서 토끼는 불교에서 불사不死와 공空의 상징이다.

거북털과 토끼뿔을 구하지 않고 사판事判속에 이판理判이 있다는 신념대로 살다가 얼마 전 입적하신 월주 대종사가 생각난다. 그의 회고록 제목이 '토끼뿔 거북털'이었다.

육조단경의 '이세멱보리 흡여구토각離世覓菩堤 洽如求兎角'에서 따온 말인데, 세간을 떠나서 깨달음을 구한다면 마치 토끼뿔과 거북털을 구하는 것과 같다는 뜻이다.

 토끼를 달과 관련짓는 사고방식은 세계적인 현상으로 달에 보이는 검은 그림자를 토끼의 모습으로 생각한다. 고대 중국의 초사 등 고서에서도 달 안에 토끼가 있다고 기술되어 있으며, 고대 아메리카 중앙아프리카 기타 지역에서도 달과 토끼를 동일시하는 현상이 보인다. 토끼는 달을 보고 잉태한다는 전설이 중국에 있는데, 달밤에 활동하는 것도 달과 연관 지은 이유의 하나일 것이다. 토끼는 다산하기 때문에 풍요의 상징이며, 지모신地母神과 관계 짓는 경우도 있다.

 고려청자 '투각칠보 향로'는 둥근달을 칠보문으로 투각하고 연꽃으로 받친 향로의 모습을 하고 있는데, 받침다리를 토끼로 만든 것은 부부애와 자손의 기원을 나타낸다.

 토끼의 특징은 왕성한 번식력이다. 일정한 발정기가 없이도 아무 때에나 짝짓기를 하여 새끼를 잉태할 수 있는 생물은 인간을 제외하고는 토끼뿐이라고 한다. 생식력은 먹잇감·사냥감으로 태어난 약자의 생존방식 중 하나다. 잡아먹히는 숫자보다 더 많은 새끼를 번식해야만 비로소 자기 종족을 보존할 수가 있다. 사람들은 그러한 토끼를 호색의 상징으로 폄하하고 있지만, 실은 약자의 생존법에서 나온 눈물겨운 에로티시즘인 것이다.

 교미가 아주 빨라서 조루早漏의 대명사로 알려져 있다. 대략 2~3초면 끝난다. 대신 교미를 시작하면 20~30번은 기본이기에 조루지만 무시할 수가 없다. 기네스북에는 하루에 22시간을 교미에 투자하는 정력 토끼가 등재되어 있다는데 이 토끼는 1년에 4,556마리의 새끼를 생산한 기록이 남아 있다.

 미국 성인 남성잡지 플레이보이playboy의 로고에도 토끼의 모습이 그려져 있다. 앞서 언급했듯이 발정기 없이 1년 내내 교미할 수 있고, 뒷다리가 강하기 때문에 체구에 비해 격렬한 짝짓기를 한다고 알려져 있다. 특히 수컷 토끼는 하루에 수십 차례의 짝짓기가 가능하다 한다.

조선시대 민화에서는 계수나무 아래에서 방아 찧는 토끼를 흔히 볼 수 있는데, 이것은 방아 찧기로 부부애를 은유한 것이다.

경남 사천에는 토끼와 거북이의 이야기와 연관된 비토섬(토끼섬)이 있다. 토끼와 거북이가 용궁에서 올라와 다시 육지로 나갈 때부터 상황이 뒤바뀐다. 토끼가 월등도月登島 앞바다에 도착하자마자 달빛에 반사된 월등도의 그림자를 육지인 줄 알고 뛰어 내렸다가 토끼는 빠져 죽게 되고, 이로써 토끼의 간을 얻지 못하게 된 거북도 용왕을 만날 면목이 없어져 안절부절못하다가 스스로 목숨을 끊고 만다. 한편 남편 토끼가 돌아오기를 학수고대하던 부인 토끼 역시 이 소식을 듣고 절벽 아래로 몸을 던진다는 이야기가 전해오는 사천시 서포면 월등도 주변에는 토끼 아내가 죽어서 바뀐 비토섬, 거북섬, 목섬이 이런 애달픈 전설과 함께 남아 있다.

비토섬 들어가는 사천 무지개 해안도로변에 특히 눈에 띄는 노란 초승달 조형물인「노을 품은 달」은 노을이 지는 시간에 노란불이 밝혀지면 더욱 장관이다. 동화적이고 환상적인 풍경이 해안길 따라 연출된다. 여담으로 비토섬 가는 길인 이곳 사천 용현면은 필자의 고향이기도 하여 더욱 애착이 가는 곳이다. 사천만 일출과 일몰·노을을 바라보며 동심을 키우며 성장했다는 생각이 들어서이다.

'토끼 자세'는 고요하고 평화로운 모습을 상징하는 자세이다. 물구나무서기(시루시 아사나)를 대신하는 행법이기도 하다. 무릎을 꿇고 앉은 금강자세 바즈라 아사나에서 양손으로 발뒤꿈치를 잡은 후 엉덩이를 들어 올리며 고개를 숙여 정수리를 바닥에 붙인다. 이때 복부를 조이는 우디아나 반다를 수초간 유지한 후 원래의 모습으로 돌아와 잠시 휴식한다. 그리고 이번에는 양손을 깍지 낀 채 엉덩이를 들어 올리며 머리 뒤쪽으로 쭉 잡아당긴다. 이때 역시 고개를 숙이며 정수리를 바닥에 붙인 채 행한다.

머리를 맑아지게 한다. 평소 생각이 많거나 머리를 쓸 일이 많은 사람, 특히 수험생들에게 권한다. 승모근의 경직을 이완시켜 주며 뒷목이나 어깨 결림에 효과적이다. 탈모 예방 및 얼굴을 갸름하게 하는 효과가 있다고 알려져 있다. 경추와 혈압에 이상이 있을 시는 자제한다.

옛사람들은 밤하늘의 달을 바라보면서 계수나무 아래에서 불로장생의 떡방아를 찧는 토끼의 모습을 그리며, 토끼처럼 천년만년 평화롭게 풍요로운 세상에서 아무 근심 없이 살고 싶은 이상 세계를 꿈꾸어 왔다.

앞서 언급했듯이 토끼전에서도 토끼의 간이 만병통치약이라고 나온다. 토끼는 묘방卯方인 동쪽을 맡은 방위신方位神으로 양陽의 세계인 해에서 양기陽氣를 받아먹고 음陰의 세계인 달에서 장생약으로 음약陰藥을 받아먹는다. 그 음양기운이 간경肝經에 들어 눈이 밝은 동물로서 토끼의 간은 불로장생의 영약으로, 그래서 토끼는 장수의 상징an emblem of longevity이며 달의 정령the vital essence of the moon 으로 묘사되고 있다.

곧 정월 대보름이다. 두둥실 떠오른 보름달 우러르며 그간 세파에 찌들어 잃어버린 동심(童心)도 한번쯤 소환해 보며, 마냥 순수했던 그 시절을 떠올려 보자.

하늘나라에 들어가고자 할 때는 어린아이와 같은 마음을 가져야 된다고 하지 않던가. '동심童心은 천심天心'이라 했다. "푸른 하늘 은하수 하얀 쪽배에"로 시작되는 반달, "산토끼 토끼야 이디를 가느냐"의 산토끼, "토끼야 토끼야 산속의 토끼야"로 시작되는 '토끼야'

동요라도 흥얼거리면서 천진난만했고 순수했던 어린 시절의 그 모습으로 한번쯤 돌아가 보면 어떠할까?

TV만 켜면 어느 채널이든 성인가요가 흘러나온다. 그것까지는 좋으나 초등학생들까지 어른들과 함께 사랑을 노래하고 이별을 노래한다. 막걸리 한잔까지 외친다. 어른들과 똑같이 흔들고 비비 꼬며 춤을 춘다. 심지어 유치원생·유아원생까지도. 그걸 보고 어른들은 잘한다고 박수 치고 허허허 웃고 있는 현실이다. 이제 동요 듣기는 하늘의 별 따기가 되었다. 동시童詩 역시 그렇다. 갈수록 청소년들의 인성人性 교육이 더욱 절박해지는 작금에 한번쯤 재고해 봐야 되지 않을까 하는 생각이 드는 건 '아동문학가' 명칭을 듣고 있는 필자만의 고루함 때문일까?

피붙이 아이들과 함께 탕 속에서 물 뿌리며 첨벙거리며 몸 구석구석까지 씻어 주기도 하면서 웃고 깔깔거리며 장난도 치는 시간. 언젠가 이 시간이 지나가게 되리라는 아쉬움과 서운함, 두려움까지 드는 경험이 없었을까? 딱 고만고만한 이 시기가 지나가면 아이들이 부끄러움을 알게 되면서부터 자연스레 이런 풍경은 사라지게 되리라. 금단禁斷의 사과를 먹고 난 후 몸을 가리게 되는 에덴동산의 선남선녀들처럼 말이다.

예전에 깊은 산속 암자에서 서로가 거리낌 없이 반말로 대화하던 한 고승과 동자승이 살고 있었다. 고승이 잠시 부재중인 어느 날 손님이 찾아와 반말하는 동자승에게 존댓말을 하라고 훈계하고 떠난 이후에, 고승이 돌아와서는 "아이쿠, 그대는 한 아이의 순수성을 오염시킨 업보를 짓고 갔구려" 하면서 한탄했다는 얘기가 생각난다.

"진실로Truly 너희에게 이르노니 너희가 돌이켜 어린아이들과 같이 되지 않으면 결단코Never 천국에 들어가지 못하리라"(마 18:3). 언제까지고 어린아이와 같은 순수하고 겸손함을 잃지 않으며 낮은 자로 임하게 되기를 기원해 본다.

 사상카 아사나(토끼 자세)를 취하면서 진실로Truly, 결단코Never '어른 아이'가 되고 싶다고 소망해 보는 정월 대보름 맞이가 되었으면 좋겠다.

《 토끼 품은 달님 》

귀엽고 다정하고 복스런 동물일세
동심童心은 천심天心이라 본연의 선한 성품
달님 속 그대 보면서 탁한 모습 씻어 본다

달속에 계수나무 그림자 내비치네
장수와 불로장생 영약을 만드는가
오늘밤 달의 정기를 마셔볼까 하노라

옥토끼 마냥 행복 달님 품에 안기어
때로는 떡방아도 쿵덕쿵덕 잘도 찧네
우리도 세세만년을 이상향理想鄕에 살고지고

달 속에 검은 연기 소신공양燒身供養 흔적일세
온 몸 던져 약자 살린 자비심이 하늘같다
전생의 선연善緣 까르마 그 공덕을 기리오.

_ 최진태

42. 거북이 자세

거북이 자세kurma asan는 등껍질 속으로 숨은 거북과 비슷해 붙여진 이름이다. 이 자세를 완성하면 오랜 잠에서 깨어난 것처럼 생기를 느낄 수 있다.

_ 시연 배수진

거북은 범어로 쿠르마kurma라 한다. 이 거북이 자세kurma asana의 마지막 단계는 등껍질 속으로 숨어든 거북과 비슷해서 붙여진 이름이다. 중국 은나라 때 전쟁이나 농경에 대해 점을 칠 때 거북의 등껍질을 사용했다.

나라의 운명은 하늘에 달렸는데 하늘의 목소리를 전달하는 통로가 바로 거북이였던 것이다. '귀복龜卜'이다. 여기서 '구복'과 '거붐'을 거쳐 '거북'이 탄생했다.

인간에게 상상력을 불어넣어 준 동물 중에 거북을 능가하는 것이 또 있을까? 삶 자체가 수륙양생의 신비로움 덕분일 것이다.

어릴 적에 "거북아 거북아 헌 집 줄게 새집 다오" 노래와 함께 수북이 쌓인 모래 더미 속으로 손을 푹 집어넣고 모래를 두드리면서 놀았던 거북놀이를 떠올린다. 이런 연유로도 거북은 사람들에게는 매우 친숙한 동물 중의 하나가 되었고, 토끼와 시합하던 거북을 더욱 사람들이 친근하게 대하는 계기가 되었다.

바닷속 용궁을 갈 때 타고 가던 거북은 장수의 아이콘이며 신령스런 동물로 인식되고 있다. 이렇듯 우리와 가까워진 거북은 인기를 누리며 우리 생활 속 깊이까지 찾아들게 되었다.

"하늘이 나에게 이곳에 내려와 새로운 나라를 세워 임금이 되라고 명하셨기 때문에 내가 일부러 온 것이다. 너희들이 모름지기 봉우리 꼭대기의 흙을 파내면서 '거북아 거북아 네 목을 내 밀어라, 만약 내밀지 않으면 구워 먹으리'(龜何龜何 首其現也 若不現也 燔灼而喫也 구하구하 수기현야 약불현야 번작이끽야)라는 구지가龜旨歌를 부르면서 춤을 추며 대왕을 맞이하여 (너희들은) 기뻐 충족케 되리라." 일연스님이 지은 삼국사기에 나오는 가락국(금관가야) 건국 설화의 부분이다.

거북의 역사는 물경 2억여 년에 이른다. 가장 오래된 것은 2억 4,000만 년 전의 거북 화석이라니 놀랍기만 하다.

십장생十長生은 신선사상의 장생개념을 차용한 우리 고유의 문화다. 고구려 고분벽화에 나오는 걸 보면 꽤 오래됐다. 고려 때부터 본격적으로 유행했고, 조선시대에는 서민들에게도 널리 알려졌다.

거북은 무엇보다 100년 이상을 사는 장수 동물이라는 점이 작용했을 듯싶다. 더불어 부귀영화도 가져준다고 믿었기에 각종 조형물이나 왕실의 인장印章 등에 거북 문양이 많았던 것도 그런 까닭일 터다.

중국 예기禮記에 따르면 신비한 동물 사령四靈에 거북이 기린·봉황·용과 함께 들어 있는데 이로써 거북은 예지능력이 뛰어난 것으로 인식되게 되었다. 거북이 하늘과 교감하는 자리에 등장하는 것도 이 때문이다.

부산에 사는 김점남 씨와 거북이에 얽힌 이야기는 온 세상을 떠들썩하게 한 것으로 유명하다. 아폴로 11호가 달 착륙에 성공할 즈음인 1969년 8월 24일 파나마 근해로 항해하던 중 갑판에서 실수로 바다에 빠져 15시간의 사투를 벌이고 있을 때 갑자기 바다 속에서 큰 거북이 한마리가 떠받치는 게 아닌가. 그리고는 잠시 후에 지나가는 화물선에 극적으로 구조된 사건이다. 죽음 직전까지 갔다 온 것이다. 망망대해에서 거북 등을 탈 확률은 과연 얼마나 될까?

'맹귀우목盲龜遇木'이란 말이 있듯이 눈 먼 거북이가 숨구멍 난 나무판자를 만나 그 나무판자의 뚫린 구멍으로 머리를 들이밀 확률이다. 이는 수행자가 부단히 정진하면 지치고 끝이 없어 보여도 언젠가는 반드시 생사 고리를 잘라내는 경지에 다다를 수 있다는 말일 테지만, 김점남 씨의 경우는 여기에 해당된다 할 수 있지 않을까? 아니면 전생에 나라를 구했다던가.

여담이지만 김 씨의 어머니가 하루도 빠짐없이 용왕제를 지낸 덕이라는 둥, 이런저런 후일담이 전해지는 바람에 거북이에 대한 사람들의 경외감을 더 높여주는 계기가 되었다.

갈라파고스 땅거북은 핀치새와 함께 찰스 다윈이 진화론을 세우는 중요한 근거가 된 동물이다. 다윈은 1835년 남미 대륙에서 1000km 떨어진 갈라파고스 제도에서, 사는 곳과 먹이에 따라 생김새가 다른 땅거북과 핀치새들을 관찰해 진화론을 착안했다. 갈라파고스의 땅거북은 지구상에 사는 거북 중 몸집이 크고, 가장 오래 사는 것으로 알려져 있다.

인도 신화 중 아바타(化身·화신)가 가장 많이 등장하는 유지와 보존을 담당하는 비쉬누vishnu의 화신 중의 하나가 거북(쿠르마)이다. 우주의 대홍수로 인해 신들이 마시는 불사의 감로주 아므르타amrta를 포함한 많은 하늘 나라 보물들을 잃어버렸을 때, 비쉬누가 거대한 거북으로 화하여 바다 밑까지 잠수하여 들어갔다.

이 바다에서 비쉬누의 배우자이며 부富와 미美의 여신인 락쉬미를 포함해서 아므르타와 여러 보물들을 찾게 되었다는 신화에도 거북이 등장한다.

불교 '중아함경엔 굶주렸던 자칼을 피해 머리와 꼬리, 다리 모두를 껍질 속에 숨겼던 거북 얘기가 나온다. 부처님은 머리와 꼬리, 네 다리를 안이비설신眼耳鼻舌身의 육근六根에 빗대 "색·소리·맛·냄새·감촉·생각에 집착해 눈·귀·코·혀·몸·뜻을 밖으로 드러내지 말라. 설사 육근이 나온다 하더라도 자칼이 거북을 어찌할 수 없듯 다스려야 한다"고 수행자들을 경책했다.

집착을 버려야만 번뇌의 그물에서 해방될 수 있다는 말씀이다. 부처님의 전생담인 자타카Jataka에도 고향을 향한 애착을 버리지 못한 거북이 결국은 삽에 찍혀서 죽는다는 이야기가 있다. '집착을 버린다'는 참으로 쉽고도 참으로 어려운 화두話頭 한마디 곱씹어 본다.

우리 고전소설인 별주부전이 남아메리카 과테말라의 마야족 원주민 어린이들에게 읽히게 되었다는 소식이 전해진 바 있다. 마야어語 교과서에 수록된다니 뿌듯해진다. 인성의 근본은 세계 어디에서나 유사한 모양이다.

거북이 동물 중에서 가장 오래 산다는 것에 대해 생각해 보면 이는 외부의 온도 변화에 따라 체온을 변화시킨다는 것은 주변의 여건을 탓하기 전에 이러한 환경변화에 능동적으로 적응하고 대처한다는 사실이다. 느린 행동과 처신, 신진대사 작용이 느리지만 빨리빨리보다는 천천히 그리고 느림의 문화를 실천하고 있음에 주의할 필요가 있다. 음식을 느리게 먹고 채식 위주로 소식을 하며 긴 호흡으로 몸을 조절함이 특성일 것이다.

또한 거북이는 평생 동안 성장한다고 한다. 육체적인 성장만이 아니라 정신적인 성장도 함께하는 '앙코라 임파로Ancora imparo'라는 말, '나는 아직도 배우고 있다'는 필자가 항상 곁에 두고 새기는 말 중의 하나다. 미켈란젤로가 87세에 성시스틴 성당 천장화를 완성한 후 스케치북에 적었다는 글귀.

자신의 부족함을 끊임없이 자각하는 겸손함을 표현한 말이며, 자신이 하는 일에 몰입해서 더욱더 배우고 노력하여 자신의 일에 대한 완성도를 부단히 높여가야 되겠다는 다짐의 말일 테다.

바다거북의 수명은 정확히 알려져 있지 않지만 최소 80년, 최대 200~300년은 될 것으로 추산된다. 바다거북은 예로부터 왕성한 생산력을 과시하기도 한다. 어민들은 장수와 다산의 상징인 바다거북이 어쩌다 그물에 걸리면 막걸리 등을 융숭하게 대접하여 용궁으로 다시 돌려보내곤 했다. 거북의 서민적 풍모를 보여준다. 이처럼 거북은 인간의 삶과 다양한 접점을 나누고 있다.

고대인들은 거북을 생명을 낳는 상징 동물로 생각했다. 하늘의 모양이 거북을 닮았고, 하늘에는 거북이 알과 같은 별들이 많다. 고대인들에게 별은 생명의 알이었다. 또한 거북은 여성의 성기를 닮은 측면도 있다. 어쩌면 고대인들은 거북을 대모신(지모신)의 자궁으로 상상했을지도 모른다.

신화학자들은 동아시아에서의 거북은 지하세계를 대표하는 동물이었다고 판단한다. 그런 측면에서 생명을 낳는 대모신의 상징으로 거북이 채택되었을 수 있다.

거북이 대모신 즉 우리나라 마고 할미의 성기를 상징했음을 보여주는 예로 붙임바위를 들 수 있다. 서울 창의문 밖 길가에는 거북처럼 생긴 큰 바위가 있는데, 아이를 낳지 못하는 여자가 작은 돌로 이 바위를 문지르다 그 돌이 바위에 딱 붙으면 임신한다고 전해진다. 그래서 이 바위를 부암附岩이라 했다고 한다.

"고구려 벽화 중 가장 화려한 것이 사신도四神圖이다. 그 사신도의 북쪽 현무도에는 거북과 뱀이 엉켜 있는데, 이는 북쪽에서 시작되는 생명의 태동을 상징하고 있다. 현무도에서 뱀이 남자의 성기를 상징한다면 거북은 여성의 성기를 상징한다. 두 동물이 어우러져 있음은 음양이 교합하고 있음을 말한다. 즉 현무는 생명이 잉태하는 어둠의 공간에서의 대지의 잠재력을 상징한다."(정형진, 바람타고 흐른 고대 문화의 비밀 중)

둘 다 상징성이 풍부한 거북과 태양에는 공통점이 있다. 거북 껍데기의 무늬는 빛의 소용돌이를 닮아 태양을 상기시킨다. 거북의 느린 걸음은 태양이 느릿느릿 지평선을 넘어가는 것과 비슷하다. 거북은 결코 길을 잃지 않는다고 하는데 태양 역시 길을 잃지 않는다는 공통점이 있다.

거북이 껍데기 속으로 숨으면 설사 불구덩이에 떨어지더라도 밖으로 나오지 않는다. 수행자가 바깥세상으로부터 나쁜 영향력을 다스리고 내부 세계를 지키기 위해서는 그런 종류의 인내심과 절제력이 요구되며 내면의 신성한 불꽃이 꺼지지 않도록 깨어 있어야 될 것이다.

거북과 구도자가 함께 지니는 특성을 "위험과 유혹이 다가올 때, 구도자는 깊은 명상 속으로 가라앉고, 거북은 깊은 물속으로 가라앉는다. 거북과 마찬가지로 구도자는 태양 속에, 또는 지식과 지혜의 빛 속에 있을 필요가 있다"고 인도의 현자는 설파하고 있다.

인도의 산스크리트 문학의 고전 중 하나인 '유익한 가르침'이라는 뜻의 우화집 『히또빠데샤』의 「화해의 장」에서도 '거북이와 두 마리 두루미'라는 우화가 등장한다.

국내에서는 한때 북아메리카산(産) 청거북(정확히는 붉은귀거북)을 방생이랍시고 하천에 풀어주는 사람들 때문에 환경 파괴가 심했었다. 생태계의 교란에 일조한 셈이다. 주의를 요해야 할 것이다.

그리스 신화에서는 켈로네 요정이 변하여 거북이 되었다고 한다. 제우스와 헤라의 결혼식에 헤르메스가 나서서 우주의 모든 존재를 초대했는데, 그중 켈로네만은 집이 최고라면서 결혼식에 가지 않았다고 한다. 이에 제우스·헤라·헤르메스가 분노하여 그렇다면 평생 집에서만 살라고 거북으로 변신시켜 버렸다는 것이다.

거북은 마스코트로도 인기가 많은 편이며, 안전의 상징으로도 쓰인다. 중국에서는 장수의 아이콘이기도 하고 재물운과 연관이 있어서 대체로 이미지가 좋은 편이다. 하지만 자라는 음탕한 생물로 이미지화 되어 있다니 주의를 요한다. 중국어에서 가장 심한 욕 중의 하나가 '자라 알'이란다. 이와는 별개로 남성 성기의 일부분을 칭하는 귀두龜頭에도 거북이 머리를 내민다.

거북이가 들어간 말로 '거북목 증후군'이 있다. 고개가 앞으로 빠진 자세가 일으키는 증상들을 일컫는다. 대체로 건강한 사람의 목뼈는 C자 형태를 이룬다. 자연스러운 곡선이 머리의 무게를 목뼈와 목디스크 쪽으로 분배하는 구조다. 반면 거북목 증후군은 목뼈 형태가 거북이 목처럼 일자형이거나 역 C자로 변형된 것을 말한다. 컴퓨터 게임 등 스마트 기기를 자주 사용하고, 오랜 시간 모니터를 주시하는 습관이 주요 원인으로 꼽힌다.

어깨를 펴고 고개를 꼿꼿이 하는 것, 아울러 20~30분마다 한 번씩 목을 뒤로 젖혀주고 좌우 회전 등 신전운동을 해 주면 많은 도움이 된다. 손바닥을 옆머리에 대고 서로 밀어주는 등척성 운동도 도움이 된다. 때때로 목뒤에 깍지를 끼고 목을 뒤로 젖힌 후 팔꿈치를 붙인 채 좌우로 고개를 돌려주는 동작도 좋다.

경남 산청 동의보감촌에는 '거북바위'가 있는데 '귀감석'이라고도 칭한다. 어른 키의 4배나 될 정도로 큰 귀감석 등판에는 거북의 등껍질처럼 육각형 도형이 사방으로 뻗어 나가고 그 하나하나에 상형문자가 새겨져 있다. 땅의 기운을 전해주는 귀감석에는 일상생활에서 이루어지기를 바라는 좋은 일들이 새겨져 있어 방문객들이 기氣를 받아가고 소원도 빈다. 무게가 약 130톤이나 되는 이 거대한 바위는 이웃 황매산에서 가져온 것이란다. 때로는 일상에 지쳐 기氣가 빠졌다고 생각될 때 이곳에 들러 거북바위의 기氣라도 받고 싶어지던 때가 어디 한두 번이었을까?

2019년 초에 결성된 '이날치 얼터너티브 팝 밴드'가 부른 수궁가(별주부전) 중 「범 내려온다」 가사에는 "범 내려온다 범이 내려온다 송림 깊은 골로 한 짐생이 내려온다"가 나온다.

별주부가 용왕의 약을 찾기 위해 세상에 나와 육지동물을 살피다가 토끼를 발견하고 토끼를 부른다는 것이, 물위로 올라오느라 목이 마비된 상태에서, 토끼를 부른다고 '토兎선생'을 부른 게 그만

'호虎선생'으로 잘못 불렀다.

이를 들은 호랑이가 '선생'이라고 호칭해 주니 기분이 좋아져 송림골로 내려온다는 내용을 담은 곡이다. 재미있는 설정이다. 국악의 대중화에 부는 멋진 착상이라 할 수 있다.

이 현대판 수궁가를 실제로 들어보면 독특한 멜로디에 판소리 가사가 계속 머릿속에서 맴도는 희한한 경험을 하게 되는데, 이 곡은 '한 번도 들어보지 못한 사람은 있어도 한 번만 들었단 사람은 없다'는 말이 어울릴 만큼 매우 흥겨운 곡이다. 느릿느릿한 느림보 거북이도 이 경쾌하고 빠른 템포에 맞춰 막춤이라도 출 듯하니 말이다.

국내 1호 공설 해수욕장으로도 유명한 부산 송도 해수욕장에는 '거북섬'이 있다. 이곳에는 어부와 인용人龍여인의 이루어지지 못한 슬프고도 애달픈 사랑 얘기가 전해온다. 이곳엔 그러한 모습을 표현한 동상도 있고 거북이며 거북알 조형물도 있다. 이러한 전설 덕분에 이곳 거북섬을 찾는 사람들에게는 장수복과 재복을 주고, 사랑하는 남녀가 함께 오면 사랑을 이루게 해준다니 장수와 재물복을 원하는 분들, 또는 사랑을 약속한 선남선녀들은 한번쯤 이곳을 찾아 소원을 빌어 보아도 좋을 듯하다.

야외 나들이하기 딱 좋은 계절이 오고 있다. 겨우내 거북의 목처럼 움츠렸던 목과 팔다리를 이참에 쭉쭉 뻗으며 시원스런 봄기운 알싸한 송도 바닷바람을 맞이하면 어떠할까?

툭 트인 송도 앞바다 수평선 바라보며 싱싱한 생선회에 콱 쏘는 부산산 '쇠주' 한 잔 곁들이면서 짜릿한 행복감에 젖어 보는, 요가에서 말하는 더없이 지극한 복된 상태 즉 '지복至福'이라고 일컫는 '아난다ananda' 상태의 시간을 가져보아도 좋을 듯하다.

후식으로 역시 전망 좋은 해변 카페에 앉아서 향내 그윽한 헤이즐넛 한잔은 또 어떠할까?

그리고 푸른 송도 바다 물결이 굽이치는 용궁 구름다리 위로도 걸어 보자. 어쩌면 송도 바다 용왕님이 불쑥 얼굴을 내밀며 행운의 여의주 한 알 쥐어 줄지도 모르잖는가.

게다가 사랑하는 연인이라도 함께한다면, 두 손을 꼭 잡고 걸어보는 송도 '거북섬'은 상상만 해도 용궁에 들어간 듯 황홀할 듯하다. 또 아는가? 용궁에 사시는 대왕거북의 그 길고도 깊은 큰 숨 한 자락으로 몹쓸 역질의 바이러스균들을 한 방에 싹 마셔줄지도 모를 일이기에.

몸통을 앞쪽으로 구부린 채 양발을 어깨너비 두 배 정도로 벌리면서 양손은 양 무릎 밑으로 넣은 후 발목을 감싼다. 그리고는 바닥에 어깨가 닿을 정도로 양 무릎으로 양팔을 지그시 눌러 준 후 자세를 얼마간 유지하다가 자세를 풀고 잠시 숨을 고른다.

다시 처음처럼 자세를 취하는데 이때 양손은 손등이 바닥에 닿은 채 八(팔) 자 모양으로 뒤를 향하게 한다. 양손을 등 뒤에서 깍지 낄 수도 있다.

이 자세는 척추를 부드럽게 하고 복부기관을 원활하게 해주며 뇌신경을 안정시킨다. 이 자세를 완성하고 나면 마치 오랜 잠에서 깨어난 것처럼 생기를 느낄 수도 있다. 등을 굽힐 때는 만다라 산 즉 지구를 등으로 떠받쳤던 위대한 거북, 쿠르마를 떠올려 봄직도 하다. 거북의 껍데기는 거북의 집이다. 그의 영원한 부착물이다. 그것은 자유와 제약을 함께 동반한다. 척추나 만성 관절염 등의 트러블이 있을 시는 자제한다.

"요가수트라에 거북이 자세는 안정적이고 편안하다고 기록되어 있다. 이처럼 거북이 자세는 안정을 상징하며, 요가 수련의 본질을 함축하고 있다. 거북이 등껍질은 안정적이고 편안한 요가의 토대가 된다. 힌두신화에서 거북이가 지탱하는 산은 에너지의 원활한 순환을 돕는 곧은 척추를 의미한다. 신체적 안정은 곧 정신적 안정으로 이어진다. 그러한 맥락에서 요기들에게 거북이 자세는 집중의 상징이다. 거북이 자세는 감각이 제어된 프라티야하라pratyahara의 모습이기도 하다."(클레망틴 에르피쿰)

인도고전인 바가바드기타(2-58)에서는 "거북이가 팔다리를 접듯, 감각적 대상에서 자신의 감각을 회수할 때 내면의 지혜는 실로 견고해진다"고 한다. 거북이가 된 요가행자는 외부의 환경에서 감각을 제어하여, 정신을 내부로 향하게 한다. 그리하여 외부의 어떤 동요에도 흔들리지 않는 요가행자는 진정한 요가의 길로 들어섰다고 할 수 있다. 그러나 이 같은 것의 실천이 결코 쉽지 않다는 것만은 확실하다.

현인은 상윳타 니키야samyutta nikaya의 '거북 비유경'에서 "거북이 머리와 팔다리를 껍데기 속으로 움츠리듯이 수행자는 자기 마음속의 생각들을 거두어들이고, 그 어떤 것에도 의존하지 않으며, 남을 해치지 않고, 아무도 나쁘게 말하지 않으면서 자신을 해방한다"고 설하고 있다. 위대한 현자들은 이따금 자신의 껍질 속으로 들어가 그 속 가장 깊은 곳에서 창조력의 영적 은총인 내면의 저 신성한 불꽃을 찾는다 할 것이다.

내면의 고요와 명상은 깨끗하게 비워둔 시간의 고독 속에서 발현된다. 정기적이고 지속적인 명상 수행은 외부의 영향력과 내부의 부정적 기질들로부터 자유로워지는 최소한의 방책이다.

그러므로 천천히 그리고 서두르지 않고 침착하고 끈기 있게 이동하는 거북이처럼 요가를 수행한다면, 우리도 거북이와 같은 무병장생無病長生의 삶을 살 수 있게 되지 않을까? 매사가 다 그렇듯이 말이다.

 앞에서 거북이는 어떠한 유혹과 어려운 상황에 직면하더라도 자기가 목표로 하는, 나아가야 할 방향은 결코 잃지 않는다고 했다. 요가행자들이 새겨들어야 할 것이다.

 '거북이 자세(쿠르마 아사나)'가 시사하는 바가 많다.

《 거북이(쿠르마 kurma) 》

부정적 성격의 에너지가 감지되면
사유와 성찰의 깊은 물 속으로 들어가
모든 감각을 닫고
생각을 안으로 거두어 들인다
소롯이 자신의 내면을 들여다 보는 시간들을
혼돈의 일상 속에서도 찾는 그대,

머리와 팔 다리를 껍질 속으로
웅크려 집어 넣고
웅웅거리며 이리저리 날아다니는
잡다한 상념의 덩어리를
가만히 지켜보며
고요히 응시한다
궁극적으로는 자신을 자유롭게 하는 것
그리하여 가장 깊은 곳에
미래 예지능력 등
영적 은총이 불길처럼 타오르게 하는
재주를 지닌 그대,

눈먼 거북이 뚫어진 나무 판자의 숨구멍으로
들어가기 위해 머리를 내밀 듯
요가행자들도 끊임없이 탐욕의 바다 밖을
향해야 한다

회유하고 협박해도 요지부동
오로지 자신의 오감을 통제하여 자아를 다스리며
그대가 허용하지 않는한
그 누구도그 내면의 힘을 꺾을 수 없게
뚜벅뚜벅 독립독행獨立獨行의 길을 가는
옹골찬 삶의 표상,
태양처럼 결코 길을 잃지 않으니
진정한 자기통제의 화신,
은혜를 잊지 않는 신의로움은 덤이로고,
'대 구속拘束 뒤에 대 자유가 있으리라'는
선사禪師의 '할喝' 외침
들려주고 있는 그대,

흐르는 물이 바위를 뚫는다죠
매사 서두르지 않고 느린 듯
서서히 그러나 끈기있게
긴긴 호흡과 함께
멈추지 않고 결코 포기하지 않은채
한걸음 한걸음씩 나아가면
결국은
'열린다'
'꿈은 이루어진다'고
노래하는 그대,

지속의 힘을
억년에 걸쳐

몸소 실천하고 보여주고 있는 그대,
거북이여!
쿠르마kurma여!

_ 최진태

43. 보약 중 보약, 침을 삼켜라

'싱하 아사나simha asana'는 사자 체위라고도 한다. 사자의 용맹함을 심신에 대입하는 형태로, 침 분비를 촉진시키는 행법이다.

_시연 신희정

우리 몸의 구멍은 눈·귀·코·입 등 큰 것만 아홉 개인데 이를 일러 구규九竅라 한다. 사람마다 차이는 있겠으나 약 5,000만 개의 작은 피부 모공도 있으니 우리 인체는 온통 구멍으로 덮여 있다는 생각이 든다.

그중에서도 입은 생명 유지와 관련해 가장 중요한 위치를 차지하고 있다. 먹고 말하고 숨 쉬고 맛을 보고 물 마시는 일을 하기 때문이다.

때론 연인과의 입맞춤도, 귀여운 피붙이와의 볼 뽀뽀도, 필자처럼 가끔씩 머리 식힐 때 불어 보는 하모니카며 오카리나며 팬플루트며 대금, 색소폰 등도 역시 입을 빌려야만 한다. 이런 입안에서 소화·살균·충치 예방 등의 다양한 역할을 맡고 있는 것이 바로 침(타액·唾液·saliva)이다.

사람들은 흔히 침이 소화를 촉진시켜 주는 것으로만 알고 있다. 그러나 양생養生을 하는 사람들은 침을 신비한 영약의 일종으로 보았다.

도가道家 최고의 경전인 '황정경黃庭經'에서는 "침을 삼키고 침으로 양치질 하면 그것은 몸을 보호하는 최고의 영약이 된다"고 했다. 또한 침을 옥천玉泉·신수神水·감로甘露·예천醴泉·영액靈液·금진옥액金珍玉液 등으로 불렀다.

옥천玉泉이란 침을 옥처럼 귀히 여긴다는 뜻이고, 신수神水란 이름 그대로 신이 내린 물이라는 뜻이다. 그러므로 양생을 하는 사람은 침을 함부로 뱉어버리지 말라고 하는 것이다.

타액의 효능에 대해서는 오래전부터 동서의학에서 이미 공통적으로 인정한 바 있다. 몸에서 생기는 침의 성분은 99%가 수분이라 물과 거의 같아 보이지만, 나머지 1%에 우리 몸의 건강을 지키는 여러 가지 비밀들이 숨어 있다. 침을 구성하는 1%는 소화효소인 아밀라아제(아밀레이스)를 비롯하여 뮤신·아미노산·나트륨 등 다양한 물질로 이루어져 있다.

목이 마르거나 목이 말라가면 수분을 보충해야 한다. 입안의 침 역시 마르면 침이 나오게 해야 한다. 물론 성적性的으로 흥분해도 자율신경 계통이 자극되어 침이 나온다. 또 맛있는 음식을 보고 군침이 도는 이유도 부교감신경이 자극되어 침의 분비가 촉진되기 때문이다. 상상만으로도 침이 나온다. '파블로프의 개'를 떠올려 보면 알 것이다. 매번 개에게 먹이를 줄 때마다 종을 쳐 주면, 나중에는 종소리만 듣고도 조건반사로 침이 나오는 이치이다.

삼국시대 위나라 조조가 대군을 거느리고 출병을 한다. 몇 날 며칠을 강행군하다 보니 군졸들이 몹시 피로하고 지쳐갔다. 갈증에 허덕거린다. 아무리 둘러보아도 물 한 방울 얻을 식수원은 보이지 않는다. 이때 조조는 큰소리로 "저 산을 넘으면 큰 매화나무 숲이 있다. 거기서 매실 열매를 따 먹자"라고 외쳤다. 이 말을 들은 군졸들은 신 매실을 생각하니 절로 입안에 침이 돌아 그 위기를 넘겼다는 것이다.

세설신어世說新語에 나오는 이 고사에서 '매림지갈梅林止渴'이 탄생했다. 매화나무 숲에서 갈증이 그쳤다는 말로 순발력 있는 기지로 문제를 해결했을 때를 뜻하기도 하는 말이다.

돌이켜 보건데 침은 더럽고 추악한 자들을 향한, 불의와 핍박에 대한 경멸의 표시이자 분노의 표출이며 저항의 상징이었다. 후안무치厚顏無恥 탐관오리들을 향한 심판의 불길이었다. 임진왜란 때 무명의 열녀들이 왜장을 향해 뱉은 정절의 침이며, 일제 때 일제 순사를 향한 유관순 열사의 애국의 침이며, 독재 정권 때 불의에 맞서며 '시詩여, 침을 뱉어라'고 외친 김수영 시인의 분노의 침이 그러했다.

무슬림(이슬람 신자)은 라마단 기간에는 한 달간 금식에 들어간다. 해가 뜬 시간에는 물을 포함해 어떤 음식도 먹지 않고 신앙생활에 매진한다. 많은 무슬림이 입안에 고인 침도 삼키지 않고 뱉을 정도로 엄격하게 금식을 지킨다니 놀라울 뿐이다. 라마단이란 말도 아랍어로 타는 듯한 뜨거움, 메마름이다.

침은 또 '아침 이슬' 즉 '항해沆瀣'에 비유한다. 매월당 김시습은 은둔의 시 능허사陵虛詞에서 "아침에는 항해沆瀣를 먹고 저녁에는 유하流霞를 마시네(朝餐沆霞 暮流霞·조찬항해 모유하)"라고 읊었는데 항해는 침이며 유하는 술이다.

중국 고대의 건강법에는 '설舌의 첨악'이라는 도인 양생법導引 養生法이 기록되어 있다. 설의 첨악이란 타액이 입안에 가득찰 때까지 혀끝으로 입천장을 여러 번 마찰하는 것이다.

이 외에도 앞서 언급한 황정경 외에 동의보감·활인심방·팔단금·진선도인 등의 제반 몸을 건강하게 가꾸는 양생 수련법에서도 기본적으로 침의 중요성이 강조되고 있다.

침은 인체 내에서 스스로 정화하는 자정능력自淨能力과 면역력, 그리고 암을 억제한다는 사실도 밝혀지고 있다. 또한 침은 정精을 저장하는데 필수적인 질병을 억제하는 파로틴이라는 성분이 함유되어 있다. 침에서 이 파로틴이라는 회춘약을 추출한 일본의 오가다 박사는 인간이 노화한다는 것은 타액선 호르몬인 파로틴이 결핍되기 때문이라고 말하고 있다.

현대의학에서 밝힌 바에 따르면 침은 눈·이·근육·관절 등의 발육을 촉진하고 정력을 보존하며

노화를 방지한다고 한다. 특히 피부의 위축, 탄력성 감퇴, 노인성 색소침낭, 탈모, 척추의 변형, 근육의 기능저하, 내장하수 등 소위

늙어서 일어나는 모든 노화를 이 침에서 나오는 파로틴이라는 호르몬이 방지한다.

'구강건조증'도 침의 분비가 감소되어 생기는 것이다. 침 분비가 줄어들면 입안에 남아 있는 음식물이 쉽게 부패하고 세균이 증가해 치아가 잘 썩고 잇몸에 염증이 생길 수도 있다. 침이 부족하면 음식물 소화 장애가 생기는 것은 당연한 이치이다. 그러기에 침이야말로 사람에게 활력을 불어넣어 주는 보약 중 보약이라 할 수 있다.

동양의학적 관점에서는 기본적으로 침이 정精을 저장하는 데에 필수적인 물질로 인식하고 있어, 위에서 설명한 서양의학의 관점에서 본 침의 구강口腔 자체에 작용하는 점막에 대한 윤활작용과 보호작용, 기계적인 세정작용, 완충작용 등의 국소적인 효능과는 약간의 차이를 나타내고 있으나 침에 대한 그 중요성만은 대동소이하게 강조하고 있다. 이처럼 침을 불로 회춘의 비결로 삼기 때문에 불로 장생법에는 거의 침이 다루어지고 있는 것이다.

침은 딴 곳에서 공급되는 것이 아니라 바로 체내에서 생산되는 것이며, 내뱉지 않는 한 체내에 보존되고 있기 때문에 일부러 입안에 모아서 삼킬 필요가 없는 게 아닌가 하는 생각을 할 수도 있다. 그러나 침은 노력하여 분비를 촉진하지 않으면, 나이가 들수록 그 생산력이 줄어드는 것이다. 침의 생산량이 줄어든다고 하는 것은 그만큼 신체적으로 노화하고 있다는 징표이다.

잘 익은 과일이나 맛있어 보이는 음식 앞에 서면 저절로 군침이 흐르는 까닭도 바로 이 활력과 무관치 않다. 그러므로 타액은 생활에 활기가 넘칠 때 입안에 고이지만, 근심 걱정이 있거나 분노하면 입이 마르고 탈 뿐 침이 생기지 않는 이치이다.

깊은 명상에 몰입하다 보면 잡념이 사라지고 마음이 차분해지며, 입안에 침이 고이는데 이를 '단침'이라고 한다. 무념무상의 시절을 살고 있는 유아들의 입안에 늘 타액이 고이고 마르지 않는 것은 바로 이런 연유에서다.

건강한 유아들은 턱받이를 해줄 만큼 많은 양의 침이 흐른다. 이것은 타액이 인체에 작용하여 수승화강水昇火降을 원활하게 돕기 때문이라고 할 수 있다.

동양의학에서 수승화강 상태는 신장에서 발생한 수기水氣는 위로 올라가고 심장의 화기火氣는 아래로 내려가는 이치로, 이러한 상태에서 건강한 몸과 평화로운 마음을 가질 수 있다고 보는 것이다.

침의 분비는 목구멍에 분포하는 이하선·설하선·악하선 등을 작용시킴으로써 이루어진다. 따라서 이 부분을 항상 자극하여 입안에 다량의 침이 항상 고이게 하고, 이를 삼키는 것이 젊음을 보호하는 데 필요하다. 그리고 이렇게 분비되는 침은 다시 체내에 흡수됨으로써 새로운 생명 활동의 원천이 되는 것이기 때문에 그 분비량이 많으면 많을수록 더욱 효과적이라고 할 수 있다.

하루에 분비되는 총 타액량은 건강한 성인의 경우 대략 1.5리터 정도로 음료수 병 하나 정도의 양이라고 알려져 있는데, 안정 시 분비되는 타액량이 총 분비량의 절반 정도 된다. 나머지 반은 식사 등에 의한 자극으로 분비되고, 수면 중에는 타액 분비가 매우 적어 10~20ml 정도만 분비된다. 수면 중에는 이하선 타액은 분비되지 않으며 악하선 및 설하선·소타액선에서만 분비되는 것으로 추정되며, 그 소타액선 분비량에 따라 상당한 차이가 있다고 한다.

요가에서도 침을 생성하기 위한 방법이 여러 가지가 있다. 여기서는 특히 핵심적인 행법인 '케차리 무드라khecari mudra'와 '싱하 아사나simha asana'를 설명하고자 한다.

먼저 케차리 무드라를 살펴보면 혀를 말아서 입천장 위에 있는 목구멍 쪽에 닿게 하고 두 눈썹 사이에 시선을 고정한다. 건강과 장수 그리고 다수의 초일상적인 능력들을 이끌어내는 불사의 감로수 즉 아므리타amrita를 방출한다고 말해진다. '케차리'는 '허공 속을 걷는다'는 뜻이다. 그래서 일명 '공중 비행 무드라'라고 일컫는다. 하타요가 프라디피카에서는 "이 무드라의 수행으로 마음이 허공(미간) 속으로 들어가며, 혀는 두개공頭蓋孔의 빈 공간 속으로 들어가기 때문에 '공중 비행 무드라'라고 부른다"고 하였다.

엘리아데는 "혀를 돌려 그 끝을 목구멍 속으로 삽입함으로써 구강을 차단한다. 이렇게 해서 분비되는 충분한 타액은 천상의 음식 amrta으로, 그리고 혀는 요가행자가 먹는 '암소의 고기'로 해석된다"고 기술하고 있다.

이 케차리 무드라의 효과를 "혀를 위로 말아 올린 상태에서 반 크샤나(약 24분) 동안만이라도 있을 수 있다면 독극물에 중독되지 않고 질병·죽음과 늙음에서 벗어날 수 있다. 이 무드라를 구사하는 사람은 질병·죽음·피로·잠·배고픔·목마름의 기질을 알지 못한다"고 하타요가 경전인 하타 프라디피카 등에서는 강조하고 있다.

다소 과장된 면이 없지 않겠으나 그만큼 이 행법이 중요함을 시사한다고 볼 수 있다. 이 행법은 간뇌間腦의 시상하부에도 영향을 미치는데, 시상하부는 체온·공복·갈증을 조절하고 식후 포만감·분노·공포·스트레스 등과 같은 반응을 통제하는 곳이다.

또한 침샘 분비에도 영향을 미쳐 각종 미각을 느끼게 하고, 소화(消化·digest)와 동화(同化·anabolism) 작용 등에도 관여한다. '요가 쭈다마니 우파니사드 만트라'에서는 이미 이러한 케차리 무드라의 효과가 언급되어 있음을 볼 수 있는데, 잠도 배고픔도 갈증도 없다고 한 것은 케차리 무드라의 수행이 뇌(시상하부)에 영향을 미치는 것을 일컫는다고 할 수 있다.

'케차리 무드라의 수행으로 수행자는 카르마로부터 자유로워진다' 고도 경전은 기술하고 있다. 이것은 아즈나 차크라(상단전)를 각성시키며 또한 카르마의 집착으로부터 얽매이지 않도록 한다는 것이다.

또한 이 무드라는 선도 수련법에서 말하는 임맥과 독맥이 연결되는 소주천小周天의 운행을 돕게 된다 할 것이다. 죽지 않는 불사약不死藥을 구하려는 인간의 노력은 동서고금 동일하다. 인도 고대에는 신들의 음료인 소마soma를 불사약으로 믿었다.

탄트라 시대에 이르러서는 이 불사약을 외부에서 찾는 것이 아니라, 자신의 내부에서 찾았다. 이것이 다름 아닌 죽지 않는 약이라는 의미의 불사약 아므리타amrta이다. 리그베다에서 소마soma는 꿀과 동일시된다. 그래서 소먐마두somyam madhu 즉 '소마의 꿀'이란 표현이 인도 최고最古 경전인 리그베다에 18번 나온다.

여담으로 깨달음을 얻은 석가의 첫 마디는 "나는 아므리타를 얻었다"는 것이었다. 석가는 "죽음이란 없다"는 점을 명확히 깨달았다. 죽음이란 것이 깨닫고 보니 실재하는 것이 아니라 우리의 생각이 지어낸 허상이었다는 것이다.

다음으로 '싱하 아사나simha asana'를 설명하고자 한다. '사자 체위'라고도 하며 이 역시 침 분비를 촉진시키는 아주 소중한 행법이다. 금강자세로 앉아 발꿈치를 세운 채 엉덩이를 그 위에 내려놓고, 양 손가락을 쭉 편 채 양 무릎에 얹는다. 혓바닥을 가능한 길게 내밀어서 턱 쪽으로 향하게 한다.

이때 목을 숙여 잘란다라 반다를 하여 목 괄약근을 막는다. 눈은 미간이나 코끝을 응시한 채, 입으로 숨을 쉬면서 이 자세를 유지한다. 때로는 바스타리카 푸라나야(풀무 호흡)를 곁들이면서 할 수도 있다.

사자의 용맹함을 자신의 심신에 대입하는 형태로서 강인한 수행의 의지와 의식의 집중을 가져다주는 자세이다. "이 싱하 아사나는 악취가 나는 입김을 치료해 주고 혀를 깨끗하게 해 준다. 계속 수행하게 되면 말이 더 분명해지므로 말을 더듬는 사람에게 좋다"고 아이행가는 말하고 있다.

또한 이태영은 "이 자세는 뇌와 깊은 관계가 깊은 입 주위에 신경을 자극하기 때문에 뇌 기능이 활발해지고, 심장과 직접 연관된 혀를 자극함으로써 심장의 기능이 좋아진다. 또한 침샘이 자극을 받아서 침이 나오게 되는데, 이 침은 평상시의 침과 달리 노화를 방지하고 암과 모든 질병에 대항하는 면역 물질을 갖고 있다. 소심한 사람에게 특히 좋다"고 언급하고 있다.

다소 우스꽝스럽게 보이는 자세지만, 반면에 크디큰 건강의 열쇠를 선사할 것이다. 여기에 앞서 기술한 선도仙道 수련 양생법으로 아래위 치아를 딱딱 마주치는 고치법叩齒法과 혀를 입천장이며 아래위 잇몸 등에 두루두루 돌려서 침의 분비를 샘솟게 하는 회진법廻津法·연진법嚥津法·인진법咽津法 등을 곁들이면 더욱 좋을 것이다.

인간이나 자연에는 각종 환경이나 질병으로부터 발생하는 모든 상황에 대처할 수 있는 물질이 내재해 있다고 하는데 침은 그 한 예에 속한다고 할 수 있다. 땀이나 피나 눈물이나 정액은 한 번 나온 것은 다시 들어가게 할 수 없지만 오직 침만은 도로 삼킬 수가 있다. 따라서 인간의 몸을 스스로 건강하게 만들 수 있는 침을 도로 삼키는 방법과 습관을 익히고, 나이와 연령 성별에 관계없이 부단한 실천을 통하여 생활에 응용해야 할 것이다. 케차리 무드라·싱하 아사나를 통해 침에 대하여 선조들이 극찬했던 이유를 재인식하는 계기가 되었으면 좋겠다.

평소에는 혓바닥을 말아 접거나, 아니면 그냥 살짝 입천장에 붙이고만 있어도 내 속에 든 영약을 섭취할 수 있는 쉽고도 쉬운 양생법이다. 함부로 길거리나 공공장소에서 이 귀하디 귀한 보약을 뱉어내며 스스로의 건강을 망치는 우를 범하는 경우를 종종 본다. 불쾌감까지 더하여 금보다 더 귀하고 소중한 보약이 바로 내 입 속의 침에 있다는 사실을 잊지 말았으면 좋겠다. 사자처럼 강건한 신체를 꿈꾼다면, 신선처럼 무병장수하기를 원한다면 말이다.

이곳 부산은 예로부터 신선과 선녀들이 유유히 노니는 선향仙鄕의 고향이 아니던가. 예로 가까운 영도 태종대에 신선대(神仙臺·신선바위)가 있다. 예전에는 이곳 태종대를 신선대로 불렀다고 한다. 가임可妊 여성에겐 임신을 도와주고, 임신한 여성은 이곳에서 빌면 순산을 한다고 한다나.

옛날 신선들이 이 바위 위에서 도낏자루 썩는 줄도 모르고 느긋하게 앉아 놀았다는 이야기가 전해지는 곳이다. 이처럼 신선 사상이 저 멀리도 아닌 바로 우리 곁에서 태동하고 있었다. 이제 우리도 신선처럼 될 수 있는 방법 하나쯤은 실천했으면 좋겠다. 앞서 기술했듯이 그것은 요가에서 수천 년 전부터 비전秘傳으로 내려오는 '케차리 무드라'와 '싱하 아사나'임을 다시 한 번 밝혀둔다.

※본 칼럼은 필자의 기공학 석사학위 논문 "도인 양생법導引 養生法에서 타액(唾液 saliva)에 관한 연구"(최진태, 원광대 동양학대학원 동양학과 기공학 전공, 2006)와 역시 필자의 요가학 석사학위 논문 "만트라 요가 수행 체계에 관한 연구"(최진태, 원광대 동양학대학원 요가학과 요가학 전공, 2005)를 다수 참조했음.

《 침(타액 saliva) 》

유아 때 침 흘리던 그 모습이 건강한 것
노화가 제 먼저 알고 입속부터 오는구려

내 몸속 침샘 깨워서 오는 백발 물리치소

가까이 있다함에 예사로 여긴다네
놓치고 사라진 후 후회로 한탄한들
더욱 더 귀히 여겨서 살가운삶 누리시길

감로수甘露水 옥천玉泉일랑 신수神水며 금진옥액金珍玉液
이름만 들어봐도 그 진가 모르겠소
스스로 침 마시기는 무병장생無病長生지름길

케차리며 싱하 자세 도가道家의 수련법도
가슴속에 깊이 품어 침일랑 입안 가득
하늘이 준 양생공법이 나의 건강 파수꾼임

명상에 몰입하면 무풍한송舞風寒松 천년고요
입안에 절로 고인다 그걸 일러 단침이라
일상 속 침을 삼키며 이런 느낌 받아보소

_ 최진태

44. 기도하는 손, 아트만잘리 무드라

'아트만잘리 무드라'에서 두 손을 가슴에 모으는 것은 내면을 한곳에 집중하고, 조화와 균형·평온·침묵·평화를 이루는 데 도움이 된다.

_ 시연 임은주

일반적으로 제반 종교에는 두 손을 모으는 것으로 기도나 의식을 시작한다. 두 손을 모으는 것을 '합장合掌'이라 한다. '기도하는 손'이다.

음과·양, 하늘과 땅, 나와 우주, 아트만과 브라흐마의 만남이다. 요가에서는 이를 일러 '아트만잘리 무드라Atmanjali Mudra'라고 한다. '나'라는 의미의 아트만atman과 '경배하다'라는 뜻의 안잘리anjali가 합쳐진 말이다. 그래서 '합장 자세'는 경배와 축복의 의미를 담고 있다.

요가 수련에서 '합장 자세'는 나무 자세(브릭샤 아사나)나 태양경배 자세(수리야 나마스카 아사나) 등의 두 손을 맞대는 모든 아사나에 수반된다. 이는 평온함을 의미하며, 또한 자신의 내면으로 되돌아온다는 뜻이 담긴 손동작이다.

'합장 자세는 영적 깨달음을 향한 의지의 발전 가능성을 상징한다.'(크리슈나 마차리야)

'아트만잘리 무드라'에서 두 손을 가슴에 모으는 것은 내면을 한 곳에 집중하고, 조화와 균형, 평온, 침묵, 그리고 평화를 이루는 데 도움이 된다. 존경을 표하는 무드라이다. 이것은 신과 수행자 사이의 관계를 봉인하기 때문에 신들을 기쁘게 한다는 의미가 내포되어 있다.

이 무드라는 좌뇌와 우뇌를 똑같이 활성화하고 조화롭게 한다. 신의 도움을 구할 때와 소망을 이루고 싶을 때 기원하는 명상을 보완해 준다.

인도에서는 이 무드라를 인사나 감사와 사랑, 즉 나마스테·단네야드·발로바쉬 등의 인사말과 함께 행해지기도 하며, 이 자세를 취하면서 평화와 기쁨 속에 깊이 잠기곤 한다.

무드라mudra는 범어로 제스처, 몸짓, 인장, 도장, 봉인, 제의祭儀라는 뜻이다. 우리는 일상에서 무드라를 미처 의식하지 못하고 있었을 뿐 우리의 몸과 마음, 영혼의 각 단계에 많은 영향을 미치고 있다. 모든 사람들이 이미 일상 속에서 어느 정도는 손으로 하는 무드라를 행하고 있는 것이나 마찬가지다. 예컨대 누군가를 축복하기 위해 손가락으로 십자가를 만들어 보인다든지, 박수갈채를 보낸다든지, 악수를 하거나 손을 잡는 행위 또는 상대방의 생각을 경멸하는 뜻으로 손가락을 들어 보이는 행위 등이 그것이다.

합장한 손 모양이며 아트만잘리 무드라와 거의 유사한 모습인, 세상에서 가장 아름다운 손이라고 일컫는 '기도하는 손praying hand'의 그림을 떠올린다.

르네상스 시대의 독일 화가인 알브레히트 뒤러(1471~1528)의 1508년 작품이다. 그는 북유럽의 다빈치라고도 불렸다. 종이 위에 브러시와 잉크를 사용하여 그린 이 작품은 자신을 위해 희생한 친구 프란츠의 기도하는 손을 모델로 한 것이다.

서로는 화가의 꿈을 갖고 있는 친구 사이로서 둘 다 가난하여 일을 하느라 그림을 그릴 여유가 없었다. 그래서 '둘 중 한 사람이 먼저 공부를 하고 그동안 남은 한 사람은 돈을 벌자, 그리고 나서 나머지 한 사람이 공부를 할 수 있도록 도와주자'는 약속을 하게 된다.

이로써 먼저 공부를 하게 된 뒤러는 마침내 성공을 했으나 그의 친구 프란츠는 그림을 그리기에는 힘든 손이 되었다. 그간 거칠고 험한 고생으로 인해, 손마디가 뒤틀리고 투박해진 손이 되었다. 친구는 열심히 일을 하면서 뒤러의 학비를 댔다. 그리고 친구는 뒤러를 위해 매일 감사의 기도를 드렸다.

"제 친구 뒤러가 부디 성공한 화가가 되게 하여 주시옵소서"라며 원망 대신 감사를 드리는 그 모습을 보고 뒤러는 크게 감명을 받아 종이에 그 친구의 '기도하는 손'을 그리기 시작했다.

그리고는 "기도하는 손이 가장 깨끗한 손이요, 가장 위대한 손이요, 기도하는 자리가 가장 큰 자리요, 가장 높은 자리다"라는 말도 남겼다.

그 밖에도 조수아 레이놀즈의 '꼬마 사무엘', 에릭 엔스트롬의 '감사의 기도 The Grace', 밀레의 '만종' 등이 떠오른다. 어느 작품이나 많은 눈물과 기도와 정성이 숨어 있듯이 한 알의 밀알이 많은 열매를 맺기까지 수많은 사연이 숨어 있다.

그렉 브라이든은 그의 저서 '잃어버린 기도의 비밀'에서 '기도'에 대해 주옥같은 말을 쏟아내고 있다.

"굳이 신앙을 갖고 있지 않더라도 삶의 어려움이 닥쳐오면 모두들 기도를 한다. 자신이 할 수 있는 일이 기도밖에 없다는 것을 깨닫게 된다."

"인류의 95%가 우주를 창조한 신비로운 힘의 존재를 믿고 그것에 말을 걸기 위해 기도를 한다."

"기도는 경험에서 우러나는 교훈을 우리네 삶에 적용하게 해주는 언어이다."

"24시간 무릎 꿇고 옛 기도문을 낭송하라는 얘기가 아니다. 기도를 가끔씩 하는 무언가가 아니라 우리가 항상 돼야 하는 무언가로 받아들이라."

"우리가 느끼는 것 즉 기도하는 것이 신의 마음에 의해 우리에게 되돌아오는 것이 바로 인생이다." 등이다.

기도 중에서 몸을 제일 낮추어 하는 기도가 '오체투지五體投地'다. 이마와 두 팔꿈치 그리고 두 무릎을 땅에 붙이고 인사하는 방법이다. '오체투지 기도자세' 역시 두 손을 모으는 '합장 자세', '아트만 잘리 무드라'로부터 시작한다.

무릎을 꿇고 땅에 이마를 닿아 절하는 것은 땅의 마음, 영원의 마음에 닿아보고 싶어서이다. 고개를 숙이고 무릎을 꿇어서 기도를 드리면 마음이 열려 평화가 꽃피고 미소의 향기가 흐른다. 세상이 더 순하고 더 넓어진다. 오체투지 자세는 우리의 잘못된 속성 즉 교만심과 아만심我慢心까지도 고개 숙이게 하고 하심下心을 하도록 만든다.

우리가 우리보다 더 큰 의식과 접촉하기 시작하면 그 순간 개인의 영역을 뛰어넘는다. 그때 우리는 시공간을 넘어 동일한 파동을 지닌 존재들과 연결되는 이치랄까.

오체투지 기도자세가 "그대는 비굴하지 않게 거룩하게 무릎을 꿇어 보았는가."라고 묻고 있다. 세상에서 가장 낮은 자세로 전진하는, '오체투지 기도자세는 출근하면 밥그릇 앞에서 가장 낮아지는 직장생활과 흡사하다'고 어느 유명 작가는 말하고 있다. 서글프지만 그게 현실인 걸 어이하랴.

'쿼런시아querencia'라는 말은 스페인어로 자아회복의 장소, 피난처, 안식처를 뜻한다. 류시화 시인은 '새는 날아가면서 뒤돌아보지 않는다.' 수필집에서 쿼런시아에 대해 잘 설명해주고 있다.

"투우장 한쪽에는 소가 안전하다고 느끼는, 사람들에게는 보이지 않는 구역이 있다. 투우사와 싸우다가 지친 소는 자신이 정한 그 장소로 가서 숨을 고르며 힘을 모은다. 기운을 되찾아 계속 싸우기 위해서다. 그곳에 있으면 소는 더 이상 두렵지 않다. 소만 아는 그 자리를 스페인어로 쿼런시아라고 부른다. 쿼런시아는 회복의 장소이다. 세상의 위험으로 부터 안전하다고 느끼는 곳, 힘들고 지쳤을 때 기운을 얻는 곳, 본연의 자기 자신에 가장 가까워지는 곳이다. 안전하고 평화로운 나만의 작은 영역 인간 내면에 있는 성소聖所를 지칭한다."

"삶은 자주 위협적이고 도전적이어서 우리의 통제 능력을 벗어난 상황들이 펼쳐진다. (중략)삶에서 소중한 것을 잃었을 때, 매일 매일이 단조로워 주위 세계가 무채색으로 보일 때, 사랑하는 사람들로부터 상처 받아 심장이 무너질 때, 혹은 정신이 고갈되어 자신이 누구인지 잊어 버렸을 때, 그때가 바로 퀘런시아를 찾아야 할 때이다.(중략)그럴 때마다 자신만의 영역으로 물러나 호흡을 고르고, 마음을 추스르고, 살아가는 힘을 회복하는 것이 필요하다. 숨을 고르는 일은 곧 마음을 고르는 일이다."라고 지적하고 있다.

이럴 때 필요한 것이 아니 자연발생적으로 온몸에서 발현되는 것이 바로 '기도' 그 자체가 아닐까? 그러면 기도는 어떻게 할까? 이문재 시인의 '오래된 기도' 시詩에서 답을 찾을 수 있을까?

"가만히 눈을 감기만 해도/ 기도하는 것이다.

왼손으로 오른 손을 감싸기만 해도/ 맞잡은 두 손을 가슴 앞에 모으기만 해도/ 말없이 누군가의 이름을 불러주기만 해도/ 노을이 질 때 걸음을 멈추기만 해도/ 꽃 진자리에서 지난 봄날을 떠올리기만 해도/ 기도하는 것이다

음식을 오래 씹기만 해도/ 촛불 한 자루 밝혀놓기만 해도/ 솔숲 지나는 바람소리에 귀 기울이기만 해도/ 갓난아기와 눈을 맞추기만 해도/ 자동차를 타지 않고 걷기만 해도

섬과 섬 사이를 두 눈으로 이어주기만 해도/ 그믐달의 어두운 부분을 바라보기만 해도/ 우리는 기도하는 것이다.

바다에 다와 가는 저문 강의 발원지를/ 상상하기만 해도/ 별똥별의 앞쪽을 조금 더 주시하기만 해도/ 나는 결코 혼자가 아니라는 사실을 받아들이기만 해도/ 나의 죽음은 언제나 나의 삶과 동행하고 있다는/ 평범한 진리를 인정하기만 해도

기도하는 것이다/ 고개 들어 하늘을 우러르며/ 숨을 천천히 들어 마시기만 해도."

이문재 시인 그가 평생 경구(警句)로 삼고 있다는 "조금 알면 오만해진다. 조금 더 알면 질문하게 된다. 거기서 조금 더 알게 되면 기도하게 된다."는 내용을 이 시로 표현했다고들 한다.

많은 이들이 '기도'를 자기 나름대로 설명하고 있다.

"이제 보니 기도는 의식이 아니라 나의 손끝 나의 말 나의 눈길과 나의 숨소리 이 모든 것이 기도였다는 생각이 든다. 그것도 아주 오래전부터 익히 해오고 있었던 일들같이."

"그러고 보니 기도는 아름답기까지 하다. 기도란 잠시 마음을 하나로 모으고 천천히 시간을 갖고서 성찰하는 그 순간이다."

"기도는 만물 앞에 나의 존재를 겸허하게 낮출 때 비로소 얻게 되는 깨달음이다."

"기도는 이렇게 일상으로 녹아들어야 하며 특별한 시간, 공간에서만 하는 것이 아니다. 세속에서 하는 일이 다 기도가 된다."

"기도는 꼭 정해진 규칙이나 방법이 없을 수도 있다. 그냥 두 손을 맞잡은 채 가슴 앞에 모으고, 가만히 가슴 속에서 우러나오는 하고 싶은 말을 하는 것도 기도다. 꼭 신의 존재를 믿지 않더라도 할 수 있는 것이 기도다."

"살다 보면 자신의 힘으로는 어쩔 수 없는 불가항력적인 위기와 고통과 괴로움의 순간과 마주쳤을 때, 그때 알지 못하는 신에게 간절히 무언가를 비는 일도 기도이다."

"평범한 진리에 대해 인식하고 스스로 질문을 던질 때, 가끔씩 고개를 들고 하늘을 바라볼 때도 본인은 기도하는 것이다. 기도는 그래서 일상의 호흡이고 생활 속의 대화이다. 살아 있는 순간 그 자체이다."

"무엇을 믿던 누구를 믿던 모든 순간에 기도를 하는 우리는 그 자체가 구도자의 삶이다. 감사하고 소중하다는 것을 느낄 수 있는 것만으로도 살아 있는 자신의 기도이다."

"오늘 잠깐 고개를 들어 하늘을 보면서 마음속 깊이 둔 사람의 이름을 한 번 불러 보는 것 자체도 기도다. 절대의 세계 앞에 부끄러운 마음 되어 조용히 다가앉는 것 그것도 기도이다."

"기도란 절대자 앞에서 가장 낮은 자세로 엎드리는 영적인 포복이다. 몸을 숙이고 마음의 문을 활짝 열어 절대자 앞에 무릎 꿇는다. 그리고 기도는 머리로 믿는 것을 가슴으로 느끼는 절차다. 가슴에서 느껴지는 전 인격적인 반응을 통하여 절대자의 뜻을 헤아리고 추적하는 작업이다. 참다운 기도는 자신이 소원하는 바를 간구하기보다는 스스로 충만하고자 함이 우선이다. 자신을 성찰하고 다듬는 시간이기에 기도하는 동안엔 선한 마음으로 그득해진다. 그러므로 기도할 수 있다는 자체가 은혜이고 기도하는 자체가 능력이다."(권순진 시인)

"기도는 하늘에서 축복을 받고, 노동은 땅에서 축복을 따낸다. 기도는 하늘의 차茶, 노동은 땅의 차茶, 이 둘은 당신의 집에 행복을 실어다 준다."(몽테뉴)

다음은 재미있고 특이한 기도문 몇 가지를 소개한다.

"이른 아침에 먼지를 볼 수 있게 해주셔서 감사합니다. 그래도 먼지가 된 나를 하루 종일 찬란하게 비춰주셔서 감사합니다."(햇살에게 / 정호승)

"주님 제 몸이 갑자기 불거나 마르지 않았으면 좋겠습니다. 지금 입고 있는 이 옷이 제 마음에 꼭 들거니와 제게는 이 옷 한 벌밖에 없기 때문입니다."(가난한 수도자의 기도/작자 미상)

"주님 저로 하여금 죽는 날까지 물고기를 잡을 수 있게 하시고, 마지막 날이 찾아와 당신이 던진 그물에 내가 걸렸을 때 바라옵건대 쓸모없는 물고기라 여겨 내던져짐을 당하지 않게 하소서."(어부의 기도/작자 미상)

인도의 빈민가에서 누더기 옷을 걸친 어린이들을 안고 있는 늙은 데레사 수녀, 손가락이 오그라 붙은 나병환자들의 손을 잡고 얼굴을 비비고 있는 빈민貧民의 성인聖人 데레사 수녀의 기도는 언제나 맑은 눈물 속에서 시작된다.

"나의 관심은 인류의 미래가 아닙니다. 우주시대와 과학 문명이 아닙니다. 참혹한 현실의 구석구석에서 들려오는 신음 소리와 절망의 어둠 속에 가 있습니다.(중략) 나의 기도는 목이 마르고 응답에 가슴이 탑니다. 타오르는 촛불의 그 맑은 눈물을 제게 주십시오. 노벨 평화상보다 목마르지 않는 눈물을 주십시오. 그 눈물로 하여금 고통 받는 자들의 마음을 씻어주는 샘이 되게 하십시오. 그래서 말씀의 샘, 은총의 샘이 넘쳐서 언제나 제 기도가 목마르지 않게 해주소서…"라는 기도 말씀에는 목이 잠겨 온다.

"바람결에 당신의 음성이 들리고/ 당신의 숨결이 자연에게 사랑을 줍니다./ 나는 당신의 수많은 자식들 중에 힘없는 조그만 아이입니다./ 내게 당신의 힘과 지혜를 주소서/ 나로 하여금 아름다움 안에서 걷게 하시고/ 내 눈이 오랫동안 석양을 바라볼 수 있게 하소서/ 당신이 만드신 모든 만물을 내 두 손이 존중하게 하시고/ 당신의 말씀을 들을 수 있도록 내 귀를 열어 주소서/ 당신이 우리 선조들에게 가르쳐준 지혜를 나 또한 배우게 하시고/ 당신이 모든 나뭇잎 모든 돌 틈에 감춰 둔 교훈을/ 나 또한 깨닫게 하소서/ 다른 형제들 보다 내가 더 위대해지기 위해서가 아니라/ 가장 큰 적인 나 자신과 싸울 수 있도록 내게 힘을 주소서/ 나로 하여금 깨끗한 손 똑바른 눈으로 언제라도 당신에게 갈 수 있도록 준비시켜 주소서/ 그리하여 저 노을이 지듯이 내 목숨이 다할 때/ 내 혼이 부끄럼 없이/ 당신 품 안으로 돌아갈 수 있도록 나를 이끌어 주소서."(아메리카 수우족의 기도문)

　기도의 말, 기도의 집, 기도의 세계, 기도의 빛깔을 생각해 본다. 그리고 자신만이 아닌 타인을 위해 진실하게 간절하게 기도해 본 일이 얼마나 있었을까도 반문해 본다. 남도 이롭게 하면서 자기 자신도 이롭게 하는 것, 자기도 이롭고 남도 이롭게 한다는 뜻으로 '자리이타自利利他'란 말이 있다. 자리自利와 이타利他를 원만하고 완전하게 수행한 이를 부처라 한다. 이익자타利益自他 즉 자신과 남을 이롭게 함을 말한다.

　자신과 우주라는 한 몸의 손과 팔 같은 모든 만물을 아끼고 사랑하는 마음이 '자리이타'다. 이 말은 "남에게 대접을 받고자 하는 대로 남을 대접하라"는 성경의 황금률과 동일하다. 동서고금에 모두 통용되는 윤리관인 셈이다.

　다른 사람이 내가 만든 사다리를 딛고 정상에 올라갈 때, 사다리를 만든 사람은 비로소 성공하게 된다. 다른 사람의 성공을 돕는 것, 내가 받는 게 아니라 얼마나 많이 주느냐가 참 성공의 척도이다. 이렇듯이 세상에 태어나 받는 것보다 주는 게 많아야 성공한 인생이란다.

나로 인해 세상이 더 살만해진다면, 단 한 사람이라도 그렇게 느껴진다면 성공한 인생이라는 말이다.

우스갯소리로 과거엔 '공부해서 남 주나' 했지만 '공부해서 남 주지'로 바뀐다면 얼마나 멋있는 삶이 될까? 베풀고 사는 삶 말이다.

그런 걸 일러 인도에서는 '카르마 요가Karma Yoga 수행자'라 칭한다.

세상이 점점 더 좋아지는 건 부분적으로는 남에게 드러나지 않게 베풀면서 인생을 충실하게 살았고, 지금은 편안히 잠들어 있는 수많은 사람들 덕분이기도 할 테다.

"자기가 태어나기 전보다 세상을 조금이라도 살기 좋은 곳으로 만들어 놓고 떠나는 것, 그대가 있었기에 한 생명이라도 좀 더 수월하게 숨을 쉬었다는 사실을 아는 것, 이런 것이 성공이다." 미국 시인 랠프 월도 에머슨의 말이다.

이어서 에머슨은 지적하고 있다. "진심으로 남을 도우면 결국 자신에게도 도움이 된다. 이것은 인생에서 가장 아름다운 보상의 하나다"라고.

생명의 바다와 죽은 바다, 받은 만큼 주는 '갈릴리해 바다'와 받기만 하고 줄 줄을 모르는 '사해死海바다'. 사람도 두 종류가 있다. 우리는 '갈릴리해'가 될 수도 있고 '사해死海'가 될 수도 있다.

내가 살기 위해 너를 돕는 것이 아니라 너를 살렸더니 나까지도 살 수 있는 것, 이것이 '자리이타'가 주는 삶의 기적이다.
"나와 관계있는 사람의 행복이 있기 때문에 나의 행복 또한 있는 것이다. 내가 행복해지기 위해서는 나와 관계가 있는 다른 사람이 행복을 느껴야 한다. 내가 남의 행복을 바라며, 그것을 위해 전력을 다할 때 행복이 온다고 해도 좋을 것이다. 남을 위해서 한 일이 그대로 나에게 되돌아오고, 또한 그 일이 나를 위해서이기도 하다는 뜻이다. 행복도 기쁨도 남을 먼저 생각하고 위하는 데서 찾을 수 있다."(마스노 순묘 昇野俊明, '깃털처럼 가볍게 살아라' 중에서)

사뭇 들뜨기 쉬운 시절이다. 오늘은 무릎 꿇고 가슴 앞에 '기도하는 손, 아트만잘리 무드라' 취하면서 '자리이타自利利他' 화두話頭로 마음을 추슬러 보고자 한다.

《 기도하는 손 》

내 생명의 일부를
하늘빛 찻잔에 담아내는
나눔과 베품의 삶
남을 위해 '기도하는 손'은
내가 순하고 작아져야만 이룰 수 있다.

먼저 낮추고
먼저 끌어 올려주고
먼저 섬기는 손

매일 매일의 삶이 안겨주는
기쁨과 슬픔 희망과 절망 속에서
아직 비어 있는 가난한 마음의 항아리들

가난해서 더 뜨거운
우리의 가슴속 솟대 위에
생명의 불을 밝힐 수있는
그 열기 하나로

차디 찬 땅을 데울 수 있다면
그리하여
마침내 한 짐 별로 뜰 수 있다면

온 몸으로 밀고가리라
티벳 성자의 오체투지 자세로
가까운 길도
멀리멀리 돌아가리라
먼 길도
가깝게만 느껴지리라
흐르고 또 흐르는 세월의 강물 속으로
모든 것 허망하게 다 떠내려가도
오직 변치 않는 그 무엇하나 부여잡고

고독하지만 깨어있는
순례자로서의 길을
갈 수 있기를
소망하고 간구하는
'기도하는 손' 되게 하소서

_ 최진태

45. 가르치는 것이 곧 배우는 것, 스승과 제자

'가르치는 것이 곧 배우는 것'이라 했듯이 지도하는 곳에는 배움의 기회가 공존한다. 가르침과 배움은 다 같이 자신을 성장시킨다는 의미의 '교학상장敎學相長'이라는 말은 요가 지도 현장과 특히 어울린다.

_ 시연 임은주, 전서영

사람이 사람다울 수 있는 것은 다른 데 있지 않고, 오직 스승의 가르침이 있기 때문이다(윤기, 무명자집).

백지 상태로 태어난 사람들에게 지식뿐 아니라 삶의 방향을 제시해 주고, 인간 사회의 질서를 가르쳐 주는 스승이 없다면 인간으로 제대로 살아갈 수 있을지 누가 자신할 수 있겠는가?

옛날 사람들은 평생에 한 분의 스승을 모실 수 있기를 원했고, 심지어 스승을 찾아서 먼 길을 떠나기도 했다. 평생 섬길 스승이 있다면 그것만으로도 행복한 인생이라 여겼다. 고개를 숙이고 발등에 입 맞출 스승이 있다면 그 이상 바랄 것이 무엇이랴.

물질이 풍부해질수록 마음은 황폐해지고, 지식이 넘쳐날수록 인격은 메말라 간다. 재주는 비상해도 덕망이 미치지 못하며, 교사는 많아도 스승은 찾기가 쉽지 않은 현실이다.

스승이란 어떤 사람인가. 조선 후기의 이서는 '자신의 도道를 이루어 남에게 미치는 사람'이라고 정의했다. 그리고 이어서 말하기를 그 도가 대단히 커서 덕을 이룬 사람이 아니라면 할 수 없다고 하였다. 이러한 덕성을 지니지 않고서 스승이라는 명예와 그에 따른 이익만을 즐기는 사람이라면 진정한 스승이라 할 수 없다는 말이다.

"스승은 도를 전하고 학업을 전수하고 의혹을 풀어주는 사람이다. 사람은 태어나면서부터 아는 존재가 아닐진대 누군들 의혹이 없을 수 있으리오? 의혹이 있으면서도 스승을 따르지 않는다면, 그 의혹된 것은 끝내 풀리지 않을 것이다. 나보다 먼저 태어나서 그 도道를 들은 것이 진실로 나보다 앞선다면 나는 따라서 그를 스승으로 삼고 나보다 뒤에 태어났더라도 그 도를 들은 것이 또한 나보다 앞선다면 나는 따라서 그를 스승으로 삼을 것이다. 무릇 어찌 그 나이가 나보다 앞서거나 뒤짐을 따지겠는가? 그런 까닭에 귀하거나 천하거나, 나이가 많거나 적거나 관계없이 도가 있는 곳에 스승이 있는 곳이다.(중략) 제자가 반드시 스승만 같지 못한 것은 아니며, 스승이 반드시 제자보다 현명하지는 않다."

당나라 때 시인이자 사상가였던 한유(768-824)의 사설師說로 고문진보古文眞寶에 수록돼 있는 글이다.

갈수록 덕망을 가진 스승이 사라지고, 스승을 모시지 않는 풍조가 만연하다. 참다운 가르침을 줄 지혜로운 스승이 있는 삶과 그렇지 않은 삶은 분명히 다를 것이다.

스승의 날(5월 15일)은 1964년 만들어졌으며 이듬해 기념일로 지정됐다. 이 날은 세종대왕 탄신일로 이 세상의 모든 스승이 세종대왕처럼 존경받는 시대가 됐으면 하는 바람에서 비롯됐다. 스승은 무당을 나타내는 무격巫覡에서 여자 무당을 말한다거나 중僧을 나타내는 사승師僧에서 유래됐다는 설이 있다.

스승이란 경험이 풍부한 지도자로서 인생이라는 험난한 여정에서 우리를 안전하고, 이로운 곳으로 안내해 줄 한 줄기 빛 같은 존재이며, 칠흑 같은 어둠 속에서도 언제나 같은 자리에서 옳은 방향으로 인도하는 샛별 같은 든든한 존재가 아닐까?

"스승이라는 말 속엔 허허벌판이 있다. 눈 내리는 허허벌판에 크고 굳센 어른 하나 서 있다. 스승은 말하지 않는다. 그 삶이 거울이 되어 내내 한 존재를 비춘다. 누군가를 스승으로 모신다는 것, 그리고 누군가의 스승이 된다는 것, 거기엔 허허벌판에서 허허벌판으로 이어지는 진수眞髓의 이동이 있다. 누군가가 나의 스승이 된다는 것은 가슴에 평생 지지 않는 해를 달아 거는 일이다. 그리고 나를 스승으로 삼는 누군가가 있다면 그 또한 나를 해 삼아 세상을 비춰보는 것이다. 눈 내리는 막막한 삶에 문득 홀로 서서 나를 지켜보는 스승, 그 스승의 안광眼光을 빌려 세상을 읽고 다시 묵묵히 걸어가는 일이야말로 일생의 간명한 요약이다. 누구에게나 스승은 있다.

비록 거룩한 차림에 학위學位는 갖추지 않았더라도, 지혜를 건네주는 선각先覺은 어디에나 있다. 삼인행三人行에 필시 내 스승이 하나 있으니, 그저 그 스승을 향해 간절한 마음만 열어두면 되는 일이다. 스승은 굳이 같은 시대 같은 하늘 아래 숨 쉬는 사람이어야 할 필요는 없다. 그저 살아간 자취만으로도 훌륭한 스승이며 한 구절 언어로도 평생 스승이 되기도 한다. 모든 스승이 뒷사람을 모두 구제할 수 있는 것은 아니겠으나, 뒷사람의 삶을 이루는 긴요한 결정들 앞에 스승의 말씀과 스승의 가르침은 문득 값지게 돋아나는 법이다. 내 살이의 스승을 살피는 일, 그것은 행복한 일이다. 때로 아무런 대가도 원하지 않고, 오직 내 존재가 기특하여 말없이 지혜를 펴 주는 사람이 있지 않았던가. 내 모든 고난과 역경들도 비문非文의 스승이었다. 숨어 있는 스승들은 옛 책들에 가득하다. 오직 내가 무릎을 꿇고 거기 앉기만 하면 그들은 기꺼이 사제師弟의 연을 맺는다. 나를 보는 일은, 내 스승의 흔적과 영향을 보는 일이다."(이상국)

그러므로 스승은 높은 곳에만 있지 않다. 올곧게 살라고 마음 환하게 살아야 한다고 이끌어 주는 스승은 더 가까운 곳에, 겨울이기에 꽃피운 나무나 밑줄 그어둔 책의 한 문장도 나를 키우는 스승이다. 어쩌면 타산지석他山之石이라고, 미운 사람과 고통스러운 세상조차 좋은 스승이리라.

선현들의 글이나 책을 통해 배우는 것을 사숙私淑이라 했다. 남몰래 선한 것을 본받는다고도 한다. 이와 달리 스승에게서 직접 배우는 것을 친자親炙 즉 고기 굽는 것을 보며 배운다고 한다. 누가 고기를 잘 굽는 사람일까? 그런 스승을 공들이지 않고 저절로 만나는 것은 지복至福이다. 그러나 대부분의 경우는 그렇지 못하다. 택사삼년擇師三年, 스승을 고르는 데 삼년이라는 말은 그래서 나온 듯하다.

"요즘은 세상에 참스승이 없다고들 한다. 아니 찾기 어렵다고 한다. 과연 그런가? 지혜로움, 솔선수범, 전문적이거나 해박한 식견, 자애하는 마음 등을 두루 갖춘 이를 스승이라 부를 만하다. 하지만

이는 엄격히 따지면 스승으로서 갖추어야 할 필요조건일 뿐이다. 스승이 되기에는 충분치 않다는 얘기다. 그러면 무엇이 필요한가? 바로 제자다. 당연한 소리지만, 제자가 없으면 스승은 존재할 수 없다. 모든 존재는 관계 속에서 만들어지고 살아가기에 더욱 그렇다. 그러므로 스승이 되기 위한 충분조건은 제자의 존재다. 그러니 제자를 만들어내는 것은 스승이지만, 스승을 만드는 것은 제자라고 하면 과한 말일까. 아내가 있어야 남편이 있고, 부모가 있어야 자식이라는 이름을 쓸 수 있듯이 제자가 있을 때 스승이 될 수 있다. 아무리 훌륭한 자질을 갖추었다 하더라도 제자가 없으면 훌륭한 사람은 될지언정, 스승은 되지 못한다. 이 세상에서 저 홀로 스승이 될 수 있는 사람은 없다. 스승을 알아볼 수 있는 눈을 가지는 게 제자될 사람의 첫 역할이다. 아무리 훌륭한 스승이 있어도 내 눈이 어두우면 스승을 만날 수 없고, 스승을 만들 수도 없다. 그래서 스승은 제자를 만나는 게 천운이고, 제자는 스승을 만나는 게 만복이라 할 수 있다."(최광수)

불가에서 사제지간師弟之間이 되려면 만겁萬劫의 인연이 필요하다고 한 말을 곰곰이 반추해 볼지어다.

군사부일체君師父一體라는 말처럼 예전엔 선생님은 임금, 아버지와 지위가 같았다. 율곡 이이는 '학교모범學校模範'에서 스승을 쳐다볼 때 목 위를 봐서는 안 되고, 스승 앞에선 개를 꾸짖어도 안 되며, 웃는 일이 있더라도 치아를 드러내서는 안 된다고 가르쳤다.

현대인들이 들으면 무슨 귀신 씨나락 까먹는 소리인가 할 정도이겠지만, 봉건시대 스승의 권위는 이처럼 절대적이었다. 이제는 교권 몰락을 운운하는 장탄식이 나오기도 하지만, 그러나 어쩌면 스승과 제자의 상하관계가 요즘은 눈높이 인권의 수평관계로 진화했다고도 말할 수도 있지 않을까.

이 지상에는 신과 항상 친교를 맺고 있으면서도 자신과 접촉하러

오는 사람들을 신의 상태로 끌어올리는 사람들이 존재해 왔다. 그와 같은 사람들은 자신의 주위에 있는 사람들에게 고귀한 영적 에너지를 발산하고 있다. 그와 같은 사람을 요가에서는 구루guru라 칭한다. 구gu는 어둠을, 루ru는 밝음의 뜻으로 즉 구루라는 말은 '어둠을 추방하는 자'라는 의미이다. 구루는 은총을 내리는 신의 힘이다. 이 은총으로 제자의 영적의식을 일깨워준다. 구루의 영적 에너지는 자연적인 통찰, 자연적인 영적 성장과 의식의 확장을 가져다주었다.

 구루라는 말은 참으로 깊은 뜻을 담고 있다. 그는 일반적인 지도자와는 차이가 있다. 그는 단순히 생계를 꾸리는 방법을 가르쳐 주는 것이 아니라, 어떻게 살아야 하는가를 가르쳐주는 영혼의 스승이다. 그는 영혼의 지식을 전수하고, 그 영혼의 지식을 전수받는 자를 쉬스야sisya, 제자라 한다.

 쉬스야는 구루가 손가락으로 달을 가리킬 때, 달은 안 보고 손가락만 보는 우를 범하지 말아야 될지어다. 자기 깜냥대로 자기 눈높이대로만 스승을 바라보고 판단하고 이해하고 받아들이고 하는 것이 얼마나 어리석은 것인가를 깨닫는 자만이 자질 있는 쉬스야라 할 것이다.

 단순히 현장에서 실전적인 지식의 습득만을 수단으로 하는 자, 그들은 곧 요가의 지식과 기능을 사고파는 장사꾼일 뿐이다. 영혼의 지식을 전수하고 전수받는 관계일 때가 진정한 구루와 쉬스야의 관계라는 말이다.

 옛 구루 중에서는 제자를 택할 때 인성人性이 함량 미달이면 천금을 지고 와도 허하지 않았다는 전설 같은 얘기도 전해온다. 눈 밝은 스승이 그립고 제자다운 제자를 그리워한다는 그 자체만으로도 이 세상은 아직 희망이 있다는 것 아닐까?

도산 안창호 선생은 "이 나라에 인재가 없음을 한탄 말고, 네 스스로가 인재가 되기를 힘쓰라"고 하였는바, 그럼 먼저 스승다운 스승이 되도록 '참되고 실속 있도록 힘써 실행함'의 의미인 무실역행務實力行을 실천할지어다. 수행과 교육과 경영이 함께 하는 길, 참으로 어렵고도 험난한 길이 요가의 길인 것을 뒤늦게 깨닫는다.

세월이 가고 연륜이 쌓이니 조금은 철이 드나 보다만 그간의 숱한 시행착오는 무엇으로 되돌려 놓을 수 있단 말인가? 설익고 어설픈 요가지도자로 인해 상처받고 실망했을 사람들도 많았을 듯하여 얼굴이 화끈거려 옴을, 이 카르마를 이 업보를 어이할꼬.

올바른 교육을 위해서는 세 가지 눈물이 있어야 된다고 했다. 하나는 잘못을 뉘우치는 학생의 눈물, 상처를 어루만지며 부족함을 탓하는 부모의 눈물, 그리고 또 하나는 덕으로 가르치지 못했음을 탓하는 스승의 눈물이다. 이를 일러 교편삼루敎鞭三淚라 한다. 이제야 그 눈물의 의미를 조금은 알 듯도 하다.

스승과 제자, 멘토와 멘티, 영혼의 동반자, 소울 메이트, 선물과도 같은 운명과도 같은 사람, 이 극적인 만남을 가질 수 있다는 것만으로도 아난다ananda 즉 지복至福이다.

혼돈 속에서 혼자 하는 수행이나 공부나 학습보다 눈 밝은 스승 모시고 도반과 함께하는 수행이, 공부가, 학습이 더욱 나를 무르익게 한다고 했다. 김삿갓의 '도움을 받으면 빨리 알게 되고, 스스로 알려고 하면 늦어진다(補知는 早知고 自知는 晩知라)'는 시를 되새겨 본다.

퇴계 이황은 "스승은 산 속 샘터와 같아서 제자들은 각기 필요한 만큼 마시고 간다"고 하였다.

중국 당나라 때 문인 한유는 "스승이란 도를 전하고 학업을 가르치며 의혹을 풀어주는 사람이다. 태어나면서부터 아는 자가 아니면 누군들 의혹이 없겠는가? 의혹이 있으면서 스승에게 배우지 않는다면 끝내 풀리지 않을 것이다"고 했다.

공자는 곤학론困學論에서 "태어나면서부터 스스로 아는 사람이 으뜸이다. 배워서 알게 된 사람이 그다음이다. 깨닫지 못한 것을 괴로워하며 힘써 배우는 사람은 또한 그다음이다. 깨닫지 못했는데 힘써 배우지 않는 사람은 가장 하류이다. 알려주는 사람은 누군들 다 나의 스승이다"라는 말을 남긴다.

요즘에는 내가 좋아하는 채널이 3개 있으면 그중에 반드시 나의 선생이 있다는 말로 바뀌게 된 듯한 시대가 되었지만, 공자가 언급한 세 사람이 동행하면 반드시 나의 스승이 있다는 삼인행 필유아사三人行必有我師라는 말은 여전히 새겨들을 말이다.

제주도 유배 중인 스승을 위해 몸소 제주도까지 찾아온 제자 이상적에게 추사는 한 폭의 그림으로 보답하였다. 이들은 사제 간을 넘어 서로의 마음을 털어 놓는 인간적인 만남을 이루었던 것이다. 요컨대 이들의 만남은 사제지간을 떠나 결코 세파에 흔들리지 않는 참된 인간의 표상이다. 이런 참다운 사제 간의 모습은 인간의 삶을 따뜻하게 만든다.

그리하여 추사는 제자 이상적의 변함없는 의리를 소나무와 잣나무의 지조에 비유하여 세한도歲寒圖라는 길이 남을 작품을 그렸다. 스승과 제자의 아릿한 정이 우리나라 국보 중에 국보인 세한도로 탄생하게 된 것이다. 그 발문에 "날이 차가운 이후라야 소나무와 잣나무가 시들지 않음을 알게 된다"라고 써서 제자 이상적의 의리와 절개를 칭송했다.

오래전에 방영된 TV사극 '허준'에서 스승 유의태가 허준에게 죽기 직전 자신의 몸을 실험 수술 대상으로 내주는 장면이 있었다. 그런

유의태의 모습은 비록 픽션이라 하더라도 강한 감동을 주었다. 허준은 그런 유의태라는 스승이 있었기에 조선 최고의 명의가 될 수 있었다.

황진이 그녀는 서경덕에게서 우주의 철리哲理, 인성의 본질, 인간의 참된 삶과 사랑을 배웠다. 그래서 황진이는 그곳에서 서경덕과 영원한 스승과 제자 사이로 인연을 맺게 되었고 그때부터 기생이 아니라 천리天理를 터득한 도인이 되었던 것이다. 그의 시조 "청산리 벽계수야 수이감을 자랑마라 일도 창해하면 다시 오기 어려우니 명월이 만공산하니 쉬어간들 어떠리"를 자연스레 읊조려 보게 된다.

'소설 속을 걷는 여행'의 작가 이순원 소설가는 초등학교 시절 백일장에 나갈 때마다 상賞과는 인연이 없었다. 풀 죽은 제자에게 담임교사는 이런 얘기를 들려준다. "같은 나무에도 먼저 피는 꽃이 있고 나중 피는 꽃이 있더라. 일찍 피고 지는 꽃이 눈길은 더 끌지만, 선생님 보기엔 큰 열매를 맺는 꽃들은 늘 더 많이 준비를 하고 뒤에 피는 거란다"라는 말로 제자를 격려한 기억을 떠올린다.

주로 성화聖畫와 신화를 그렸던 루벤스 이후 가장 뛰어난 17세기 네덜란드 바로크 화가 안토니오 반 다이크의 명성이 그 스승 페테르 파울 루벤스 없이 가능했을까? 루벤스를 스승으로 모신 다이크였기에 영국 국정 수석화가가 될 수 있었다. 그들의 일화는 잘 알려져 있다. 스승의 그림을 실수로 망친 제자들, 만회하려고 덧칠한 안토니오 반 다이크, 이것을 본 루벤스는 뭐라고 했을까. "내 그림을 자네가 더 좋게 고쳐 놓았군." 언어의 힘을 알고 말의 영향력을 믿었던 것이다. 우리는 이런 스승을 원하는 것이다.

칸트는 이렇게 말한다. "제자에게 처음에는 판단을 가르치고, 그 다음에는 지혜를 가르치고, 마지막으로 학문을 가르치는 스승이 되라"고.

영화『언제나 마음은 태양』은 여전히 볼 때마다 감동을 준다. 한 여학생이 흑인 선생님에게 존경과 사랑의 마음을 담아 노래를 부른다. 이 영화에 직접 출연해 'To Sir with love'를 부른 여학생이 바로 루루Lu Lu이다. 아프리카계 미국인으로는 처음으로 아카데미 남우주연상 트로피를 움켜진 명배우 시드니 포이티어가 가난하고 거친 이스트엔드 지역의 교사로 부임하면서 벌어지는 학교생활 이야기다. 주인공은 임시로 교직생활을 시작했지만 주어진 교육환경에서 진심으로 아이들과 소통한다. 이런 과정이 점차 사제 간의 감동적 교감으로 바뀌어 가는 장면들이 인상적인 영화이다.

영화『뮤직 오브 하트』는 뉴욕 할렘가 초등학교에 기간제 교사로 취직한 로버타 과스파리의 실화를 담은 작품이다. 그는 클래식을 한 번도 접해보지 않은 빈민가 아이들에게 13년 동안 바이올린을 가르치면서 자신감과 자존감을 불어넣는다. 다리로만 일어설 수 있는 게 아니라 마음이 강하면 살 수 있다고. 진정한 스승은 마음의 상처를 치유하는 기적을 만드는 의사들이다. 헬렌 켈러를 절망에서 끌어올린 앤 셀리번처럼.

영화『굿 윌 헌팅』속 숀 맥과이어 교수가 인생의 조력자로서 진심 어린 공감과 위로를 건네며 주인공인 제자 윌 헌팅의 곁을 지키는 장면 역시 인상적이다.

훈훈한 사제지간의 또 다른 예를 들면, 이달과 허균의 두터운 이해, 연암 박지원과 그 제자들, 외로운 유배자 처지의 정약용과 황상, 부처의 법을 전한 사리불 등 10제자, 공자의 도를 받든 안연 등 10철哲, 예수의 진리를 전파한 베드로 등 12사도, 인도 고전 바가바드 기타에 등장하는 주인공 아리쥬나와 크리슈나, 앞서 얘기한 추사 김정희와 이상적, 화담 서경덕과 황진이의 애절하고 두터운 스승과 제자 관계 등은 생각만 해도 흐뭇한 관계이다.

살아가면서 세월 지나도 기억이 나는 스승과 기억에서 지워지는 스승은 어떤 차이가 날까?

맹자는 "빛나는 스승이 아니라 따뜻한 스승이 되라"고 한다. 요즘엔 참된 제자도 드물지만 참된 스승 역시 쉽게 찾아보기 어렵다. 우리가 마음 깊이 스승을 존경하는 제자와, 제자를 진심으로 아끼는 스승의 만남에 깊은 감동을 느끼는 것은 이러한 사제관계가 시대를 뛰어넘는 울림을 주기 때문이 아니겠는가.

근래 요가 수련 현장에서는 '스승' 대신, 생활 속에서 요가의 길을 실천하고 지도한다는 의미가 깃들어 있는 '요가지도자'나 '요가강사', '요가선생님', 트레이너란 호칭이 흔히 사용되고 있다. 또 제자란 말 대신에 회원, 수련생, 수강생, 학원생, 멤버 등으로 칭하기도 한다.

아무래도 대중성과 보편성 상업성을 띠다 보니 그리 되었을 것이다. 그러나 여전히 학문의 세계이든, 도道의 세계이든, 수행의 세계이든 멘토와 멘티, 영혼의 동반자, 소울 메이트라 대변되는 이런 관계는 앞서 열거한 예를 보듯이 인생에서 평생 잊지 못할 운명과도 같은 극적인 만남이 될 것이다. 그런 만남 자체만으로도 그는 진정 축복 받은 자이며, 진정 행복한 사람이라는 생각이 든다.

요가를 지도하는 것은 요가 수행의 또 다른 연장이다. 많은 요가지도자들이 지도하는 데 너무 많은 에너지를 소진하는 경우를 왕왕 본다. 그러다 보면 자기 자신의 수행에 소홀해질 수도 있다. 자기 자신만의 수행이야말로 균형 잡히고 건강한 삶의 체계를 이루는 길인데 말이다.

체력이든 요가이론이든 많은 수업지도를 했다면output, 반드시 자신만의 수행, 공부, 학습input이 필요하다는 말이다. 그래야 심신의 조화와 균형을 이루어 지치지 않고 싫증나지 않고 오래도록 요가를 즐기고 사랑할 수 있고 지도할 수 있다는 뜻이다. 요가 지도 역시

상선약수上善若水 즉 물 흐르듯 할 수 있어야 된다는 뜻이기도 하다.

'가르치는 것이 곧 배우는 것To teach is to learn'이라 했듯이 지도하는 그곳에서 역시 배움의 기회가 공존함을 깨닫게 될 것이다. 가르침과 배움은 다 같이 자신을 성장시킨다는 의미의 '교학상장教學相長'이라는 말이 특히 어울리는 곳이 바로 요가 지도의 현장이라는 생각이 든다.

"수행자는 천년을 살듯이 오늘을 살고, 내일 죽을 듯이 오늘을 산다"했다. 배우는 것은 다시 태어나는 것이며 성장을 약속한다. 그래서 선현들은 배움에는 끝이 없다고 하였다. 그걸 일러 평생학습Life long education이라고 하지 않던가. '안코라 임파로Ancora imparo', '나는 아직도 배우고 있다'라는 말이 여기에 딱 와닿는다.

인생이란 살아가면서 스승이 되었다가 제자가 되었다가, 제자가 되었다가 스승이 되기를 반복하는 과정이라 할 수 있다. 삶의 여정에서 우리는 부단히 영혼을 뒤흔드는 스승을 찾고 또 기다린다. 생애 내내 그 갈증을 느끼면서 살아간다.

깨달음에 이르는 고독한 행로에 내가 미숙하고 모르는 다른 분야에 문득 길잡이처럼 나선 사람, 등을 돌린 채 묵묵히 앞에서 걷는 사람을 자연스레 뒤따르게 된다. 그러다가 제자는 다시 스승이 된다.

어쩌면 역사란 이렇듯이 사제지간師弟之間의 행렬이라는 말로도 표현할 수 있지 않을까? 유구한 세월 속에 앞서거니 뒤서거니 하며 사제지간 서로 마주 잡은 두 손의 온기를 따라 그 숱한 지혜와 지식, 문화와 문명, 지성과 덕성이 강물처럼 흘러가고 이어지는 것이었을 테니 말이다.

비제도권 속 평생 강단(대학 강사 30여 년, 요가 지도 25년)에 선

사람으로서, 영원한 공염불일 수도 있겠으나 '눈 밝은 스승' 소리 한 번 들어 보는 것, 그리고 진실로 '신애信愛로운 제자' 몇몇 손꼽을 수 있기를 간구하고 소망해 본다면 지나친 욕심일까?

앞으로도 요가지도자 대열에 서서 여건이 허락하는 한, 그동안 쌓아 놓은 조그만 내공이지만 힘닿는 데까지 나의 손길을 필요로 하는 곳에서 나의 발길을 필요로 하는 사람들 속에서 나의 능력과 열정을 성심껏 그리고 진솔하게 뿜어내 보리라는 의지를 다져본다.

《 기능인 혹은 선생님·스승님 》

누군가를 지도할 때
누군가를 가르칠 때
우리는 기능인이 될 수도
선생님 될 수도
스승님이 될 수도 있다
앞에서 뭔가를 지도한다고
앞에서 뭔가를 가르친다고
모두가 선생님이 스승님이
되는건 아니다

깔랑한 지식 몇 알
깔랑한 기능 몇 줄
깔랑한 재능 몇 잎 앞세우며
안하무인 무례한 처사
안과 뒤 겉과 속 말과 행동이
불일치 되는 얄팍한 속내
진정성 없는 눈빛
자신감이

경망함과 시건방짐으로 비쳐질 때
기능인은 기능인일 뿐
선생님·스승님이라는 단어는
어울리지 않는다.

지도하고 가르치면서
진정으로 회원이나 문하생 수강생
그 제자의 발전을 묵묵히 후원해 주고
사랑의 눈빛으로 지켜봐 주며
간절히 이끌어 주는
그런 선생님을 스승님을 만난다는 것
축복 중에 축복
하늘의 복을 타고난 것이리라

우리 역시
기능인이 아닌
선생님이 되고 싶은
스승님이 되고 싶은
존재의 이유이다

우리는 기능인이기 전에
먼저 한 인간이 되어야 하리
우리가 만약 남 앞에 서서
뭔가를 지도하려고 한다면
뭔가를 가르치려고 한다면
선생님이 되고자 한다면
스승님이 되고자 한다면

_ 최진태

46. 요가의 왕·도립선倒立禪, 물구나무서기 자세

❖❖❖

물구나무서기 자세 '시루시 아사나'는 신체 생기를 회복하고 의식 집중과 심신 균형을 위한 최고의 방법이다. 무릎을 꿇고 앉아 손깍지를 끼고 손과 양 팔꿈치를 삼각형이 되게 해서 바닥에 댄다. 정수리를 바닥에 대고 깍지 낀 손바닥으로 머리를 감싸듯이 받친다. 엉덩이를 들고 발로 차며 거꾸로 선다. 머리에 체중이 과하게 실리지 않도록 한다.

_ 시연 최진태

사람의 몸은 앞뒤 좌우 위아래로 모두 사용할 때 균형 있고 바람직하며 건강한 상태를 유지할 수 있다. 그러나 현대인은 직업의 세분화와 각종 일을 하면서 특정 부위나 특정 방향으로 신체를 사용하는 일이 잦아졌다.

이른바 쏠림 현상이 심화되고 있는 것이다. 쏠림의 반작용을 요가에서는 상응相應이라 한다. 상응은 서로 다른 성질의 것들이 조화롭게 만나거나 어울린 상태를 뜻한다. 즉 신체의 상응 작용을 통하여 우리 몸의 균형과 조화를 도모하는 것이다.

인간의 직립 생활에 따른 쏠림 현상을 해소하고 각 장기의 원래 기능을 회복시키는 방법 중의 하나로 요가에서는 '물구나무서기 자세(시루시 아사나·shirsh asana)'가 있다.

우스갯소리로 지구를 양손으로 들 수 있는 유일한 방법이 바로 이 '물구나무서기 자세'라 말한다. 이는 자연의 생리를 거스른다 할 수 있으나 원래 인간이 네발로 다녔던 원초의 세계로 돌아가는 자연회귀법이라 할 수 있다.

인도고전인 바가바드 기타와 카타 우파니사드에 나오는 '거꾸로 선 나무' 현상은 인도인들에게 이상한 것이 아니다. 조셉 캠벌은 '신화의 상징The Mythic Image'에서 "바로 선 나무와 뒤집힌 나무에 대한 개념은 플라톤에서 단테에 이르기까지의 시간과, 시베리아에서 인도 멜라네시아에 이르기까지의 공간 속에서 광범위하게 존재한다"고 언급하고 있다.

인류 진화론에서 네발 보행이던 인간이 두 발 보행으로 되면서 문명의 발달과 커다란 창달을 가져온 반면에, 척추동물에게 없는 많은 질병을 가져오게 되었다. 직립 생활은 지구의 중력(重力·gravity)에 영향을 받아 척추동물인 인간 신체의 척추는 물론 소화기계 및 혈액순환계 등에 많은 장해를 일으키게 된 것이다.

"거꾸로 선 나무처럼 인간 역시 거꾸로 선 나무라는 인식은, 인간이 태어나기 이전의 상태로 되돌아가게 만든다. 어머니의 양수 속에서 열 달 동안 우주적 에너지와 형체를, 거꾸로 선 나무처럼 담아내고 있는 것과 같다. 거꾸로 된 형체의 태아는 머리를 아래로 둔다. 두개골의 신경체계와 감각기관을 통제하고 있는 머리를 감싸고 있으며, 머리는 마치 뿌리처럼 몸을 통해 발끝까지 다양한 조직들을 통해서 연결되며 모든 특성들은 두뇌에서 나오고 인간의 신체도 건강한 두뇌 없이 발달할 수 없다. 그렇기 때문에 이 태아의 자세는 인간으로 하여금 신성한 불꽃을 받아들일 수 있도록 조심스럽게 준비되는 귀중한 시간인 것이다. 이러한 태아가 자궁을 통해 세상에 나오는 일련의 과정은 시루시 아사나가 전개되는 과정이 보여주고 있는 것과 같다."(최진식)

18세기를 대표하는 네덜란드의 명의 헤르만 부르하비와 관련하여 전설처럼 내려오는 일화가 있다. 그는 죽으면서 최고의 건강 비결을 적어 놓은 책을 밀봉하여 남겼다. 많은 사람이 그 내용을 궁금해했다. 그 한 페이지에는 단 두 문장이 적혀 있었는데 "머리는 차갑게 하고, 발은 따뜻하게 하라, 위장은 가득 채우지 마라"였다. 재미있는 사실은 약 2500년 전 중국의 전설적인 의사였던 편작도 똑같은 말을 남겼다는 것이다. 위의 짧은 문장은 동서고금 어디에나 통하는 보편적인 건강의 지혜임이 분명하다.

물구나무서기 자세에는 크게 두 가지의 중요한 한의학상 원리가 내포되어 있다. 첫 번째가 수승화강水昇火降이다. 이는 우리 몸에는 두 종류의 에너지가 있는데 따뜻한 물의 에너지인 화기火氣와 차가운 물의 에너지인 수기水氣를 말한다. 그것은 옛날부터 동양의학에서는 건강의 가장 기본이 되는 원리로 이를 중요하게 여겨왔다.

즉 차가운 성질인 신장의 수기가 위로 올라가 머리를 식혀주고, 반대로 뜨거운 성질인 심장의 화기는 아래로 내려가 복부와 손발을 따뜻하게 해주는 것을 의미한다.

거꾸로 서면 불에 해당하는 심장은 아래에 있게 되고, 물에 해당하는 신장은 위에 있게 된다. 그럼으로써 불은 위로 타올라 자연스럽게 물을 데우고, 따뜻해진 물은 자연스럽게 아래로 흘러내린다. 이렇게 될 때 인간의 모든 생명 활동이 완전해진다는 게 동양의학의 원리이다.

이때 비로소 생명의 온전한 순환시스템이 완성될 수 있고, 기氣의 순환이 완전해져서 건강하고 조화로우며 자연스러운 생명력이 완성될 수 있다는 것이다.

인간이 직립함으로써 위로만 타오르는 성질인 불은 위에 있어서 더욱 상승하고, 아래로만 흘러내리는 성질인 물은 아래로 더욱 하강하게 된다. 이러한 생리적 부조화 때문에 인간은 많은 질병에 시달리고 천수를 다하지 못하게 되었다.

한의학에서는 두한족열頭寒足熱이라 하여 머리는 차게, 발은 따뜻하게 하는 것이 만병의 근원을 막는 것이라 했다. 다시 말해 '머리는 차고 발은 따뜻하게', 혹은 '가슴은 서늘하고 아랫배는 따뜻하게' 해 주었을 때 우리의 몸이 가장 건강한 상태가 되며 마음도 편안해지고 몸에 대한 질병의 저항력이 극대화되어 자연치유 능력이 높아진다는 것이다.

식물도 마찬가지로 뿌리와 줄기를 통해 물의 찬 기운은 위로 올라가고 광합성을 통해 태양의 따뜻한 빛을 뿌리로 내리는 순환을 이어가는 것이다.

우리 몸이 수승화강 상태에 있을 때는 아랫배가 따뜻해지고, 심장박동 수와 호흡수가 줄어들고 눈이 촉촉해지고 입에 침이 고인다. 부교감 상태, 특히 미주신경이 활성화했을 때 나타나는 생리적 현상들이다. 결론적으로 우리가 노력해서 수승화강 상태를 만들면 자율신경의 균형을 회복할 수 있다. 스트레스로 긴장과 흥분 상태에 있는 우리 뇌와 몸을 쉬게 하고 이완할 수 있다.

 스포츠 활동을 하고 나면 머리가 맑아지고 땀이 나고 몸이 가벼워지는 것을 경험한다. 그것이 수승화강 상태이다. 건강을 지켜내는 가장 지혜로운 것은 자연치유력을 극대화시키는 것이다. 수승화강은 우리 몸이 가장 조화롭고 건강한 상태를 말한다. 수승화강 상태를 만드는 것이 자연치유력과 면역력을 높이는 최고의 건강법이라고들 말한다.

 두 번째로는 수승화강과 더불어 동양적 수행의 대원칙인 환정보뇌還精補腦이다. 즉 정精을 도로 돌려보낸다는 뜻이다. 인도나 중국 의학에서 정精은 생명의 근본 요소라 한다. 인간은 이것이 있어 살고 다 소모하면 죽는다. 정精은 오장육부를 비롯해 온몸에 다 있으며 주로 아랫배에 모여 있고 그 근원지는 뇌다. 그런데 뇌에 있는 이 정精은 끊임없이 아래로 흘러내려 소모된다. 죽지 않으려면 이것을 다시 뇌로 돌려보내야 한다. 요가에서는 거꾸로 섬으로써 아래로 흐르는 성질의 정精을 뇌로 돌려보내고 있다. 그래서 거꾸로서는 요가 체위를 '죽지 않는 행법'이라 하는 것이다.

 양쪽 눈썹 사이인 미간(아즈나 차크라)과 뒤통수에 해당하는 부위로 빈두, 그리고 머리 꼭대기인 사하스라라 차크라(백회·百會)가 만나 삼각형을 이루는 지점으로 기화氣化된 정액이 쌓인다. 이것이 도가道家에서 말하는 환정보뇌의 양생법이기도 하다. 환정보뇌를 하면 몸의 활력이 충만하고 마음이 평화스러운 상태가 유지된다.

 시루시 아사나는 인도인들이 고대 문헌들 속에 우주의 모습을 신화화한 '거꾸로 선 나무', '아슈밧타asvattha'란 이름으로 상징화된 고대인들의 통찰과 지혜가 묻어있는 행법이다. "아슈밧타는 글자 그대로의 뜻은 '내일까지도 못 간다'이다. 감각세계는 덧없는 것이라는 뜻이며 인도의 우주목宇宙木 신화에 등장하는 '거꾸로 선 나무'로 창조의 신 브라흐마의 발현을 나타내는 우주수宇宙樹이다."(정창

영 역. 바가바드 기타)

　카타 우파니샤드에서는 우주를 '하늘에 뿌리를 박고 온 땅 위에 가시를 드리운 거꾸로 선 나무'라고 말한다. 리그베다에서도 "가지는 아래로 향하여 뻗어 있고, 뿌리는 위쪽에 위치해 있으니 저 높은 곳에서 빛이 우리에게 내려오도다"라고 읊고 있다.

　바가바드 기타 속 아리쥬나의 멘토로 나오는 크리슈나는 "아슈밧타는 불멸이며, 뿌리는 위에, 가지는 아래에 있다. 잎들은 베다의 찬가이다. 이 나무를 아는 자는 베다를 아는 자이다"라고 언급하고 있다.

　지상의 나무는 땅에 뿌리를 두고 하늘을 향해 가지가 자라나는 반면, 아슈밧타는 위에서 아래로 자라나며 뿌리는 땅이 아닌 하늘에 있다. 또 열매는 아래쪽에서 익어가므로 지상의 나무와 정반대인 이 나무는 다름 아닌 '생명의 나무'로 우주와 우주의 질서를 표현하고 있는 것이다.

　하타요가 경전에서는 '시루시 아사나'라고 하지 않고 좀 더 상위 개념인 '비파리타 카라니 무드라'라고 한다. 하타요가 경전인 쉬바상하타에서는 "이 무드라를 매일 3시간씩 수행하는 요가행자는 죽음을 극복하고 우주의 종말이 와도 멸망하지 않는다"라고 말한다.

　위의 표현은 상당히 과장되게 표현되어 있으나 그만큼 이 '비파리타 카라니 무드라' 즉 '시루시 아사나'가 중요한 것임을 상징적으로 말해주고 있는 구절이다.

　물구나무를 서면 세상이 뒤집힌 것처럼 보인다. 기업가들은 여기서 역발상逆發想 또는 반전의 묘수를 찾기도 한다. 글로벌 IT 제왕으로 떠오르는 중국 알리바바의 마윈 회장의 경영철학이 '물구나무서기'란다. 실제로 남녀 직원들에게 이 '물구나무서기 자세'를 권유했을 정도이다. 시루시 아사나는 자신의 육신과 함께 삶을 뒤집어 생각해봄으로써 내면으로부터 새로운 각도에서 깨달음의 열매가 열리게 한다. 상대의 입장에서 생각하는 역지사지易地思之의 마음가짐과 현상 세계를 반대 방향에서도 들여다보는 지혜까지 바로 이 자세를 통해 얻어질 수 있다는 것이다.

물구나무서기에 대한 재미있는 일화도 전해온다. 중국의 마조선사 문하의 등은봉 선사는 오대산 금강굴에서 거꾸로 선 채, 물구나무 자세로 열반에 들었다 한다. 이렇게 열반 이후 다비장을 하려고 하니 선사의 육신이 그대로 꿈쩍도 안 했는데 이때 친누이인 비구니가 나타나 "오빠 장난 그만 하세요"라고 말하며 손으로 툭 치니 그제야 넘어졌다는 재미있는 일화도 전해 내려오고 있다.

시루시 아사나가 아사나 중에서 가장 중요하게 취급되었던 이유는 직립 보행으로 살아가며 받는 중력gravity을 해소하는 방법은 항중력anti-gravity을 이용하는 것인데, 항중력은 요가 체위 중 시루시 아사나가 가장 뛰어나다는 게 학계의 정설이다.

'물구나무서기 자세'는 '시루시 아사나'라고 한다. 시루시는 머리를 말한다. 무릎을 꿇고 앉아서 손깍지를 끼고 손과 양 팔꿈치를 삼각형이 되게 해서 바닥에 댄다. 정수리를 바닥에 대고 깍지 낀 손바닥으로 머리를 감싸듯이 받친다.

엉덩이를 들고 발로 차며 거꾸로 선다. 또는 발로 차지 않고 양발을 쭉 뻗은 채 머리 쪽으로 끌어당기며 그대로 구부리지 않고 올리는 방법도 있다. 또는 머리를 바닥에 대고 양 손바닥은 머리 옆에 삼각구도로 바닥에 짚은 채 실행할 수 있다. 두 발을 공중에 띄운 후에는 좌우 옆으로 비틀기, 직각으로 구부리기, 파드마 아사나(연꽃 자세)로 하기 등 여러 가지로 응용을 할 수 있다.

거듭 말하거니와 수많은 아사나 중에서 왕좌의 자리를 수천 년간 지켜온 직립 생활의 반성 체위인 이 시루시 아사나는 신체의 생기를 회복하고 의식의 집중과 심신의 균형을 위한 최고의 방법이라 할 수 있다. 체중 분배는 두 팔꿈치에 80%, 머리에 20% 정도로 하여 머리에 체중이 과하게 실리지 않도록 한다.

이 자세는 척추의 비틀림을 방지한다. 아래로 쏠리는 일련의 증상인 치질, 탈장, 위하수, 자궁하수, 하복부 비만 등을 예방하고 완화해 준다. 평소에 위에 두고 다니던 머리를 아래로 내리고 자극을 주기 때문에 두통 불안 초조 불면 등의 혼란을 경감시켜주는 효과가 있다. 머리에 왕성한 산소를 공급해주므로 영성의 뇌라 일컫는 간뇌의 활성화 및 뇌하수체와 송과선 기능을 촉진시키며 심신 조절 능력과 스태미나를 향상시킨다.

특히 두뇌를 많이 사용하는 수험생들이나 학생들에게 머리를 맑게 하여 원기를 불어넣어 주는 최적의 자세이다. 발과 다리가 몸무게를 받지 않기 때문에 하지 정맥류 등 다리 부종에도 유효한 자세이다.

지나치게 몸무게가 많이 나가거나 목뼈 등 척추장애가 있을 때, 심한 고혈압, 심장병, 당뇨병, 백내장·녹내장 등 눈의 트러블이 있을 때, 임신 중, 생리 중, 심한 운동 전후, 음주 후는 실행을 자제하는 게 좋다.

원래 자세로 되돌아온 후에는 혈액 순환의 급격한 변화로 빈혈이 생기지 않도록 긴장이 풀어질 때까지 잠시 엎드려 휴식을 취하는 게 좋다.

'시루시 아사나'를 행했다면 '사르방가 아사나(어깨 서기 자세)'를 함께 해주면 상호 보완하는 효과가 있다. '시루시 아사나'가 아사나의 왕이라면 '사르방가 아사나'는 아사나의 어머니라 할 수 있기 때문이다.

"시루시 아사나를 취하게 되면 지성의 자리인 머리를 바닥에 구부리면서 절대복종을 경험하게 된다. 그것은 신성神性에 대해 경의를 표하는 것과 거의 같은 의미이다. 이때 존재의 기초인 발과 다리는 수직이 될 때까지 공중으로 들어 올려 지는데, 이는 땅의 안정성에 대한 포기이며, 자아의 확장이다. 그리고 서서히 선 자세에서 다양한 움직임을 만들어내는 감각들마저 내려놓으면, 그 너머 우주의식에 이르러 깊은 통찰력과 영감들이 깃든다."(윤영돈)

이 자세의 실행으로 균형과 용기를 배우게 되고, 바로 자신에게 압력을 주는 것은 자신의 신체이며, 삶에 있어서 무거운 짐은 바로 자신이 만든 카르마였다는 것을 서서히 깨닫게 된다.

익숙한 환경과의 결별은 평소와 다른 감정이 생겨날 수 있고, 심지어 두려움까지도 느껴질 수 있다. 안정감이 도전받는 느낌, 오로지 내가 신뢰하고 따랐던 것에 대한 흔들림, 나의 신념과 확신이 흔들리는 경험, 내가 소중하게 느끼고 그렇게 애착심을 가졌던 그것에 대한 혼란스러움 등 다양한 느낌을 경험하게 될 것이다.

일단 이 자세를 편안히 할 수 있게 되면, 자기 삶의 균형과 조화를 돌아보게 되고, 나아가 몸과 마음, 육신과 영혼의 합일을 경험하는 행운도 체험할 수 있을지어다.

엘리아데는 '성性과 속俗'의 저서에서 세계의 가장 깊은 구조를 보여주는 것은 신성성이라고 말하며, '시루시 아사나'의 상징적 이미지인 '아슈밧타 나무'가 생명과 창조, 신비를 상징하듯 '아슈밧타 나무'의 상징성은 '거꾸로 선 나무'처럼 인간도 건강한 몸과 마음을 재창조할 수 있다고 말하고 있다.

그러므로 육체를 통하여 마음을 조절하고 각성의 상태를 이룰 수 있게 하는 이 '시루시 아사나'는 '움직이는 명상법'이라고 할 수 있다. 이 아사나를 통하여 충분한 이완과 집중이 되면 명상 상태로 들어가는 것을 돕기 때문이다. 따라서 시루시 아사나를 혹자는 '도립선倒立禪'이라고 부르는 이유이기도 하다.

자, 이제 거꾸로 선 상태에서 느껴 보라. 그리고 체험해 보라. 저 미세한 내면의 소리인 정신적 통찰력은 끊임없이 쉬지 않고 왈왈거리며 돌아가던 회전목마가 정지하는 어느 순간, 마음의 작용이 사라진 고요한 순간에 찾아온다고 하는 선현들의 말씀을.

"요가는 마음 작용의 멈춤이다yogas' citta vrtti nirodhah."(요가수트라 1-2).

《 물구나무 서기(시루시 아사나) 》

인간이 지구를 들고 있다
인간이 발견한 가장 신에 도전적인 모습으로
아슈밧타 즉 우주나무라고도 하는
거꾸로 선 자세
물구나무서기
소우주라고 하는 인간이 하늘에 뿌리를 내려
신에게서 자양분을 얻고 있다
소마soma라는 불사의 감로를 마시고 있다

끊임없이 외부로 치닫는 감각을 내면으로 불러들여
차원 높은 의식으로 상승시키려는 결연한 의지의 표현
육체를 통하여 마음을 조절하고
각성의 상태를 이룰 수 있게 하는
움직이는 명상법 도립선倒立禪이다.

인간의 직립생활로 인한 육체적 문제점을

원상태로 회복시켜주는 만능의 자세
한의학의 핵심인
수승화강水昇火降 환정보뇌還精補腦로 요약되는 자세
생명에너지를 활성화시켜
영적에너지로 승화시키는 고도의 수련법
그래서 이 자세를 요가에서는
모든 아사나의 왕이라 한다지요

이 풍진 세상에 뿌리내려
어떻게 흔들림 없이
균형잡힌 삶으로 살아가야 될지?
물음 하나 붙잡고
지구를 떠받들며
영원한 생명의 나무 뜻 되새겨 본다
물구나무를 선다는 건
몸과 마음을 지배하는 왕이 된다는 것
오늘 나는 왕이로소이다!

_최진태

몸과 마음을 여는 인문학 오디세이

47. 바른 자세·맑은 마음을 위한, 어린이 요가

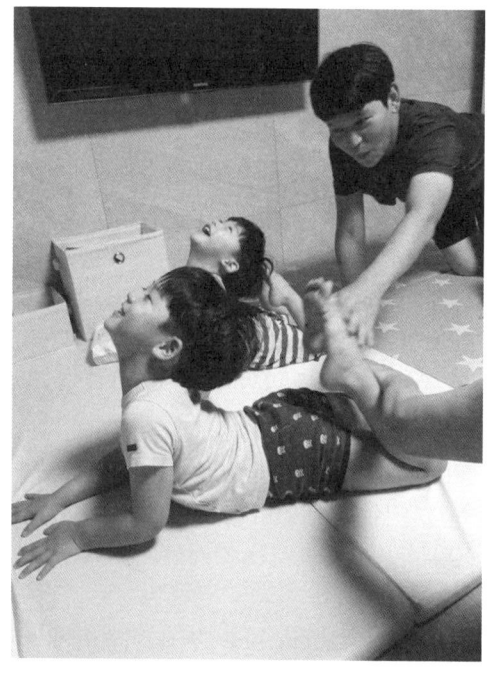

어린이 요가는 아이들의 몸과 마음을 가장 자연스러운 상태로 이끌어 주며, 바깥세상에서 만나게 되는 장애물을 뚫고 나갈 수 있는 자신감과 힘, 용기와 인내심을 키워 준다.

_ 시연 안하윤, 안시윤, 채형식

어린이 하면 영국의 낭만파 시인 워즈워드(1770-1850)의 "하늘에 걸린 무지개를 바라보면 내 마음은 뛰누나My heart leaps up when I behold a rainbow in the sky"로 시작하는 시 '무지개The Rainbow'에 나오는 '어린이는 어른의 아버지The Child is father of the Man' 시구가 먼저 떠오른다.

어린이는 자연·순수·아름다움·거룩한 것·영원한 것·절대적인 것의 상징으로 어른들보다 우월적 존재임을 말해주고 있다. 어린이의 무지갯빛 아름다운 마음이 자연의 경건함으로 이어지길 소망하는 시인의 마음을 엿보게 된다.

어린이라는 말은 1920년 천도교단에서 펴낸 '개벽' 통권 제3호에서 처음으로 등장한 신조어였다. 창안자는 소파 방정환(1899-1931)이다. 어린이날 역시 천도교인인 방정환이 주축이 된 일본 유학생 모임인 색동회에서 제정했다.

'사람이 곧 하늘이다'라는 인내천人乃天의 천도교 사상은 어린이 역시 한울님으로 보았던 것이다. 성경에 '어린아이와 같은 마음을 가져야 천국에 들 수 있다'고 한 말과 일맥상통한다 할 것이다.

한때 우리 성인들도 어린이였다. 어린이거나 어른이거나 우리는 모두 어린이였고, 지금도 어린이며 앞으로도 어린이일 것이다. 그렇다면 어린이와 어른을 구분하는 경계선은 어디쯤일까?

심지어 어느 소설가는 10cm 자를 놓고 어린이와 어른의 경계를 찾는다면 본인은 '9.99cm는 어린이고 0.01cm만 어른'이라고 생각한다고 말한다. 이는 어른의 마음속엔 어린이가, 어린이의 마음속엔 어른이 일부 함께 존재하고 있기 때문일 것이다.

갓난아이의 마음같이 순수하고 거짓이 없는 마음이 또 존재할까? 갓난아이의 초롱초롱 빛나는 눈동자와 눈 맞춤을 한 번이라도 해

본 사람은 이 물음에 고개를 선선히 끄덕일 것이다. 그래서 선인들은 어린이란 존재 자체를 예찬하고 있나 보다.

'어린아이들의 존재는 이 땅 위에서 한없이 고귀한 것'이라고 아미엘의 일기로 유명한 아미엘H·F Amiel은 말한다.

맹자가 주창한 '성선설性善說'은 사람의 본성은 선천적으로 착한데 나쁜 환경이나 물욕으로 악하게 된다는 말이다. 그래서 순수하고 선한 갓 태어난 아이를 붉은 아이(적자·赤子)라고 하고, 이런 마음을 지녀야 대인大人이라고 가르친다.

몸이 붉은색을 띠기 때문에 신생아를 그렇게 표현한 것이다. 어린애의 마음을 온전히 지키는 것이 중요하다는 의미이기도 하다.

고려 말 학인 목은 이색은 외부의 유혹을 이기려면 어린애의 마음이 필요하다고 '적자음赤子吟' 시詩에서 읊고 있다.

요즘에는 동요 부르는 소리를 언제 들어봤을까 할 정도이다. 사랑타령, 이별타령, 눈물타령, 심지어 막걸리 한 잔까지 외치는 가요를 따라 부르고 어른들의 몸짓을 흉내내고 있는 것을 보면서 우리는 잘한다 박수치며 웃고 있다. 이제 아이들의 예전의 그 맑고 순수한 동심童心은 어디서 찾을 수 있을까?

근간엔 어린이들이 우울증, 주의력 결핍 행동장애ADHD, 불안장애 등에 시달리고 있다는 보도를 자주 접하게 된다. 티 없이 맑고 밝은 시절을 보내야 할 이들의 영혼이 벌써부터 큰 상처를 입고 있다는 방증이 아닐까 싶다. 갈수록 자연스러움이 사라지고, 메말라 가고, 까칠해지고, 거칠어지고, 신경질적이 되어 가고, 비틀어지고, 경직되어 가는 어린이들을 주위에서 많이 접하게 된다.

요즘 아이들은 정신없이 돌아가는 세상의 흐름 속에서 건강한 성장에 지장을 받을 만한 환경과 조건에 맞부닥뜨리게 된다. 바쁜 부모와 화목하지 못한 가족관계가 스트레스를 줄 수도 있고, 폭력적이고 선정적인 내용의 대중매체를 쉽게 접하게 되면서 성장을 해치게 되기도 한다. TV나 휴대전화·컴퓨터 기기 등에 아이들의 눈과 뇌가 혹사당하고 있다. 교육도 무한경쟁으로 치닫고 있으니 아이들의 불안감이 점점 커지고 있는 것도 당연하다.

아이들이 어른들만큼 아니 그 이상으로 스트레스를 받는다는 사실은 이제 그리 놀랄 만한 일도 아니다. 그러다 보니 척추측만증, 목에 이상, 골반 비틀림 등 신체적 증상도 요즘 아이들에게서 흔하게 발견되고 있다.

쉽게 짜증 내고 질서에 반항하는 아이들도 적지 않다. 왜 그럴까?

현대의 삶은 어린이들에게 신선한 공기와 맑은 물을 제공하기가 점점 힘들어지고 있다. 패스트푸드를 비롯한 각종 선호 대상 음식들은 천천히 성격과 체형의 비틀림을 유도한다. 즉 먹고 사는 것이 오염의 덩어리들이기 때문이다. 사실 성장 잠재력이 큰 아이들에게 가장 중요한 신체적 토대는 올바른 자세이다. 즉 올바르게 서고, 올바르게 앉고, 올바르게 눕고, 올바르게 걷는 일은 개인의 평생 건강을 위해 무엇보다도 귀중하고 보배스러운 자산이 된다.

이렇듯 키 쑥쑥, 튼튼, 강건한 어린이가 되기 위해서는 무엇보다도 심신의 성장과 발달이 제대로 이루어져야 한다. 성장이란, 사람이 태어나서 어른이 되기까지 몸무게가 늘고, 키가 크는 것을 말한다. 발달이란, 신체적 능력과 사회적인 기능과 기술을 익히는 것을 말한다. 성장과 발달이 골고루 제대로 이루어졌을 때 우리는 하나의 인간으로서 완성되어 가는데 이것이 제때에 이루어지지 않으면 몸의 일부가 제대로 성장하지 못하고 적절하게 발달하지 못하게 되는 것이다.

형식과 형상이 내용을 만든다 했다. 그러므로 자세는 그 사람의 마음을 반영한다고 해도 과언이 아니다. 자세는 성격을 만드는 근본이고, 마음은 자세를 만드는 근본이다. 얼굴에서 풍기는 인상이 곧 그 사람의 마음을, 성정性情을 표현하는 것처럼 마음이 흐트러지면 자세도 흐트러진다. 자세가 바르지 못하면 마음 또한 해이해지고 흐트러지기 쉽다. 똑바로 앉아라, 등 구부리지 마라, 허리를 곧게 펴라와 같은 말을 자라면서 한두 차례 안 들어 본 사람은 드물 것이다. 자세가 미치는 영향이 그만큼 크다는 얘기이다. 그러므로 바른 자세를 유지하면 많은 질환에서 벗어날 수 있다.

그러면 이렇게 아이들의 힘들고 지친 몸과 마음을 치유할 수 있는 대안은 없을까? 그 해법 중 하나가 '요가'라고 감히 필자는 주장한다. 아니 어쩜 아주 훌륭한 대안이라고도 할 수 있을 것이다.

바로 '어린이 요가'는 어린이가 바른 자세를 갖게 하는 데 도움을 줄 것이다. 특히 성장을 돕는 여러 운동 중에서 온몸 구석구석까지 전신 운동을 하는 요가를 첫 번째로 꼽는 이유이기도 하다. 느림의 미학과 정지의 극치를 추구하는 요가는 남과 늘 경쟁하고 비교 당하는 상황에 길들여진 아이들에게 결과가 아닌 과정과 목적의 중요성을 깨닫게 해 줄 것이라는 믿음에서다.

또한 오늘날 어린이들이 성인이 될 무렵, 그들의 최고 경쟁자는 더 이상 명문대 졸업생과 유학생도 아닌, 생각할 수 있는 기계일 거라는 말이다. 그렇다면 우리가 지금 해야 할 일은 아이들에게 미래 기계와 경쟁에서 이길 수 있는 '감성지수' 등 인간 고유능력을 길러 줘야 한다. 그러한 능력을 배양시키는 대안으로 역시 요가가 일조할 수 있을 것이라 생각한다.

"요가는 어린이들의 사고를 다차원적으로 열어 주고 책임감 있는 세계의 시민으로 성장하도록 도와줄 수 있다. 각 나라의 동량이 되고 나아가 전 세계를 떠맡게 될 어린이들을 위해, 그들을 완전한 육체적 건강과 정신적 풍요로 이끄는 데에 있어 요가야말로 필수불가결한 21세기의 산물이라고 생각한다."(B.K.S 아이엥가)

"아기들은 발달 단계마다 요가의 대가들이 부러워할 만큼 자연스럽게 몸을 비틀거나 구부리며 다양한 요가 동작을 행한다. 네 발로 기는 방법을 배울 때, 아기들은 코브라 자세로 몸통을 활 모양으로 굽히며 머리를 위로 치켜든다. 그리고 아기들은 걷기 직전에 아래로 보는 개 자세로 몇 주 동안 이 방 저 방을 가로질러 다닌다. 심지어 새근새근 잠자는 동안에도 무의식적으로 다리를 구부리는 이른바 아기 자세를 취한다. 이런 자세들은 아기들의 몸을 골고루 발달시켜주고 아기들이 자라는 데 필요한 근육들을 강화시켜준다. 요가는 아기들이 두 발로 설 수 있는 존재가 되어가는 여정에서 자연스럽게 배어 나오는 타고난 운동이다."(수지 아네트)

"무색 무취 무미인 요가와 어린이는 선한 마음, 겸손한 마음, 사랑이 가득한 마음으로 조심스럽게 다뤄져야 한다. 메마른 현대 사회에서 이처럼 풍요롭고 맑고 청정한 것을 찾기는 쉽지 않다. 요가의 움직임은 자연의 흐름 그대로이다. 어린이들의 움직임 하나하나가 사랑스럽고 예쁜 것은 자연의 흐름에 거스르지 않기 때문일 것이다. 또한 요가의 호흡을 통한 명상을 하다 보면 내면의 세계를 있는 그대로 바라보게 된다. 깨끗하고 맑고 투명한 마음을 보는 훈련이 된다."(원정혜)

예로부터 갓난아기들에게 시키는 몸동작이 전해 내려온다. 고개를 좌우로 왔다 갔다 하는 동작인 '도리도리道理道理'는 천지의 무궁한 도리를 알고 살라는 뜻이고, 손을 쥐었다 폈다 하는 '잼잼(지암·持闇)'은 쥘 줄을 알았으면 놓을 줄도 알라는 뜻으로 과욕을 경계한다. 한 손바닥은 펴고 다른 한 손바닥으로 노궁을 부딪치는 동작인 '곤지곤지困地困地'는 땅의 도리를 알라는 뜻이며, '에비에비(업비업비·業非業非)'는 부당한 것은 하지 말라는 금지의 뜻을 전할 때 하는 몸짓과 언어이다.

'아함아함(아함아함·亞合亞合)'은 입에 손바닥을 대고 두드리며 아아아 하는 동작으로 살아가면서 입조심 하라는 뜻이요, '짝짝궁 짝짝궁(작작궁작작궁·作作弓作作宮)'은 양 손바닥을 부딪치면서 하는 동작으로서 남녀 간의 결합을 뜻하며 하늘의 이치, 음양의 이치를 알리고 있다. 이러한 이치들을 깨달아 영과 육이 잘 자라도록 기원하는 의미의 동작들은 우리 조상 고유의 교육기법으로 아기의 성장을 돕고 올바른 정신과 얼이 자연스럽게 심어질 수 있도록 했다. 어쩜 일종의 베이비 요가라고 칭해도 좋을 듯하다.

집에서나 요가원 등에서 요가 수련을 할 때에는 가능한 한 재미있게 진행하는 게 좋다. 자세가 마음대로 되지 않더라도 어린이가 실망하거나 좌절하지 않도록 해줘야 한다. 요가 자세가 좀 잘 된다고 다른 친구들보다 우월해지는 것은 아니라는 점도 아이들에게 주지시키는 게 좋다. 겸손함을 잃지 않기를 바라는 마음에서다.

그리고 비교하지 않는 게 좋다. 서로 간에 경쟁심으로 요가 동작을 무리하게 취하지 않는 것이 좋다는 말이다. 어려운 자세를 완성하려고 너무 애쓰지 않는 것도 그런 의미에서다. 요가는 자기의 능력 범위 내에서 최선을 다해도 몸에 작용력은 충분히 발휘되는 것이라는 점이다. 요가를 경주하듯이 하지 않는 게 좋다는 뜻이기도 하다. 오로지 요가는 자신과의 내적인 속삭임을 알려주어야 한다. 즉 춤추듯이 즐기라는 말을 꼭 해주고 싶다. 경쟁심으로 인해 스트레스를 받는 그 순간부터 요가는 잘못된 것이다. '요가 아사나 챔피언십 경연대회' 등은 보다 완전한 아사나를 지향하고 고무시키는 차원은 있을지언정 요가의 참된 정신은 망각한 행위라고 본다.

왜냐면 요가는 몸과 정신의 쌍두마차를 타야 되기 때문이다. 그러한 대회 등은 오롯이 서양식 사고와 상업적 측면이 강함을 부인할 수 없을 것이다.

그래서 요가는 강요가 아닌 착하고 건강하고 지혜로운 어린이가 되기를 바라는 마음을 담아서 부담 없이, 연령에 맞게, 각자의 능력에 맞게 조정해 가는 것이 필수 조건이다. 요가가 평생운동·평생수련·평생학습으로 이어지기를 바라는 마음에서다.

덤으로 요가를 통해서 얻는 자신감은 어린이가 학교생활에서 경험하는 성공에 대한 압박감을 해소하는 데 좋은 해독제 구실을 할 것이다.

요가경전 중 하나인 기원전 6세기경에 쓰인 '바가바드기타 Bhagavad Gita'에서는 "행운의 결과에만 관심을 쏟는 것은 무지에 이르는 길이며, 반면 성공이나 실패에 대한 걱정을 접고 최선을 다해 노력하는 것이야말로 지혜에 이르는 길"이라고 말한다. 이런 이유로 가정에서 비경쟁 철학을 강조하는 요가 수련을 함께하면 어린아이는 일상에서 경험하는 성공에 대한 부담에서 잠시라도 벗어날 수 있다고 생각된다.

어린이들은 타고난 요가 수행자들이다. 본래 좋은 자세를 가지고 태어나며, 깊게 호흡할 줄 알고 삶에 안주한 편견을 갖지 않는다. 요가는 자유롭게 움직이고 호흡하면서 건강하게 살아가도록 도와주는 훌륭한 도구이다.

이렇듯이 요가 수련을 하면 몸만 유연해지고 건강해지는 게 아니다. 아이들의 마음과 영혼도 유연해지고 강해지면서 활짝 열리게 된다. 자연에서 멀어진 몸과 마음을 가장 자연스러운 상태로 이끌어 주는 것이 요가의 주된 기능이기도 하다. 바깥세상에서 만나게 되는 장애물을 뚫고 나갈 수 있는 자신감과 힘, 용기와 인내심을 키우게 된다. 남을 미워하는 마음을 버리고, 평화와 행복, 나눔의 마음을 갖는 것이 요가의 궁극적 목적이다.

요가는 살아가면서 겪게 되는 슬프고 힘들고 우울한 일에 사로잡히지 않도록 도와줄 것이다.

예를 들어 변화가 많이 일어날 때에는 '다리 자세(세투반다 아사나)'를 취해 봄으로써 스스로의 다리가 될 수 있다. 불안할 때는 '사자 자세(싱하 아사나)'를 취하면서 용기를 북돋우고, 공부에 집중이 안 될 때에는 '물구나무서기(시루시 아사나)'를 취해 머리를 식히고 집중도를 높이며, 나약해지고 소심해질 때는 '영웅·무사 자세(비라바드라 아사나)'를 취함으로써 대범해지고 용기를 얻을 수 있을 것이다. 이렇듯이 요가를 하면서 축적된 육체적 정신적인 능력은 생활하면서 여러 어려움을 헤쳐 나가고 극복하는 데 큰 도움이 될 것이다.

필자의 요가수련원에는 아들딸 자녀의 손을 잡고 엄마와 함께 들어서는 회원들도 많다. 때로는 부녀지간에 부자지간에, 때로는 온 가족이 손을 잡고 들어서는 회원들도 있다. 동작이 잘되고 못됨을 떠나 그들이 함께 요가 수련을 한 기억들은 평생을 두고 소중한 추억으로 감동으로 남아 있을 것이기에 더욱 그렇다. 함께한 취미생활, 함께한 요가라는 공감대를 공유한 것이기에 말이다. 서로의 아사나 모습을 보며 때로는 깔깔대고, 때로는 진지해지고, 때로는 와우하며 격려도 해주는 그들의 눈빛은 분명 밖에서는 찾아보기 힘든 또 다른 모습일 것이다. 서로 대화가 많이 없어도 서로간의 눈빛만으로도 벌써 더없는 가족 간의 사랑은 굳게 다져지고 있는 것이다.

수천 년 요가의 역사에서 요가는 다양한 목적으로 활용되어 왔고, 그 시대가 요구하는 요가는 여러 가지 얼굴로 삶의 현장을 찾아왔다. 이제 미래의 주인공이자 희망인 아이들을 위해 '어린이 요가'에도 눈을 돌릴 때이다.

지금 당장 아이들의 손을 잡고 어린이 요가를 시작해 보자. 흉내만 내는 것이 아니라 가능한 한 제대로 된 요가수련원이나 아이들을 진정으로 사랑하고 아끼는 따뜻한 성정을 지닌 요가 선생님을 만난다면 그보다 더 큰 행운이 없을 듯하다.

어린이 요가를 통해 가족 간의 사랑과 이해, 모든 사람들과의 사랑과 이해, 모든 생명에 대한 사랑과 이해가 더욱 넓어지기를 기원해본다.

끝으로 고대 선불교의 격언을 패러디한 글로 마무리하고자 한다.

"내가 어릴 적 산은 산이요, 강은 강이며, 하늘은 하늘이었다. 하지만 길을 잃은 다음부터는 산은 더 이상 산이 아니었다. 그러던 어느 날 나는 '어린이 요가'를 만나면서 다시 산이 되고 강은 강이 되었으며, 하늘은 하늘이 되었다!"

《 어린이 요가 》

어린이는 어른의 아버지
어린이는 한울님
어린이는 자연
어린이는 순수
어린이는 맑음
어린이는 청정법신
어린이 마음 하늘 마음
어린이 같은 마음을 가져야 천국 입장
이런 어린이 몸
이런 어린이 마음과 영혼
온전히 지키는 것
깨끗하고 맑고 투명한 마음을 보는 훈련
바깥 세상에서 만나게 되는 장애물들
뚫고 나갈 수 있는 힘과 용기 배양
그리고 힘들고 지친이들을
치유할 수 있는 것

그리하여 시기·질투·미움·폭력·거짓 멀리하고
평화·행복·사랑·나눔의 마음 갖게 하고
몸과 마음의 균형과 조화
꽃피게 하는 것
어린이들이여
요가를 춤추듯 즐기기를!
요가가 일시적이 아닌
생활 속에 젖어든
평생운동 평생수련 평생학습이 되기를!
그리하면 그대들의 영육에
피와 살과 뼈가 될지니!

_ 최진태

48. 영원히 불타는 생명 에너지, 태양 경배 자세(수리야 나마스카라)

12가지 자세를 연속으로 이어가는 태양 경배 자세는 몸 전체를 일깨우는 전신 운동 효과가 있다.

_ 시연 임은주, 요가명: 수리야

세상이 빛이 나고 세상이 찬연함은
그대의 공덕이요 만물의 아버지 격
그대 품 그리워하질 않는 이가 있을까

골고루 생명주고 만물을 성장시킨
이 은혜 입지 않은 이들이 있을까요
모든 생물 창조자로고 온 누리를 주재하는

그대 없는 이 세상은 어둠과 죽음일 뿐
존재의 의미까지 상실하고 말것이라
만물이 그대 우러러 찬양 숭배하는 이유

여여히 그 자리에 당당하게 홀로 서서
만물에 균등하게 존재 확인 시킨다네
의미의 씨앗까지도 골고루 뿌리면서

땅위에 나무없인 만물 근원 존재할까
하늘세계 태양없인 철학 의미 빛을 잃어
영원히 불타는 생명 간직하고 있기에

_ 졸시 「태양」

태양은 모든 생명체의 근원이자 인류 생명 에너지의 원천이 된다. 태양은 모든 우주체 중에서 가장 위대한 힘을 지녔다. 지구상의 모든 동식물들이 태양에너지의 영향을 받고 있다는 사실을 부인할 수 없는 것이다.

적막과 어둠을 걷고 천지 사방에 천년의 빛을 가득 채울 수 있는 것이 유일하게 태양 빛이다. 인도인들은 수리야surya 즉 태양을, 병을 치료하는 의사이자 희망을 안겨주는 자로도 여긴다. 태양은 만물을 살아 있게 하는 모든 생명 에너지의 바탕이기 때문이다.

리그베다의 "내쫓으라 태양이여, 내 마음의 질병을"이라는 구절이 눈에 들어온다.

태양이 떠올라 불타지 않는다면 우주는 즉시 황폐해져 버릴 것이고 생명은 더 이상 살아남을 수 없을 것이다.

그래서 인도 고전 우파니샤드 중의 우파니샤드라 불리는 바가바드 기타에서는 태양신 수리야를 생명의 원리(진리, dharma)로 본다.

만물을 존재케 하는 생명의 원리가 최초로 태양에 점화되었다는 것이다. 불과 더불어 태양은 밝음, 선善, 희망 그리고 신들의 상징이었다.

"해로 낮을 주관케 하신 이에게 감사하라, 그 인자하심이 영원함이로다."(시편)

우리나라는 예로부터 '동방의 해 뜨는 나라'로 불려왔고, '조선朝鮮'이라는 국호는 '아침의 나라'라는 뜻이다. 삼면이 바다로 덮여 있는 자연환경으로 바다에서 뜨는 해와 지는 해를 보아온 겨레였기에 빛에 대한 감수성이 유달리 예민한 것이리라. 고구려 무덤 벽화에서 보이는 삼족오三足烏는 세 발 까마귀이며, 고구려인들이 숭배하는 가상 동물로 곧 태양신이었다. 고구려인들은 새가 알, 즉 해를 낳는다고 생각했을 정도이다.

수리야surya라고 하는 것은 스바(svar, 해·하늘)에서 온 말로 태양의 실체를 가리키는 것이다. 수리야는 모두로부터 우러름을 받으며, 모든 것을 내려다본다. 그래서 인간의 모든 선악 행위를 감시한다고 생각한다. 수리야의 출현은 밤의 암흑을 몰아내고 제사 의식이나 그 밖의 다른 활동을 재촉한다.

그는 간혹 나는 새에 비유되기도 하는데, 때에 따라서는 창공의 보석이라 불리며 때로는 인간세계에 광명과 행복을 가져오는 신으로도 칭송되고 있다. 태양의 빛에 의해 사람들에게는 은혜를, 악마에게는 파멸을 주는 자로서도 대중의 많은 지지를 받고 있다.

수리야 또는 사비트리savitr는 인도의 고전인 베다에서 태양에게 붙여진 두 가지 이름이다. 사비트리는 사람들의 눈에 보이지 않는 태양을 가리키는 반면, 수리야는 눈에 보이는 일상적인 태양을 지칭한다.

태양은 바퀴처럼 보인다. 그러잖아도 수레바퀴를 좋아하는 인도인들이 수리야를 바퀴로 형상화하는 것은 당연한 일인지도 모른다.

태양 숭배는 거의 모든 나라에서 공통으로 찾아볼 수 있는 현상으로, 지식 확장의 근원이 된다. 그러므로 태양 에너지 법칙은 자연과 인간사회에서 중요한 의미를 지닌다.

고대 신화에는 태양절이 있고 태양에서 나온 빛이 인간의 종지宗 旨로 선택되었다. 신라시대에는 동지冬至를 태양절로 하였고 동로마 제국 역시 동지 사흘 뒤인 12월 25일을 태양절로 하였다. 일본의 일장기도 태양이 그려져 있고 남미 페루 쿠스코 마추픽추 역시 태양신을 모셨던 흔적이 남아 있다.

농경민족에게 태양이야말로 먹고사는 문제의 중요한 열쇠를 쥐고 있는 존재였다. 다른 문명권에서도 정도의 차이는 있지만 대부분 태양을 신성시했다. 영웅을 태양에 비유하는 경우가 허다한 것만 보더라도 태양에 대한 인간의 경외가 어떠했는지를 짐작할 수 있다.

태양과 별을 비롯해 발광생물을 포함한 빛을 내는 존재는 아름답다. 그런데 빛을 내는 근원의 에너지를 받았기 때문이 아니라 에너지를 버릴 때 비로소 빛을 낸다는 점이다. 즉 에너지를 흡수한 물체가 들뜬 상태(여기 상태, 勵起 狀態)가 되면 불안정하므로 에너지를 방출하여 안정된 상태가 되려고 하기 때문이라고 과학자들은 말하고 있다.

 아폴로는 제우스의 아들이면서 빛의 신이다. 제우스는 번개라는 빛으로 자신의 바람기를 방패로 삼고 타인에게는 심판과 공격의 도구로 이용한 반면에 아폴로는 이 빛을 모든 어둠을 밝히는 용도로 사용하였기에, 신 중에서도 고귀한 인품을 지녔다는 평을 받는다는 스토리도 전해지고 있다.

 인도의 동쪽 끝 벵골만에 위치한 코나락Konarak에는 아름답고 화려한 힌두사원이 태양의 빛을 받으며 서 있다. 이 사원은 오리사Orissa 주州의 가장 유명한 사원인 '태양 사원'이다.

 이 화려한 태양 사원은 강가Ganga 왕조(1238~1264)에 세워졌다고 추정되는데, 태양의 신 수리야를 숭배하기 위한 힌두 사원이다.

 힌두 신화에서 태양의 신 수리야는 7마리 말이 이끄는 마차를 타고 하늘을 가로질러 달린다. 인도인들의 거대한 상상력이 마침내 지상에 건축된 것이다.

 태양 사원 하단에는 24개의 마차 바퀴가 있는데, 그 지름의 크기는 거의 3m에 이른다. 한쪽 면의 12개 마차 바퀴는 1년의 열두 달을 의미한다.

 한편 상단에는 태양의 신 수리야가 동해의 빛을 가득 받으며 말 위에 앉아서 하늘을 날아오를 듯한 기상을 보여준다. 유네스코 세계문화유산으로 등재되었다.

 바가바드 기타를 주 해석한 비노바 바베는 태양이 간직하고 있는 참모습을 '욕망 없는 활동'이라고 말한다.

"동녘에 떠오르는 태양이 '나는 저 어둠을 살라 버릴 거야, 어두운 지상에 빛을 비춰 새들은 지저귀게 하고, 꽃을 피어나게 하고, 사람들이 즐겁게 일하도록 할 거야"라고 생각하면서 활동하는 것이 아니다. 태양은 그저 하늘에 떠올라 그 빛으로 세상을 비출 뿐이다. 우리는 태양이 활동한다고 말하지만 태양은 그저 존재할 뿐이다. 태양은 말한다. "빛은 나의 본성일 뿐이네. 꽃이나 새를 보게 향기를 내뿜는 것이 꽃의 본성이고, 하늘을 날아다니는 것이 새의 본성이듯이 세상에 빛을 비추는 게 나의 본성일세. 나는 내가 빛을 발한다는 사실조차 인식하지 못한다네. 나에겐 내 존재 자체가 빛일 뿐이네"라고.(고진하)

그러나 제 본성에서 멀어진 인간은 그렇지 못하게 된다. 참자아를 망각한 인간은 자기 행위의 결과에 집착하기 때문이다. 보시나 적선, 봉사 등 착한 일을 행할 때도 행위 뒤에 오는 결과를 생각하게 되고, 사랑할 때도 손익을 따지게 된다. 행위 그 자체의 순수성을 잃어버린 상태가 되는 것이다. 순수성을 잃어버린 사랑은 소유욕에 불과하며, 순수성을 상실한 자선도 자신의 이름을 세상에 드러내려는 과시욕에 불과할 뿐이다.

크리슈나는 이처럼 행위의 순수성을 상실한 오늘날의 아르쥬나들에게 충고한다. "행위의 결과에 더 이상 관심을 두지 말라. 언제나 만족해하며 철저하게 독립적이 돼라. 그러면 비록 이 행위의 한가운데 있다고 해도 그대는 행위하지 않는 사람이다."(바가바드 기타)

행위의 결과에 집착하지 말라는 말은 행위 그 자체가 되라는 것이다. 행위 그 자체가 되어 어떤 흔적도 남기지 않는 사람이 되라는 것이다. 노자의 가르침처럼 '공수신퇴功遂身退' 즉 공을 이루되 그 공에 머물지 말아야 하는 것이며, 그리하여 자기의 사사로운 욕심을 온전히 비우라는 말이다.

 인도의 한 성인 이야기도 흥미롭다. 어느 날 그는 "저를 통해서 좋은 일이 이루어지되, 제 자신이 알아차리는 일이 없게 해주십시오"라며 신께 소원을 빌자 신은 그 소원을 들어준다. 그때부터 그 성인이 걸어갈 때마다 그의 뒤에 생기는 그림자가 닿은 땅은 치유의 땅이 되었다. 그래서 병자들이 치유를 받고, 땅이 기름지게 되고, 샘들이 다시 솟고, 삶의 고달픔에 시달린 사람들의 얼굴에 화색이 돌게 되었다. 그러나 성인은 그것에 대해 전혀 알지 못했다. 왜냐면 사람들의 관심이 온통 그의 그림자에만 집중되어 있어서 그 성인을 잊고 말았기 때문이다. 그리하여 자기는 잊힌 채 자기를 통해서 좋은 일들이 이루어지기를 바라는 성인의 소원은 충분히 성취된 것이다.(앤소니 드 멜로)

 모름지기 이 성인 속에는 '나'라는 것이 없다. 태양이 세상을 비추면서 비춘다는 자의식이 없듯이 성인의 행위는 오직 무심無心 그 자체다. 자비의 씨앗을 뿌려도 그것을 뿌렸다는 의식이 성인에게는 없기 때문이다. 이런 것이 바로 카르마 요가Karma Yoga의 본질인 것이다.

 태양도 마찬가지다. 만물에 빛을 나누어줄 때 차별이 없다. 태양은 무심하게 만물에 골고루 빛을 나누어 줄 뿐이다. 모름지기 태양과 만물 사이에는 사이가 없다. 그러기에 태양은 늙는 법이 없으며 그래서 태양은 오늘도 젊다.

 아울러 '태양 경배 자세'를 하면서 간과하지 말아야 할 것은 그 반대에 있는 어둠이다. 어둠이 있기에 밝음도 있는 것이다. 어둠은 삶의 깊은 휴식이고, 있음(유, 有)을 잊게 하는 무無의 세계이다. 빛이 사라지면 어둠이 자리 잡는다.

 바가바드 기타(8~26)에서는 "빛과 어둠은 이 세상의 두 가지 영원한 원리이다"라고 말하고 있다. 밝은 조건은 교감신경계의 흥분을 촉진하고, 어둠은 부교감신경의 흥분을 촉진한다. 따라서 낮 동안의 산성으로 변한 혈액은 아침에 알칼리성 혈액으로 바뀐다.

"밝은 조건은 작용의 긴장이고, 어두운 조건은 휴식의 안정이며, 밝은 조건은 차별을 아는 길이고, 어두운 조건은 휴식의 안정이며, 어두운 조건과 눈감은 명상은 차별성을 그치고 공통성을 깨치는 길이다. 밝음은 수직 활동을 촉진시키고, 어두움은 수평 활동의 수면을 촉진시킨다. 이렇게 상대 성질을 이루어 한쪽에 치우친 문제를 반대 성질이 치유하는 조화가 생명의 영원한 법칙이다."(김광백)

"현대는 밝은 조건에 치우친 문제로 가득 차 있다. 일찍 불을 끄고 잠드는 것만이 유일한 길이다. 침실에 방범등이나 가로수 등의 불빛이 들지 못하게 하여 칠흑 같은 어두움을 먹어야 한다. 그것이 곧 대약大藥이기 때문이다. 빛으로 지친 것은 어두움으로 치유시키고, 어두움으로 지친 것은 빛으로 치유시켜야 한다. 나무들은 밤에 불빛을 받으면 잎만 무성하고 열매 맺기가 어려워지며 생명력이 약화된다."(김광백)

이상의 것들이 또한 요가의 '상응相應의 원리'와도 일맥상통한다.

아울러 저 밝고 환한 승리와 성공의 환호성 뒤안길에 있는, 어둠의 무거운 존재와 실패로 인한 좌절감에 빠져 있는, 낙망의 깊은 시름 소리 내는 자들에게도 귀를 열고 돌아볼 수 있어야 한다. 용기를 북돋우는 격려의 목소리도 들려주어야 한다. 엎어진 자에게, 힘들어하는 자에게 손도 내밀어 주고, 슬픔과 고통받는 자의 눈물도 닦아주고, 함께 울어줄 수 있는 수행자가 되기를 태양 경배 자세가 일깨워 주고 있는 듯하다.

12가지 자세를 연속적으로 이어가는 태양 경배 자세는 몸 전체를 일깨우는 전신 운동 효과가 있다.

수리야surya는 태양, 양陽의 기운을 뜻하고, 나마스카namaska는 인사, 맞이하다, 경배를 의미한다. 이 자세는 새벽에 태양이 떠오르는 새로운 기운을 경건하게 받는 의식으로서 전통적인 빈야사 vinyasa 요가 형식이다. 신체의 음양을 조화롭게 균형을 이루는 하타 요가에서 본 행법에 앞서 준비 행법으로 활용하는 추세이다.

"옴 브 브바흐 스와하, 탓 사비투르 바렌얌 바르고 데바스야 디마히, 디요 요 나흐 프라조다야트."(Om Bhu Bhaha Swaha Tat Savitur Varenyam, Bhargo Devasya Dimahi, Dhiyo Yo Nah Prajodayat). 가야트리Gayatri 만트라 전문이다.

요가생리학에서는 인체에 나디nadi라는 에너지 통로가 있다고 보는데, 그중 가장 중요한 것이 이다ida, 핑갈라pingala, 수슘나 sushumna 나디이다.

수슘나가 척추를 따라 중앙을 관통하고 있다면, 이다와 핑갈라는 그를 중심으로 각각 왼쪽 오른쪽에 위치한다. 그리고 여기서 이다와 핑갈라는 각각 달과 태양을 상징하고 음기와 양기를 대표하며, 자율신경계의 양 날개로서 길항작용을 통해 우리 몸의 항상성(恒常性, homeostasis)을 유지하는 교감신경, 부교감 신경과 연결되어 있는 것으로 알려졌다.

동양의학에서 양기는 상승하고, 확산되는 기운을 의미하듯, 요가생리학에서는 태양은 몸에 활력을 주고, 생동감을 북돋워 주는 에너지를 대표한다. 이때 간뇌 천장에 위치한 내분비선인 송과선이 호르몬을 자극하여 분비시키게 한다는 것이 바로 태양 빛이다. 그래서 아침이면 우리 몸의 생체리듬이 깨어나 활동을 시작하게 되는 것이라고 '자야' 등 요가 고수 등은 설파하고 있다.

이 아사나는 서로 짝을 이루는 자세의 연결로 근육에 긴장과 이완을 자연스럽게 하고, 탄력성을 높인다. 전후좌우 상하를 고르게 운동시켜 심신의 안정감과 균형감을 키워준다.

 자세의 뒤틀림, 척추 측만, 굽은 등을 펴게 하여 바른 자세를 갖게 하고 머리가 맑아진다. 육체적 정신적 스트레스를 해소하고 면역력을 높여준다. 임산부는 자제하며, 다만 골반 교정 등 산후조리 차원에서는 유익하게 활용할 수 있다.

 태양 경배 자세와 더불어 달 경배 자세(찬드라 나마스카)도 있다. 태양 경배 자세와 크게 다르지 않다.

 우파니샤드에서는 이렇게 표현한다. "사람 안의 아트만atman과 태양 안의 아트만atman은 하나이다."(타이트리아 우파니샤드)

 "사람 안의 참모습과 태양 안의 참모습이 다르지 않다. 그 참모습을 아트만이라 부른다. 문제는 지금도 태양은 그 참모습을 고스란히 간직하고 있는데, 사람은 자기 내부에 있는 그것을 자각하지 못하고 있다. 탐욕과 무지의 비늘이 눈을 덮고 있어, 제 속에 감춰진 자기의 참모습을 보지 못하는 것이다"라고 석학들은 한탄하고 있다.

 얼마 전 필자를 이 세상에 존재케 해주신 한 분을 떠나보내 드리고 돌아오면서, "울면서 온 세상, 갈 때는 웃으면서 가볍게 떠나고 싶다"는 소망 하나 가슴에 품어 보았다. 어떤 것으로 쳐도 깨어지지 않고, 어떤 것으로 불태워도 결코 불태워지지 않는 영원히 존재할 수 있는 그 무엇 하나, 영원히 불타는 태양 닮은 생명 에너지 하나 간직하고 싶다는 소망, 그게 과연 어떤 것이고 어떤 모습일까? 그러려면 지금부터라도 어떤 자세로 남은 인생을 준비할 것인가 하는 생각으로 이 가을이 한결 깊어진 듯하다.

 바가바드 기타에 나오는 사랑의 신 크리슈나가 자신의 참모습(아트만)을 간직한 태양을 스승으로 삼아서, 그 숭고한 불멸의 가르침에 힘입어 우리의 잃어버린 참모습과 절대성 자리의 본성本性을 되찾아야 한다고 눈짓하고 있는 듯하다.

　인생을 어떻게 살 것인가를 뜨는 해와 지는 해가 말해주고 있다. "하루를 떠오르는 해처럼 시작하고, 지는 해처럼 장식하라"고.

《 수리야 나마스카라 》

　사람과 태양 안의 참 모습이 동일하지
　태양은 그 참 모습 고스란히 간직했다만
　인간만이 자기 참모습 못본다니 이를 어째

　자신의 참 모습을 간직한 태양 스승
　숭고한 가르침에 잃어버린 참 모습과
　그대의 절대성 자리 본성일랑 되찾기를

　하늘에 높이 떠서 그 빛으로 세상 비춤
　보아라 저 태양의 욕망없는 제반 활동
　아니지 활동이 아닌 공수신퇴功遂身退 바로 그것

　빛 발하는 사실조차 인식하지 못한다지
　그대에겐 그대 존재 그 자체가 빛이로군
　완벽한 까르마 요기 고수님을 경배하오

　열두 자세 이어 간다 물흐르듯 춤을 추듯
　몸 전체를 일깨우는 전신 운동 효과 만점

상相안내고 베풀어 주는 그대 무심無心 찬탄하오

_ 최진태

49. 고도의 집중력과 강한 의지력 함양 위한 '전갈 자세'

전갈 자세는 양손과 양 팔뚝을 바닥에 대고 다리와 가슴을 들어 올리며 머리를 쳐든다. 이어 무릎을 굽히고 등 뒤로 발을 정수리 가까이 서서히 내린다. 숙달되면 양팔을 쭉 뻗고 할 수도 있다. 전갈 자세는 건강에 매우 유익하다. 노화를 늦추고 하지 정맥류 개선, 생식 기관 강화 등의 효과가 있으며 균형 감각 향상과 집중력·의지력 함양에도 좋다.

_ 시연 최진태

"봉투를 열자 전갈이 기어 나왔다/나는 전갈에 물렸다/소식에 물렸다/전갈이라는 소식에 물렸다 (…중략…) 아무튼 당신이 내게 등이 푸른 지독한 전갈을 보냈으니/그 봉투를 그득 채운 답을 가져오라 했음을 알겠다/긴 여름 다 허비해서라도/사루비아 씨앗을 담아오라 했음을 알겠다"

류인서 시인의 '전갈'이라는 시다. 여기서 전갈傳喝은 절지동물인 전갈全蠍을 담았다는 뜻이다.

전갈은 사막에서 물 한 방울 없이도 6개월 이상 버티며 고생대 실루리아기, 지금으로부터 4억 년 전에 처음 등장해 지금까지도 형태가 거의 변하지 않고 있어 살아 있는 화석으로 불린다.

전갈은 꼬리 끝 부분에 독침을 갖고 있다. 전 세계적으로 전갈은 1000종이 넘는 것으로 알려져 있다. 전갈의 종류로는 극동전갈, 황제전갈. 얼룩무늬전갈, 바다전갈, 식초전갈 등이 있다. 대부분 열대·아열대 지방에서 서식하며 일부는 사막, 한대 지방까지 분포한다. 한반도에는 북부 지방에 극동전갈 1종이 분포한다고 알려져 있다.

황제전갈은 상체의 크기가 최대 20cm 정도로 자라는 대형종이다. 현재 CITES(국제 거래에 관한 협약) 보호종으로 애완동물로도 인기가 높다. 국내에서도 황제전갈을 기르는 사람들이 종종 있다.

전갈 대부분이 독을 가졌지만 사람을 죽일 만한 강력한 독을 가진 전갈이 있고 벌에 쏘인 듯이 약한 독을 가진 전갈도 있다. 야행성이어서 낮에는 돌 밑이나 나무 밑 또는 구멍에 숨어 있다가 밤에 나와 주로 곤충을 잡아 먹는다.

시력이 좋지 않은 전갈은 배 아래 빗 모양의 마디에 있는 핀으로 땅의 진동을 파악하고, 예민한 촉각을 이용해 어둠 속에서도 먹잇감을 사냥할 수 있다.

전갈의 독은 예로부터 중풍이나 신경 마비 등을 치료하는 약으로 사용해 왔고, 현대 의학에서도 계속 연구되고 있다. 전갈 독에 포함된 성분은 종양 세포가 커지는 것을 막아주는데, 뇌종양의 일종인 신경교종을 치료하는 약이 곧 개발 될 것이라고 한다. 마치 벌의 독이 염증 치료 등에 이용되는 것처럼. 이독치독以毒治毒, 독을 독으로 치료한다는 것이다.

곤충은 아니지만 거미, 지네, 전갈 등의 절지동물도 한국과 중국 등지에서 오래전부터 한약재로 이용되고 있다. 미국 스탠퍼드대와 멕시코 국립자치대 공동연구팀이 멕시코 전갈의 독에서 식중독과 내성 결핵을 치료할 수 있는 화합물을 발견했다는 연구 결과도 나왔다.

"공포로 신격화되고 하늘에서는 일군一群의 성좌가 되며, 또한 역易에서는 10월의 심벌이 되어서 전갈은 그 영광을 찬양 받는다"고 파브르는 〈곤충기〉에 기록하고 있다.

자연 친화적 감수성을 지닌 칠레의 민중 시인 파블로 네루다의 시 '우리는 질문하다가 사라진다'에도 '전갈이 어떻게 독을 품게 되었고/거북이는 무엇을 생각하고 있을까/그늘이 사라진 곳은 어디일까'라는 구절이 등장한다.

사찰 명부전의 탱화에서 볼 수 있는 죽은 자의 혼령을 지옥으로 데려오는 역할을 맡은 직부사자直符使者의 그림에서도 오른쪽 팔에는 보통 전갈을 상징하는 두루마리를 끼고 있다.

"전갈의 독침이 성행위와 관련되는 것은 여성을 향한 남성의 독침을 보면 쉽게 이해할 수 있는데, 그는 여성의 자궁 속으로 파고들어 씨를 뿌리거나(구약성서에 남성은 '씨뿌리는 자'이다) 신성한 지혜의 자궁 속으로 파고들어 자신의 모든 본능을 신성한 어머니에게 맡기거나 하여 출산을 한다"(스와미 시바난다 라다)

스콜피온(scorpion·전갈)이라는 무서운 이름의 칵테일은 감칠 맛 뒤에 숨어 있는 높은 알코올 도수가 생각보다 강해, 전갈 독을 연상시켜 유래된 이름이라고 한다. 럼과 브랜디가 들어가기 때문이다. 하와이에서 처음 만들어진 트로피컬 칵테일이다. 투명한 오렌지 색이 화려하고 상쾌해 보이는데, 실제 맛도 상쾌해 마시기 좋다.

중국 베이징 왕푸징에 가면 전통 음식점들이 늘어서 있고 세계의 다양한 음식점도 즐비하다. 매일 밤 홍등을 밝힌 포장마차가 장사진을 치는데, 이곳에서는 베이징의 명물 꼬치 음식을 맛볼 수 있다. 뱀·불가사리와 더불어 꼬치에 끼인 전갈도 쉽게 볼 수 있다.

인류 최초의 영웅 서사시인 〈길가메쉬 서사시〉는 지금부터 2500~3500년 전 쐐기문자인 아시리아어로 기록돼 있다. 영웅 길가메쉬를 주인공으로 한 이 서사시에도 여행 도중 길가메쉬가 전갈 인간과 만나는 얘기가 나온다.

한자 '萬(만)'은 전갈의 모습을 상형화한 것이다.

"아주 많은 것을 뜻하는 숫자인 만萬은 위에 풀 초艸, 밑에 긴꼬리원숭이 우禹가 합쳐진 글자다. 아무리 뜯어봐도 숫자 만과 아무 관련이 없어 보인다. 그렇다면 '萬'은 무슨 뜻을 가진 한자일까? 어느 벌레 모양을 그린 글자다. 바로 전갈이다. 전갈 모양을 그린 한자가 만萬이다. 줄여서 만万으로 쓰면 영 전갈 같지 않다. 전갈은 알을 아주 많이 낳기에 만萬은 무척 많은 것을 뜻하는 숫자 10,000을 뜻하게 됐다. '만무萬無하다'는 전갈의 알 개수만큼이나 많은 일을 봤지만 그런 일은 없다는 뜻이다. 그렇게 많은 만복萬福을 빌며 만세萬歲를 외친다. 이 세상 수많은 것들은 만물萬物이다. 다방면으로 수많은 분야를 잘하면 만능萬能이다. 수많은 일은 만사萬事다. 아주 많은 백성들은 만백성萬百姓이다. 나비효과를 설명할 때는 일파만파一波萬波라 할 수 있다. 그런데 저 혼자 천만萬금, 만萬석꾼 부자가 되려고 만석보萬石洑를 지은 조병갑(1844~1911)처럼 과한 욕심을 부리면

화를 부른다. 만萬! 과욕하기 쉬운 인간에게 경계를 주는 글자이기도 하다."(경성대 박기철 교수)

광활한 하늘을 유심히 살피면 점점이 크고 작은 별을 관측할 수 있다. 한여름이라면 은하수가 지평선 위로 장엄하게 펼쳐진 남쪽 하늘에서 낚싯바늘 모양의 전갈자리도 찾을 수 있다. 독침을 휘두르며 오리온에게 다가가는 그리스 신화 속의 그 전갈이다. 그러나 전갈은 오리온을 잡지 못한다. 여름이 결국 다 끝나고 전갈 자리가 서쪽으로 기울 때쯤 동쪽에서 오리온 자리가 슬그머니 자리 잡는다. 이는 태양 주위를 공전하고 있는 지구 지축이 기울어져 있기 때문에 일어나는 현상이다.

은하수를 남쪽으로 더듬어 가면 지평선 근처에 붉게 빛나는 별을 볼 수 있다. 전갈의 심장 안타레스다. 전갈자리의 별들은 비교적 밝은 것이 많은데, 안타레스가 속해있는 S자형 별의 연결이 보일지도 모른다.

안타레스는 지구와는 약 500광년 정도 떨어진 거리에 있다. 여름 밤하늘에서 16번째로 밝은 별이다. 실제로 안타레스는 태양보다 700~800배 정도 크고, 태양보다 6만 5000배나 더 밝은 적색 초거성이다.

S자 모양으로 늘어진 전갈자리 끝부분에서 가장 밝은 별이 전갈의 독침에 해당하는 샤울라Shaula라는 2등성이다. 이 별 바로 옆에는 3등성 레사쓰Lesath가 있다. 두 별은 우리나라 옛 설화 '해와 달이 된 오누이'에 등장하는 오누이로 알려져 있다. 오누이 해님과 달님이는 하늘에서 내려온 동아줄인 전갈의 꼬리를 타고 호랑이를 피해 하늘로 올라가 낮밤을 밝히고 있고, 호랑이는 수수밭에 떨어져 죽어 수수가 붉다는 스토리텔링 또한 그럴싸하다.

전갈자리를 민담 속에서는 하늘에서 내려온 동아줄로 보았고, 조선시대 성도星圖인 〈천상열차 분야지도〉에서는 동쪽을 수호하는 청룡의 배부터 꼬리까지로 보았다.

이렇듯 꿈과 낭만, 풍부한 상상력이 요구되는 밤하늘을 가끔씩 우러르며 살아가야겠다고 다짐해 본다. 특히 감수성 풍부한 아이들과 청소년들에겐 더욱 필요하다고 본다.

셀커트는 고대 이집트 신화에 등장하는 치료의 여신이다. 전갈을 신격화한 존재로 고대 이집트인은 전갈의 찌르고 무는 행위를 통해 치료가 된다고 믿었다.

전갈이 머리에 달린 모습이나 전갈 몸에 사람 얼굴이 달린 반인반수半人半獸의 셀커트는 '혀로 호흡하는 여자'라는 뜻이다. 고대 이집트 신화에 나오는 죽은 자들의 여신으로 죽은 자를 보호하는 역할을 한다. 카이로 박물관에는 투탕카멘의 관을 호위하는 4개의 황금상이 있는데 이 가운데 하나가 셀커트이다.

인도신화에 나오는 얘기를 소개한다. 강변의 한 수행처에서 한 성자가 제자들과 수행을 하고 있었다. 어느 날 성자가 목욕 의례를 하기 위해 강으로 가다가 물 쪽으로 기어가는 전갈을 보게 된다. 전갈이 헤엄치지 못한다는 것을 안 성자는 오른 손으로 그 전갈을 집어 높은 바위에 올려 주었다. 그러자 전갈이 그의 오른 손을 물었다. 목욕 의례를 마치고 돌아가던 성자는 바위에서 내려가 강으로 다시 기어가는 전갈을 발견하게 된다. 성자는 이번에는 왼손으로 잡아서 바위 위로 다시 올려 주려 하였다. 그러자 전갈은 또 그의 왼손을 무는 게 아닌가. 이 광경을 보고 있던 제자들이 의아해 하며 그의 스승에게 왜 두 손을 물려가며 계속하여 전갈을 구해 주려 하느냐고 묻는다. 스승은 "전갈은 전갈의 다르마dharma를 따랐고, 나는 나의 다르마dharma를 따랐을 뿐이다. 위협을 느낄 때 무는 것은 전갈의 본성이고, 인간의 진정한 본성은 생명체를 구하는 것이다"라고 대답한다. 여기서 다르마dharma는 모든 존재의 자연적인 본성으로 제시되고 있다.

다른 우화에서는 개구리 등에 올라 타고 강을 건너는 전갈로도 그려지고 있다.

영화 '드라이브'(2011)에서는 전갈이 그려진 외투를 입고 다니는 한 남자가 주인공으로 등장한다. 끝 장면에서 그는 우화 속 전갈과 같은 선택을 한다. 자신의 죽음을 알고도 여인 아이린을 지키기 위해 개구리 등에 올라 탄다. 그렇게 그는 여인이 일깨워 준 그의 본성을 드러냈고, 그녀를 위해 희생마저 자처한다. 누군가를 위해 한 몸 희생할 수 있는 이가 진짜 영웅임을 말하려는 듯 칼리즈college의 '어 리얼 히어로a real hero'곡이 끝 장면에 흘러 나온다.

이 우화는 닐 조던Neil Jordan 감독의 영화 '크라잉 게임'(The Crying Game·1992)에서도 나온다. 보이 조지가 ost를 불렀다.

영화 '동방불패'에서는 주인공 영호충이 전갈을 잡자, 술에 담가 먹겠다며 차고 다니던 호리병에 넣는 장면이 나온다. 영화 '멕베스'에서 주인공 멕베스 역을 맡은 마이클 패스벤더는 "내 마음은 전갈로 가득 차 있다"는 말로 그 심경을 대신한다. 멕베스나 그보다 더 강한 권력욕을 보였던 그의 아내는 모두 이러한 불안 속에 사느니 차라리 죽는 것이 더 나을 수 있음을, 모든 것을 바쳤지만 얻은 것은 아무 것도 없음을 한탄한다.

전갈은 성경에서는 때로 채찍 끝에 가시를 박은 고문 도구를 가리키기도 한다(왕상 12:11). 뿐만 아니라 전갈은 무거운 멍에나 혹독한 통치(대하 10:11), 무서운 대적(겔 2:6), 사탄의 세력(눅 10:19, 계 9:3) 등을 상징한다.

전갈 자세는 범어로 브리쉬치카 아사나Vrishchikasana라고 한다. 양손과 양 팔뚝을 바닥에 대고 다리와 가슴을 들어 올리며 머리를 쳐든다. 무릎을 굽히고 등 뒤로 발을 정수리 가까이 서서히 내린다. 숙달되면 양팔을 쭉 뻗고 할 수도 있다. 먹이를 찌르기 위해 전갈은 등 뒤로 꼬리를 아치형으로 만들고 머리 너머로 공격한다. 이 아사나는 전갈의 모습을 닮았다 하여 이름이 붙여진 것이다.

 가수 이효리가 이 아사나를 여유롭게 거뜬히 해내는 모습이 SNS에 널리 퍼지면서 유명해지기도 했다. 열심히 수련해 온 요기, 요기니들이 한 번쯤은 도전해 보았을 법한, 완성해 내고 싶어하는 아사나 중의 하나일 것이다. 심한 고혈압, 빈혈, 귀의 울림, 심장 질환, 허리 질환 등이 있을 때는 자제한다.

 육체 내부의 생기를 높여 노화를 늦추는 효과가 있고, 몸을 거꾸로 해 강하게 후굴시킴으로써 두뇌로 흐르는 혈액량을 증가시키고, 신경계와 내분비계의 무질서를 교정한다. 오랫동안 서 있음으로 인해 나타나는 하지 정맥류를 개선하고 생식 기관들을 강화하며 팔을 단련시키고 균형 감각의 향상과 집중력·의지력 함양에도 좋은 자세다.

 머리는 지식이 자리 잡는 곳으로 자만심, 증오, 질투, 완고함, 탐욕의 자리이기도 하다. 따라서 이 자세는 발로 자신의 머리를 짓누르는 몸짓으로 자신을 파괴하고 있는 다양한 감정과 욕망을 누그러뜨리는 효과가 있다. 그러므로 마치 전갈이 독침으로 찌르듯 자신의 부정적인 요소들을 파괴하고자 하는 의지를 가지고 실행하는 게 좋다.

 전갈은 외부의 공격을 받을 때 자신을 지키기 위해 독침을 쏜다. 인간은 이 성분들을 다양한 치료 약재로도 활용하고 있다. 이때 독성이라는 해로움이 약효로 적용하려면 복용량의 과다를 잘 조절해야 함은 당연지사다. 우리의 몸과 마음도 일정 정도의 스트레스가 가해졌을 때 오히려 더 강해지고 단단해지는 경향이 있다. 마치 적절히, 그리고 부단히 근육을 자극해 그 근육을 강화시키는 근력 운동, 근지구력 운동처럼 말이다.

"빛이 환할수록 그 그림자는 더 짙게 마련이다"는 말이 있다. 니체의 "우리를 죽이지 못하는 것은 우리를 더 강하게 한다what doesn't kill me, makes me stronger"라는 말을 되새겨 본다. 삶의 노정에 어찌 꽃길만 펼쳐질 수 있겠는가. 비 오는 날 없이 맑은 날만 연속된다면 오히려 땅은 사막이 될 것이다. 이처럼 전갈자세는 나를 힘들게 하는 숱한 도전challenge에 대한 강한 응전response의 의지를 불태우게 하는 자세이다. 나약함, 좌절감, 불안감 등의 마음의 동요를 일순간에 진정시키고, 강력한 투쟁력을 고양시키는 자세임을 체험해 보길 권유한다.

'요가 수트라(경전)' 첫 귀절(1:2)에 "요가는 마음 작용의 지멸止滅이다yoga's chitta vritti nirodha, The restraint of the modification of the mind-stuff is yoga"라는 말이 실감 날 것이다. 이 기회에 혹 자신도 모르게 주위 사람들에게 전갈처럼 독을 뿜어, 씻을 수 없는 상처를 안기고 있지 않은지도 이 전갈 자세를 취하며 한 번쯤 되돌아볼 일이다.

《 전갈 자세 》

아득히 4억 년 전 고생대 때 등장하여
처음 형태 그대로니 살아 있는 화석이라
사막서 물 한 방울 없이 몇 개월을 버틴다지

내 몸을 보호하려 보유한 독침일랑
때로는 치명적임 때로는 그저그런
암세포도 깨트린다오 이독치독 이치로써

인간이 뭘 못 먹을까 불가사리 뱀까지도
마침내 전갈마저 꼬치에 끼워졌군
이들이 대체 식량재 될 날도 머잖았다

한여름날 은하수가 장엄하게 펼쳐질 때
낚싯바늘 닮은 모양 눈 크게 뜨고 찾아 보소
신화 속 오리온 자리 반짝이며 떠 있는 걸

쫓기는 해님달님 동아줄인 전갈 타고
호랑이 피해 설랑 하늘로 올라가서
낮밤을 밝히고 있다는 동화 속에 푹 빠져

이렇듯 꿈과 낭만 상상력을 자극하는
밤하늘 우러르며 푸른 미래 설계하세
특히나 감수성 강한 청소년께 권유하오

양 손과 양 팔뚝을 바닥에 대인 채로
거꾸로 몸통 세워 머리는 앞을 보고
등 뒤로 전갈이 내린 꼬리마냥 양발 내려

이효리가 뽐낸 자세 내 어이 못할쏘냐
아서라 내공 다진 후에라야 가능 타오
한 번쯤 요기들이면 도전장을 낼 만 하지

두뇌를 맑게 한다 혈액 순환 도와주고
집중력 균형 감각 의지력 향상 덤이라네
독침이 약침 되어서 잡념 제거 일순간에

힘든 도전 강한 응전 의지를 불태우며
주위에 독毒일랑은 내뿜지 않나 돌아보세
끊임없는 마음의 동요 독침 한방에 잠재우리

_ 최진태

추천사

정달식 부산일보 선임기자

'세월을 견디고 비바람을 버텨야 나이테가 쌓인다.'고 했던가. 최진태 원장을 보면 꼭 이런 느낌을 받는다.
그는 요가 경력 25년 동안 오롯이 요가 지도자 양성에 매진해 왔다. 부산, 경남 지역 몇몇 대학에서도 처음으로 요가 지도자과정을 개설하여 다수의 요가 지도자를 배출시켰다.
그는 요가의 대중화에도 기여했다. 2013년 10월부터 2015년 6월까지 84회에 걸쳐 부산일보에 '최진태의 요가로 세상읽기' 칼럼을 연재했다. 또 2021년 3월부터 2023년 6월 현재까지 '최진태의 요가로 세상보기'가 100회가 넘게 부산일보 인터넷을 통해 연재되고 있다. 이 책은 그중 일부를 수록한 것이다.

최 원장은 시인·시조시인이자 아동문학가이며, 수필가이기도 하다. 그는 참 재주가 많은 분이다. 다재다능하다고나 할까. 그림 그리기는 물론 드럼, 해금을 비롯해 동서양 악기를 여러 종류 다룬다. 즐긴다는 표현이 어울릴 것이다. '흥어시 입어래 성어락 興於詩 立於禮 成於樂'이라 했던가. 시에서 감흥하고, 예에서 정립하며, 음악에서 완성한다는 공자의 말을 몸소 실천하는 중이다.

학구열도 대단하여 연세대 대학원을 비롯하여 수 곳의 대학원에서 요가학, 기공학, 산업교육학, 경영학 등을 섭렵했다. 그가 가끔 얘기하는 '앙코라 임파로(Ancora Imparo·나는 아직도 배운다)'라는 말은 그에게 딱 어울리는 단어일 것 같다. 그는 다독가이며 속독의 재주도 지녔다. 그의 서재는 작은 도서관을 방불케 한다. 세상에 대한 그의 다양한 호기심과 내공은 켜켜이 쌓인 세월의 무게와 함께 점점 깊어만 간다.

그의 이런 다양한 삶의 흔적들이 이 책에 오롯이 녹아 있다.
그는 "어떻게 요가 하는지도 중요하겠지만, 왜 요가를 하는지 한 번쯤 되돌아보게 하는 책이 되었으면 한다."고 말한다.
책장을 넘기며 수수께끼 같은 요가 자세의 명칭과 설명, 그리고 인문학적 스토리를 접하다 보면, 저절로 책 속에 흠뻑 빠지게 될 터이다.

 열정 없는 사람이 어디 있을까마는 그는 정말 열정으로 똘똘 뭉쳤다. 열정이 습관화되면 삶이 신난다고 했던가. 뒤늦게 화가의 길로 뛰어들어 왕성하게 활동했던 엠마 스턴처럼, 그의 내면에도 열정이 늘 살아 숨 쉰다. 용광로 같이 끓어오르며, 끊임없이 뿜어내는 에너지는 아마 그가 오랫동안 '요가 마스터Yoga Master'로서의 길을 걸어 온 아우라 때문이리라.

 그의 책이 요가인이나 일반 독자들에게 요가에 대한 경험을 한층 심도 있게 해주고, 더 깊은 사유의 길을 제공해 줄 것임을 믿어 의심치 않는다. 끊임없이 소통하고 싶어 하는 그의 움직임이 이번엔 이 책을 통해 독자들과 속 깊게 소통하고 싶어 한다.